江南大学江南文化研究院系列成果之一、2022年基本科研"无锡史、江南文化与大运河文化研究项目"资助（项目编号：JUSRP122088）

九州文库

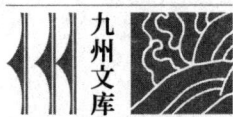

徐霞客及其家族与明代社会研究

陶明选　邬秋龙　著

九州出版社
JIUZHOUPRESS

图书在版编目（CIP）数据

徐霞客及其家族与明代社会研究／陶明选，邬秋龙

著 . -- 北京：九州出版社，2023.3

ISBN 978-7-5225-1659-2

Ⅰ.①徐… Ⅱ.①陶…②邬… Ⅲ.①徐霞客（

1586—1641）—人物研究 Ⅳ.①K825.89

中国国家版本馆 CIP 数据核字（2023）第 026268 号

徐霞客及其家族与明代社会研究

作　　者	陶明选　邬秋龙　著	
责任编辑	关璐瑶	
出版发行	九州出版社	
地　　址	北京市西城区阜外大街甲 35 号（100037）	
发行电话	（010）68992190/3/5/6	
网　　址	www.jiuzhoupress.com	
印　　刷	唐山才智印刷有限公司	
开　　本	710 毫米×1000 毫米　16 开	
印　　张	16	
字　　数	252 千字	
版　　次	2023 年 3 月第 1 版	
印　　次	2023 年 3 月第 1 次印刷	
书　　号	ISBN 978-7-5225-1659-2	
定　　价	95.00 元	

序

徐霞客是中华民族的世界级文化名人，其所著之《徐霞客游记》（下文简称《游记》）是一部百科全书式的科学文化鸿著。徐霞客及其《游记》的研究称为"徐学"。当今"徐学"方兴未艾，形成了多方位多层次的研究景象，在国内外成为一门显学。

随着"徐学"研究的不断深化，其研究领域业已从徐霞客的地理学贡献、《游记》的整理与校注等，发展到徐霞客及其家族的研究、《游记》的不同学科贡献及其价值研究、徐霞客游迹与地域历史文化研究以及其他相关学科的研究。与之同时，"徐学"研究成果不断涌现，产生了一系列重要的学术专著和研究论文。

但是，在明代社会大背景之下，系统研究徐霞客及其家族的专著尚不多见。陶明选和邬秋龙所著《徐霞客及其家族与明代社会研究》，即是在这方面做出的研究尝试，将徐霞客及其家族置于整个明代的社会背景之下，从徐霞客、徐氏家族、江南文化、明代社会等不同层面，主要以个案的形式、以文献分析与实证研究的方法，研究徐霞客与徐氏宗族，以及徐氏家族文化与明清江南社会（其中部分内容略及清代）。通过对徐霞客家族的多角度研究，冀以更好地理解明清时期宗族文化与江南社会，从而更深刻地把握宗族文化的内涵；并通过对徐霞客及其宗族人物的研究，从不同的视角考察江南社会，由此全方位认识明清社会实态。因此，这项研究无疑具有重要的学术意义。

通观全书，作者广征博引之史料除了《游记》《梧塍徐氏宗谱》外，还采用了大量的方志、笔记、文集等相关资料，尤其是明清笔记和文集的广泛采用并与族谱等内容相互印证是本书的突出特色。书中既有宏观论述，又有个案研究，重视文献分析与严谨考证，从而得出较为合理的结论。诸如，通过对徐霞客及其《游记》产生的多重因素分析，指出这是其家学渊源、家族传统、家庭环境、经济条件等共同作用的结果；徐霞客的爱国主义思想的内涵不仅在于他对祖国河山的热爱，献身于科考事业，而且在于他对百姓的同情，对民族团结、边疆安危和祖国统一的关注；徐霞客祖辈徐洽徐衍芳父子抗倭思想和行动上表现出崇高的民族气节与爱国主义思想，尤其他们著文提出了卓有远见的抗倭建议；徐霞客广搜书法名家手迹，或与之交往，镌刻《晴山堂石刻》，并广泛考察、品评、拓录与研究所见各地碑刻，体现了很高的艺术修养；等等。这些成果，对于推动相关研究的深入不无裨益。

秋龙君是苏州大学历史系毕业的高材生，1985 年履职无锡教育学院。是年，我从浙江师范大学调入无锡教育学院，由此开始了我们之间延续近 40 年的交谊。同年 10 月，无锡教育学院徐霞客研究室成立。1988 年 11 月，无锡市徐霞客研究会成立。1993 年 7 月，中国徐霞客研究会成立。1996 年 11 月，江苏省徐霞客研究会成立。2020 年 11 月，江南大学徐霞客研究中心成立。在这些研究机构中，我与秋龙都是主要成员，相处日久，交情愈深。秋龙治学严谨，擅长考据；参编著作 6 部，发表论文 30 余篇。其主要研究成果集中于"徐学"领域，为"徐学"研究之佼佼者。

明选君为复旦大学历史系博士，以明清社会文化为研究方向，主攻"徽州学"，对徽州民间信仰与社会习俗颇有研究。现转而研究"徐学"，以其明清史的学术背景，这种转型当不是难事。我们有理由期待他在"徐学"领域做出更大的成绩。

今值该书出版前夕，两位作者征序于我，并欣闻两位尚有系列合作研究之计划，遂快然提笔。是为序。

吕锡生

2022 年 7 月

前　言

　　自20世纪80年代以来，研究徐霞客及其所著《徐霞客游记》逐渐形成一门学问——"徐学"，并已从传统的一两种学科的研究，逐渐转变而为涵盖文学、地理学、历史学、社会学、旅游学、民俗学、民族学乃至地质学、地貌学、气象气候学、生物地理学、生态环境学等诸多学科的综合性研究。迄今为止，"徐学"研究已蔚为大观，举凡徐霞客生平及其家族、徐霞客的交游人物、徐霞客与东林学派、徐霞客的地理学贡献、徐霞客精神、《游记》的整理与考订及其价值、《晴山堂石刻》及其相关问题等方面的研究，都取得了不少重要的学术成果。

　　当然，"徐学"博大精深，所涉及学科宽泛，许多方面的研究尚有待深入，唯有如此，才能全方位地支撑并推动一门学问的各个分支之齐头并进，从而使整个学科的研究得以更加充分而深入地发展。近年来，徐霞客家族史、徐霞客及其社会关系、徐霞客及其《游记》与明清社会的研究，受到了愈来愈多的关注。尤其是随着新史料的发掘，由徐霞客个人的研究，扩展至其先辈与后代、交游人物、亲族等各种社会关系的研究，并置于明代乃至此前或此后时代的社会背景之中加以考察，从而使"徐学"研究在时间上向前、向后延展；同时在空间上形成以徐霞客为中心的人物关系研究网络，由内向外拓展，最终"徐学"之于历史学方面的研究在未来或将形成系统的研究体系。

　　本书即是在这方面做出的初步尝试，将徐霞客及其社会关系，置于整个明代的社会背景之下，从五个方面主要以个案的形式、以文献分析与实证研究的方法，研究徐霞客及其家族，以及徐霞客与明代社会（少部分内容涉及清代前期）。

　　第一章，《徐霞客家族与徐霞客及〈游记〉的产生》，主要从徐霞客家族的背景、家庭环境、家学渊源和物质条件等方面，论述徐霞客及其《游记》产生的原因。首先，通过阐述徐氏家族祖风，考察其家族文化与家学渊源，认为徐氏家族的家风传统、家学传承，对徐霞客放弃功名、以身许山水的行为及其爱国主义思想的形成有着很大的影响。其次，在分析徐氏家族经济状况的基础上，指出徐氏家族的物质财富有一个积累、盛衰的过程，徐霞客虽然家道中落，但徐家仍为富裕之家，其时徐母主持下的家庭纺织是徐家收入的重要来源。殷实的家境为徐霞客专门从事长达 30 年的旅行科考事业提供了必要的物质条件。再次，徐霞客不仅受其先祖的隐逸与出仕经历的影响，也受其先世科举悲剧和"不拘章句"之学术风格的影响，这对于徐霞客价值观的形成、爱国主义思想的形成和人生道路的选择等均有极大的影响。最后，徐霞客成长的家庭环境对霞客兴趣爱好的培养、志向的选择和事业的成就起到关键作用。父母的身教言传和支持、叔伯等人生经验与族人的支持，尤其是徐母的卓越见识，最终使霞客走上科学考察的新道路。

第二章，《徐霞客及其家族个案论考》，重点选取相关个案考察徐霞客及其家族。其一，徐霞客出游考，在现有成果基础上，根据有关资料，全面梳理徐霞客出游之游迹与次数，并进行相关考证，认为徐霞客出游次数可考者有 26次，实际次数应该更多。其二，徐霞客的爱国主义思想述论，以《游记》为主要资料，阐述徐霞客对祖国深厚的情感，对下层百姓的同情，对朝政得失的评判，对边疆安危和祖国统一的关注，并将科学考察事业与爱国主义思想完美地结合起来，体现了徐霞客爱国主义思想的丰富内涵。其三，徐洽徐衍芳父子及其抗倭思想，是以徐霞客的曾祖父徐洽、祖父徐衍芳而进行的人物个案研究。徐洽徐衍芳父子，在科举上多次失利，没有实现其既定的人生理想，二人生活道路相似，颇有学识而时运不佳，仕途坎坷。不仅如此，徐洽徐衍芳父子还有着共同的抗倭行动和思想。他们不仅捐资筑城，参加抗倭斗争，而且还著文提出独到的抗倭建议，卓有远见，体现了他们崇高的民族气节与爱国主义思想。

第三章，《〈晴山堂石刻〉与徐霞客的艺术修养》，《晴山堂石刻》是徐霞客《游记》之外的又一大贡献。本章首先从书法与篆刻艺术、保护与价值、内容考释与社会历史三个方面评述《晴山堂石刻》与相关问题之研究现状，分析相关研究成果与贡献，但同时指出其深入程度还远远不够，尤其是它与艺术史、明代江南社会的综合研究不足，因此，尚需进一步对之进行整体与个案相结合的全方位研究。其次，从明代初期、中期、晚期三个阶段举例研究《晴山堂石刻》中的书法名家，分别论述他们的贡献与影响，指出徐霞客或收藏其手迹，或与之交往，足见徐霞客本人的书法修养，而价值巨大的《晴山堂石刻》不仅是一部文集、资料集，更是一部极具影响力的明代书法集。再次，徐霞客的书法修养还体现在他对各地碑刻的广泛考察、品评、拓录与研究上，《游记》中记载了徐霞客出游途中广交名士，遍览个人收藏与碑刻古迹，能对之进行品评，同时有条件即拓录留存，并结合相关史实进行考证与研究，这正是"求真求实，不畏艰险"的徐霞客精神的真实写照。

第四章，《明代宗教政策与徐霞客的宗教情结》，本章着重进行了两方面的研究。一方面论述了明代宗教政策及其社会影响，认为明初奠定的"三教并用"的宗教政策，对佛道教等既限制又利用的措施，对明代社会的各个方面都有深刻的影响，它不仅作用于社会政治和经济，从而成为影响社会稳定的重要因素，而且在国家统一和民族团结方面发挥着积极作用；同时，它又有益于中国传统文化的发展和各地区之间的经济文化交流。另一方面，在明代较为宽松的宗教政策的影响之下，宗教乃至其他民间信仰深深影响到中国传统文化与文人士大夫集体，明代文人不仅积极投入佛教以及其他信仰之中，而且更有不少人写诗作文，他们的著作或字里行间流露出文人对寺僧和佛学的重视与恭敬之心，或体现出作者对佛学或其他宗教的理解和修为，对信仰风俗起着一定的引领与传播作用。徐霞客的思想渊源，除了受到传统儒家文化影响之外，我们也可以看出释道两家思想给他带来的深刻印记。作为中国传统的知识分子，徐霞客对佛道之教有很深的情结。他"以性灵游"，寻奇探险，遍游祖国山川河流，深怀崇敬之情瞻仰佛道二教，以厚谊之情结识僧道人士，以超然之情抒发所见所感。这些无不体现于鸿篇巨制《游记》之中。

第五章，《明代后期的社会与徐氏家变》，本章内容主要涉及三点。其一，明朝万历中期以后，土地集中，宦官专权，党争不断，政治极为腐败，相继出现了影响深远的"国本"之争、三王并封之争、福王就国之争、李三才入阁之争、东林党和阉党之争，以及号称"晚明三大案"的梃击案、红丸案、移宫案，甚至在徽州地方上也发生了轰动全国、影响深远的晚明徽州三案，即汪文言案、吴怀贤案、吴养春案。这些无不是明代走向衰亡的不堪政局之表现。其二，江南的徽州，社会信仰与习俗复杂多样，不仅存在祖先崇拜、英雄信仰等人物神灵的信仰，而且还有宗教神灵信仰、自然信仰以及其他迷信习俗等，以佛教为例，徽州寺庙数量众多，宗族不仅对寺庙修建投入了极大的热情，给予财力支持，而且还广泛参与佛教信仰活动，徽州宗族的祭祀等重大活动和民众的日常生活无不渗透佛教活动和相关信仰习俗。宗族的支持、文人的引领、普通民众的广泛参与，使得徽州的佛教信仰能够盛行起来。其三，明末清初的社会变局还影响到徐霞客家族，即清初江阴徐氏遭罹空前的劫难。但是，这场劫难中的徐霞客子侄并非"抗清殉难"，而是在奴变中被杀身亡的。徐氏奴变是明末清初整个江南地区奴变斗争大风潮中的一幕，也是在徐氏遭受打击、"内忧外讧"的背景下突发的；徐氏奴变与其他奴变一样，反抗者为的是解除封建人身依附关系，消除不合理的主奴关系，具有一定的进步意义。当然，徐氏奴变对徐霞客后人的打击是很沉重的，是江阴徐氏大族破落的一个重大转折点。

最后，本书的附录部分，主要对明代宗教政策、民间信仰习俗、徐学研究大事纪年等进行归纳或对稀有资料进行摘编。

需要指出的是，本书的部分内容曾经在一些刊物上公开发表过，但是在收入本书时，我们又做了必要的修改和补充。

本书由邬秋龙和陶明选共同完成，在著作的写作过程中，作者得到了无锡市徐霞客研究会，江阴市徐霞客研究会，江南大学社科处、文化研究院、马克思主义学院等单位与部门的领导、专家和同事们的关心与指导，在此致以诚挚的感谢。

当然，"徐学"的研究，难度甚大，而我们的能力和水平有限，同时又受到多种因素的限制，因此本书的相关个案研究尚有不足之嫌，徐霞客之相关研究与明代社会之研究，在融合上也显得不够，这些只能留待日后进一步探索了。另外，书稿虽成，疏漏或不当之处难免，敬请学界同仁不吝赐正！

陶明选 邬秋龙

2022 年 4 月

目 录
CONTENTS

第一章

徐霞客家族与徐霞客及《游记》的产生

"千古奇人"徐霞客及"千古奇书"《徐霞客游记》在明末产生，这与当时的社会背景有着密切的联系，是时代的产物；同时，徐氏家族是整个社会的一分子，是构成社会的细胞。徐霞客及《游记》的产生不仅有着深刻的社会背景，而且与其家族背景、家庭环境、家学渊源、物质条件有着密切的关系。关于徐霞客及《游记》产生的社会背景，已有相关论述较多，故在此不做展开，本章主要谈徐霞客家族的文化及传承、经济物质条件（财富状况）、家庭环境与徐霞客及《游记》的关系，追溯其"血源上的根"。

一、徐霞客家族的祖风与家学传承

主要从江阴梧塍徐氏追溯徐霞客直系祖先，阐述其相关事迹，分析徐氏家族代代相袭的祖风，考察其家族文化底蕴与家学传承及其对徐霞客的深刻影响等相关问题。

（一）徐霞客先祖及祖风

徐霞客先祖的事迹与家风传统，诸如民族气节与爱国主义传统、"务农重谷"的传统、以诗礼传家的文化传统、乐善好施与热心公益的传统、出仕和退隐的传统等，对徐霞客放弃功名、以身许山水的行为及其爱国主义思想的形成影响极大。

1. 徐霞客直系先世述略

江阴徐氏有很多支系，如绮山徐氏、夏浦徐氏、梧塍徐氏。梧塍徐氏是江阴各派支徐氏中最著名的，"江邑之徐，宗派实多，而其族之大而著者，则以梧塍为最"。① 徐霞客是江阴梧塍徐氏第十七世。

梧塍徐氏以开封府尹、扈驾宋高宗赵构迁都临安的徐锢为一世祖，向上追溯到"南州高士"东汉徐稚，再向上追溯到夏启封若木徐侯建侯国，再上追溯到佐舜驯化鸟兽有功而被赐嬴姓的伯益。所以梧塍徐氏自称"徐本嬴姓，望于东海"，② 徐偃王之裔，"南州高士"之后。

徐锢子克谊，为第二世。克谊子允恭，为第三世，仕宋明州录事。允恭子守诚、守训，为第四世。守诚官处州从事，宋宁宗庆元年间，为吴县尉，遂迁居吴县。

守诚长子千十一，官宋承事郎。宋灭亡后，从吴县迁到江阴梧塍里。他要子孙"俱誓不仕元"，过着"其居田园，其业诗书"的耕读隐居生活。③ 他为江阴梧塍徐氏迁祖，梧塍徐氏第五世；守诚次子千十一弟千十四迁居常熟邵舍里，称邵舍徐氏（或称渔梁徐氏），最著名的人物是官至工部侍郎的徐恪。守训长子千十二迁居华亭少湖，少湖徐氏最有名的人物是内阁大学士徐阶；次子千十三迁居宜兴濮溪，濮溪徐氏最有名的是内阁大学士徐溥，后代有力赞戊戌变法的礼部侍郎徐致靖。

千十一，生三子，长伯三，仲伯四，季伯十，为第六世。梧塍徐氏后人从六世三兄弟分长房、二房、三房。

伯三，名知规，字宣议，人称"读书行义，身修家齐，生业寝广"，④ "礼乐以律厥身，孝敬以事其亲。乐尧舜之道，为林泉之民"。⑤

伯三子亨一、亨二，为第七世。亨一，为人刚强，但不失仁义，"服诗与书，惟孝及弟"，⑥ 与弟一起，继承先世，隐居耕读。

亨一生三子：徐直、徐谅、徐闻，为第八世。徐直，字均平，生于元末明初，能诗善画，与倪云林友善。随明军征云南，客死于斯。生一子徐麒。

---

① 徐聘莘主修：《梧塍徐氏宗谱》卷首《旧序》。
② 《梧塍徐氏宗谱》卷首《姓源世表》。
③ ［明］陈涵辉：《霞客徐先生墓志铭》，吕锡生《徐霞客家传》，中央文献出版社 2006 年版，第 152 页。
④ 《梧塍徐氏宗谱》卷 53《先世小传·伯三小传》。
⑤ 《梧塍徐氏宗谱》卷 54《象像·宣议公赞》。
⑥ ［宋］张伯淳：《亨一公赞》，《梧塍徐氏宗谱》卷 54《像赞》。

徐麒（1362—1445 年），字本中，号心远，为第九世，是梧塍徐氏家转盛的关键人物。青年时曾拜宋濂为师，治学不拘章句，只讲究大义。明太祖洪武二十六年（1393 年），举人才，应诏出使巴蜀，招抚羌氏，功成，朝廷授以一品显官，但他以"家赋浩繁，难于遥理"，请求归田尽力，以公奉国家为由，推辞回归故里。① 亲自下田，督促亲族从事农桑之业，告诫子孙辈，要务农重谷，他率族人大力垦荒，徐家耕地大增，有近千顷即十万亩之多。徐家成为江阴乃至江南的富室大户。永乐十七年（1419 年）被推为万石粮乡长。其富而有礼好施。嘱其子景南、景州在正统和景泰年间，两次捐谷和进鞍马助边，徐家又两次受皇帝褒奖。旌为"义民""义官"，而徐氏一族，声名远扬，被视为"义族"。由于徐麟不近功名，又乐善好施，当时乡贤士大夫，都称其贤，倾心与他交游。晚年，筑心远书斋，"优游其间，以觞诵自娱"。② 谢绝宾客，不入城市，读书修身。寿八十五。堂族兄弟八人，家族人口增多，故徐氏再分本中（徐麒）、以中（徐观）等八派。徐麒生有四子：徐忞、徐忩、徐应、徐懋。

徐忞（1393—1476 年），字景南，号退庵，又号梅雪，徐麒长子，徐氏十世。正统和景泰年间，与弟忩奉父命各出谷四千石上公仓，又在景泰年间再次"上粟公庾"，又进鞍马助边，抗击蒙古瓦剌南侵，先后两次受到朝廷旌表，受封"义官"，其父母墓也得诏竖立"义坊"。晚年作一书斋名叫敕书楼，内陈经史，外植梅花，以示高洁，与骚客文人赋诗作文，悠然自乐。寿八十三。有三子：徐颐、徐泰、徐坤。

徐颐（1422—1483 年），字惟正，号一庵，徐忞长子，徐氏十一世。少年学习《周易》，壮年时游学京师，师从大书画家黄养正学书。其父景州两次捐谷和进献鞍马而两次受旌表。恩及父子。徐颐得有机会入中书科，升为中书舍人，直文华殿。但不久便以病为由，回乡侍养双亲。王锜《寓圃杂记》卷 10《以财得官》载：正统间江阴布衣徐颐、常熟上舍魏两家甚富，必欲得一京职。其时朝廷尚重名爵。徐谋于中官王振，魏恳于当道大臣，所费不赀，徐有甚

---

① ［明］陈敬宗：《本中征君墓志铭》，《徐霞客家传》，第 23 页。
② 《梧塍徐氏宗谱》卷 53《旧传辑略·征君心远公传》。

焉。后皆得中书舍人。不久，徐以党罪归，魏稍迁主事。京师称为"金中书""银主事"。当然，徐颐为中书舍人是否谋于大宦官王振，徐颐告归是否因"党人罪"，有待研究。但徐颐家故富饶，这是事实。归家后全心家政，家业又有拓殖。但可能是自己的亲身经历的教训，徐颐非常重视对儿孙的教育，希望他们能走科举正途。他在后花园开设家塾，购置许多典籍，聘请有学问的人来任教。华亭的钱福（状元）、太仓张泰（进士，翰林检讨）、长洲的文林（进士，文徵明父）、江阴的卞荣（进士，户部员外郎），这几位前后都中进士，学识非凡，博学多才，都当过徐家塾师。徐颐不仅请名师来坐馆，而且自己也对子孙亲自督促。他"教子严甚，不移服，不重肉"，"不令阛市相接"，直到深夜结束。徐颐学馆，不仅供自己儿子的学业，而且供整个徐氏子孙；不仅供徐氏子孙，也供他姓，甚至外地学子，"不问亲疏远近，凡后进之颖秀可教者，辄资其费"。①

徐颐的家馆对科举而言，是卓有成效的。其弟徐泰为顺天乡试解元，其长子徐元献中南京乡试第三名举人，次子元寿为庠生，后升国子监，是个饱学之士，其堂弟徐鼎及子徐元圭、徐弘道、其孙子徐经连中举人。山东韩普、韩智兄弟三年学成，联登进士。徐颐办家馆，不惜巨资，他还热心公益慈善和宗族事务。出资修江阴城南道衢要道上的永安桥，荒灾年减去租田户的田租，为贫民清偿千石欠谷。其弟徐泰官罗田县令、荆门知州，不幸早卒于任处。他为弟处理丧事，培养两个侄子，后侄子徐元谷、元菽，一个任苏州卫指挥同知，一个任鸿胪序班。

徐颐同辈兄弟共计 23 人，徐氏宗族继伯三等第六世后分三房，徐麟等第九世再分本中等八派，徐颐等第十一世，再分一庵支（徐颐后人）、生白支（徐泰后人）等二十三支系。徐颐是梧塍徐氏的有识之士，他将梧塍徐氏推向全盛。他又是徐氏第一个入官者，第一个文人。从此梧塍徐氏从巨富之室，"富而能礼"转兼"富而能文"。徐颐有二子：徐元献、徐元寿。

徐元献（1454—1481 年），字尚贤，号梓庭，徐颐长子，徐氏第十二世。徐元献从小聪颖，十岁能赋诗，众称"徐氏有子"。以钱福、张泰为师，好学

---

① ［明］曹箫：《本中征君墓表》，《梧塍徐氏宗谱》卷54《墓表》。

不倦，承其家学，其攻《易》外，对经史子集均有广泛涉猎。成化十六年（1480 年），应天乡试，主考罗璟和李东阳见其试卷而奇之，得第三名举人。次年春会试落第。许多人为徐元献不第而不平，他则感叹道：我没能录取，不能进仕途，没什么可遗憾的。我要做的事，只有更努力地学习，尽到我力量而已。返乡后埋头苦读，不幸在第二年亡故，临死前对其父徐颐哭泣道，我死不要难过，我恨自己不能光宗耀祖，不能达成父之愿望，卒时仅年 29 岁。时人惜之，苏州状元吴宽称："君性和谨，见人如不能言，其所自处，泊然寒士也，与世之骄侈者绝不类。""君以文事来辨校者数矣。予所望于君者，则不止于此，虽君亦不以此自望也。而年竟不及壮，所学不得一施，岂不哀哉?"① 其父亦因悲伤过度而亡。元献著有《达意稿》。其弟元寿（1470—1553 年），字尚德，又字若蓉、若容，国学生。"少年负豪侠，驰骋弋猎，击球挟弹，有缦胡短后、谈兵说剑之风。"后折节好学，"究心坟典，博览载籍，大肆力于诗文"。② 家富藏书，多宋梓元编，能诗善画。为吴地著名文人，师钱福，与文徵明、祝允明、唐寅、都穆等都有交往。晚年好道，筑玉照庵以修真。著有《玉几山人集》《黄庭室稿》《物外英豪》等，寿八十四。元献仅一子：徐经。

徐经（1473—1507 年），字衡父，又字直夫，号西坞，元献独子。霞客高祖。少年丧父，性格内敛，唯书是乐，于物质毫不追求，"凡舆马之盛，服食之俸，声色之娱，不惟不屑为也，而并忘之"。③ "虽大厦千间，金珠委地，未尝一着意焉。"④ 于六经、诸子百家之文很有研究，人称"至于六艺之文，百家之编，则口吟手披不绝也，且昼孳孳，务求远到，其资禀之粹，趋向之高，识度之远，亦可想见矣"。⑤ 徐经富而能文，在江南地区颇具文名，与叔父徐元寿、江阴名流薛章宪薛甲父子、张衮、沈奎，江阴知县黄傅、涂祯，吴中名流钱福、文徵明、唐寅、都穆等互相推重。弘治八年（1495 年）中应天乡试举人。弘治十二年（1499 年）与好友唐寅同行北上会试，结果被诬贿赂得题

① ［明］吴宽：《乡贡进士徐君墓志铭》，《徐霞客家传》，第 63 页。
② 《梧塍徐氏宗谱》卷 53《旧传辑略·高士衲斋公传》。
③ ［明］薛章宪：《乡进士徐君衡父行状》，《徐霞客家传》，第 70 页。
④ 《春元西坞公传》，《徐霞客家传》，第 71 页。
⑤ ［明］薛章宪：《乡进士徐君衡父行状》，《徐霞客家传》，第 70 页。

而酿成震动当时的弘治己未科场案，徐经、唐寅被革去功名，废锢终身。唐寅被发往浙江做小史，耻不就，回乡作室桃花坞。正德改元，徐经北上，希望恢复功名，重返科举，不幸因身体羸弱，客死北京，年仅 35 岁。徐经唐寅科场案，有多种因素酿成，显然是一起冤案。① 徐元献和徐经父子因科场事，不及壮年，相继丧命，这给徐氏打击很大，徐氏由此转衰。徐经著《贲感集》，后与其父徐元献《达意稿》合为《二徐先生集》。徐经有三子：徐治、徐洽、徐沾。

徐洽（1497—1564 年），字悦中，号云岐，徐经次子，霞客曾祖父，徐氏十四世。11 岁丧父。继承家学，17 岁由县学入太学。在太学中颇有名气，但科场不利。七次乡试，七次落第。就吏部选，为鸿胪寺序班，升主簿。在任九年，辞归故里。"优游林泉，不染尘世事。"② 督课诸子学业。著《云岐稿》。有五子：徐衍芳、徐衍嘉、徐衍成、徐衍禧、徐衍厚。

徐衍芳（约 1515 或 1516—1563 年），字汝声，号柴石，徐洽长子，徐霞客祖父，徐氏十五世。衍芳自幼在严父的督促下，与兄弟们一起，埋头书斋，为庠廪生，和其父一样，七次乡试不利。不足五十而卒，前已有二弟早逝，其父徐洽因受打击，不久病逝。徐洽和徐衍芳父子，生活在明嘉靖年间，倭寇猖獗，他们助赀筑城，参加抗倭斗争。徐洽、徐衍芳的抗倭言行及爱国主义思想，对徐霞客有很大的影响，详见本书第二章相关论述。徐衍芳著有《柴石遗稿》。生六子：徐有开、徐有造、徐有勉、徐有及、徐有登、徐有敬。徐有勉，为霞客之父。

2. 徐氏家族的祖风

上面对梧塍徐氏中徐霞客直系先祖的事迹，进行了简略叙述，从中我们可以窥知徐氏家族代代相袭的祖风。

第一，徐氏家族具有高度的民族气节和爱国主义的传统。

五世千十一，由宋入元，不仕元朝。他从苏州迁到梧塍，做了亡宋逸民。他告诫子孙都不要在元朝做官，所以终元之世，徐氏四代人没有一个出来参政

① 关于这场冤案，笔者之一曾在《徐霞客与山水文化》（上海文化出版社 1999 年版）第一编《故乡·家世》专门论述。

② 《梧塍徐氏宗谱》卷 53《旧传辑略·鸿胪佐云岐公传》。

的。明朝初建，九世徐麒便应诏选，出使巴蜀，安抚少数民族。八世徐直也是随征而客死云南的。十世徐忞（景南）、徐忿（景州）、徐应（景高）兄弟在正统和景泰时，输粟公庾和"进鞍马助边"。十四世徐洽和十五世徐衍芳父子在倭乱时"出赀佐役"，修复江阴城城池，组织乡兵抗倭，颂扬民族英烈文天祥和为江阴抗倭牺牲的江阴知县钱錞。这些都是徐氏家族具有爱国主义传统的表现。

第二，徐氏家族有"务农重谷"的传统。

徐氏家族，主要是从事农业的家族，农业收入是其收入的主要来源。在徐霞客直系先祖中，迄今我们还未发现有从事商业活动的。千十一隐居梧塍以来，徐氏历代靠垦辟田地、从事农业发家。到九世徐麒时，便将"务农重谷"定为立家之本的家训，要后代子孙遵守。徐氏后人都能"恪守庭训，务农重谷"。① 对于经营农业，徐麒有自己的观点：不从事农业，不生产粮食，人就要挨饿，饥饿就会丧人性礼仪，社会就会不安。粮食谷物不能没有储存，也不能不散给百姓。不储粮食则易遭祸殃，不散谷便难施展恩德。我家粮食有余而人家不足，不取有余而以补不足，便是不仁不义。徐麒这种从事农业，处理"储"和"散"的关系，以及对"仁义"的理解，是非常有远见与卓识的。

第三，徐氏家族敦诗说礼，以诗礼传家，有独特的文化传统。

"读书好礼，敦行孝悌"，也是徐氏家族的家训之一。徐氏先祖重耕读，农耕与读圣贤书互不偏废。读书明理，"读书行义，身修家齐"，"其居也田园，其业也诗书"。② 徐氏起初强调且耕且读，主要在于提高家族修养，懂礼懂法，修身齐家。从九世徐麒开始，为便于子孙走上读书科举做官之路，历代徐氏都重视家族文化的继承光大。他们纷纷筑室藏书，徐麒有心远斋，徐忞有梅雪轩，有敕书楼，徐元献、徐元寿兄弟有万卷楼，徐经有西坞书屋，徐洽、徐衍芳父子有吴庄书屋。历代徐氏以藏书富有、学问渊博闻名，形成颇具特色的学风：不拘泥章句之学，不盲信圣人之言，敢于阐发经书大义；做诗文最忌俗套，注重抒发性灵；读书提倡博览群籍，从诸子百家、经书史传、舆地图志乃

① ［明］胡濙：《送义士徐景南、景州谢恩还乡序》，《梧塍徐氏宗谱》卷57。
② 《梧塍徐氏宗谱》卷53《先世小传·伯三小传》。

至释道之藏、岐黄之书均在其阅读范围。历代徐氏都很重视家学传授，徐颐、徐洽、徐衍芳等辞去官职，退居在家，亲自督课子孙。他们还以千金延聘名师，如黄养正（黄蒙）、钱福、张泰、卞荣、文林、陈万南等，都在徐家坐过馆。而宋濂、倪云林，都称是徐家人的老师，传说施耐庵也曾在徐家做过老师（此说有待考证）。徐家还注重与当时的文人名流交往，徐麒、徐景南、徐颐、徐元献、徐元寿和徐经都与众多名流有交往，这在《梧塍徐氏宗谱》和徐霞客造的晴山堂都有记录。历代徐氏还有著书立说的传统，从徐元献到徐霞客都有著作传世。

第四，徐氏家族还有乐善好施、热心公益的传统。

徐氏家族成为江南巨富后，逐渐形成了"富而能文""富而好礼"和"富而好施"的家风。其"富而能文"，上文已述。其"富而好礼""富而好施"的美德懿行也代代相传。九世徐麒时，徐家极富，家业丰裕达到了"粟腐贯朽"的程度。但他"富而好礼，见义必为，振穷恤匮，凡财力足以济人"，救济别人，"虽千金无吝色"。① 徐颐独资修永安桥，其弟徐泰修马镇桥，徐洽修璜塘桥，助资修江阴城，助资兴水利等造福乡里的善事。到霞客辈，重建君山张宗琏庙，出谷几十石救荒，徐调元（进士，黄冈知县，金华知县）修崇村桥，等等，这无疑是对祖上乐善好施、造福乡里行为的传承。

第五，徐氏家族还有讲求孝道的传统。

讲求孝道，是中国传统文化的核心之一。封建统治阶级宣扬以孝治天下，老百姓也以孝兴家、以孝治家。徐氏家族作为江南大族也不例外地严行孝道。他们为了供养、孝敬长辈，甚至可以不做官，辞官俸养父母；又可以听从父母之命孜孜苦读、求得功名，以翼光宗耀祖；或从父母之命为善乡里，奉献宗族。而徐霞客则是徐氏孝子贤孙的典型和另类，他孝敬孝顺父母，遵从父母之命，做父母欢喜之事；他像父亲那样放弃科举，不走祖辈和其他同辈的科举出仕之路；他听从母命，"朝苍梧而暮碧海"，将出游看世界、科学考察作为事业，成为自古以来以"奉山水侍亲"的第一人。②

---

① 《内翰一庵公传》，《徐霞客家传》，第43页。
② ［明］陈仁锡：《王孺人墓志铭》，《徐霞客家传》，第113页。

第六，徐氏家族还有遵循儒家处世原则来处理出仕和退隐的传统。

儒家文化是"入世"文化，儒家认为人是社会的人，应参与社会，为社会做贡献。《论语·微子篇》曰："天下有道则现，无道则隐。"《孟子·尽心上》则言："穷则独善其身，达则兼济天下。"当天下太平君主有道，入仕辅助贤君治理国家；当天下混乱君主无道则退隐山林，不助纣为虐。当命运不济之时也要独善其身，保持志节；当闻达做官之时，就要为天下人计谋幸福。徐氏家族遵守儒家理念作为处世之道。所谓"保身于乱离之世……将施于太平之世"，①"进则思以济众人，退则思以淑诸己"。② 在徐氏家史上，为官者少，为大官者更少，隐居乡里者居多。但徐氏家人还是力图进取的，科举既不利，捐资为官也不能达其报国宏愿，遂退隐乡里，以耕读为修身齐家之根本。千十一及其子孙避元之乱，四代隐居。徐麒出使巴蜀，功成而退，而后筑室藏书，亦耕亦读。徐颐深觉宦海风云，称病而归，延师教子，以山水自娱，以诗酒写性灵。徐洽辞去鸿胪主簿，优游林泉，不染世事，督课子孙。徐霞客之父有勉则绝意仕举，不与权贵相交，暇则带三五侍仆出游，俨然一个超尘脱俗的隐逸之士。当然，徐氏家族也是个科举家族，据《梧塍徐氏宗谱》卷 59《传芳录》初步统计，徐氏家族，共有 7 名进士，其中明代 3 名，清代 4 名；举人 21 名，其中明代 11 名，清代 10 名；还有 5 名副榜举人，其中明代 2 名，清代 3 名；贡生14 人，其中明代 8 名，清代 6 名。此外，还有监生 140 多名，秀才约 220 人。他们走科举之路，大都止步于秀才，入不了仕途；有的监生、贡生、举人入选低级官员；而中进士，优者入翰林，一般者选入京官各部主事、地方官知县、府推官等，像徐霞客族叔徐日升为漳州司理，族弟徐调元为黄冈知县、金华知县，侄子徐亮工为吴堡县令。

总之，徐霞客先祖事迹及先世家风传统，对霞客放弃功名，隐后不仕，以身许山水的情趣和行为及爱国主义思想的形成，具有很大的影响。

（二）徐氏家族的家学传承

江阴梧塍徐氏既有代代相袭的祖风，同时又有丰富厚实的家庭文化底蕴。

---

① ［明］苏伯衡：《君益公赞》，《梧塍徐氏宗谱》卷 54《像赞》。
② ［明］曹鼐：《本中征君墓表》，《梧塍徐氏宗谱》卷 54《墓表》。

霞客祖上有藏书之风、著述之风，有深刻的家学渊源，这对霞客的影响也是很深的。

1. 藏书之风和著述之风

霞客先世有丰富的藏书，被称为"清江文献巨室"。① 徐家从明初的九世祖徐麒在政治、经济发迹以后，便开始筑室藏书。历代徐氏从此沿袭这一传统。

收藏典籍在江浙一带的巨家大族中既是一种爱好，又成一种风气。明朝中后期，常熟赵琦美有"脉望馆"、钱谦盖有"绛云楼"、毛晋有"汲古阁"；无锡邵宝有"容春堂"、华燧华煜有"会通馆"、华坚华镜有"兰雪堂"、安国有"桂坡馆"；江阴朱承爵有"行素斋""集珍斋""存余堂"，李诩有"世德堂"，李如一有"得月楼"，李应昇有"落落斋"；另外与徐氏交好的叶盛、吴宽、文徵明、都穆等，还有常州的薛应旂、唐顺之等都是藏书大家。收藏典籍还是一种"富"的象征，既能展示物质财富，又体现精神财富。徐氏收藏大量典籍，主要用来"读书修身"，教育子孙进取科举。

梧塍徐氏最早筑室藏书的是徐直。徐麒是徐氏开始发家的人物，当时的人们都知徐麒之富。他不仅经济上富有，拥有大量土地和财产，而且具有很高的文化修养。若徐麒仅是个土财主，又怎么能在明初洪武年间应诏举为人才、出使巴蜀，出色完成安抚少数民族的使命呢！早年其父徐直曾专为筑书屋，徐麒读了很多书。倪云林是徐麒的老师，作《书屋图》，当时杨维桢、高启、徐贲、解缙为之题词。大概在徐麒出使前后，曾向宋濂请教过学问，故而宋濂称徐麒为学生。徐麒认识到了"富而能文"的好处。晚年的徐麒在居室旁，另作一书室，叫"心远"书屋，"积书数千卷"（光绪《丁未谱》说"积书数万卷"，不知孰是！）②，"娱陶元亮之黄花，抽扬子云之元草"。③ 以读书课子弟为娱，过着安逸而高雅的日子。

徐忞"赀累钜万""赀甲于江南"，④ 筑敕书楼、梅雪轩，作为珍藏书籍、

---

① ［明］叶茂才：《渐庵徐公墓志铭》，《徐霞客传》，第127页。
② 《徵君心远公传》，《徐霞客传》，第22页。
③ ［明］陈敬宗：《本中徵君墓志铭》，《徐霞客家传》，第23页。
④ ［明］倪岳：《赠徐君尚贤荣荐序》，《徐霞客家传》，第60页。

研读经书和文人雅士酬唱之所。礼部侍郎王直、翰林待讲刘铉、翰林编修黄旸及大学士杨士奇等为之题咏。其所居十景中也有"梅窗诗思""竹屋书声"等景名。徐忞还捐资出版其老师邓毅夫的诗文、《江阴县志》、杨信民《姓源珠玑》等著作。① 霞客建"晴山堂",请海内名人画《秋圃晨机图》及题咏,显然是受其先祖的影响的。

徐颐不惜重金聘请名师,状元钱福、翰林检讨张泰、进士文林、卜荣都做过徐家的老师。徐颐在后花园开设学馆,馆中"左右图籍",放满了书籍,自督促子弟读书甚严,直到深夜而歇。徐颐也有大爱,在其书馆学习的不仅限徐家子弟,本地他姓甚至外地学子,只要聪颖和真心求学,也可在徐家书馆学习。其弟徐泰中顺天解元,长子元献中南试举人,长孙徐经也中举人,堂弟徐鼎及徐鼎的两个儿子徐元圭和徐元方(榜名分别为圭和方,元方又改名弘道,见光绪《江阴县志》卷13,《选举》)也接近中举。山东兖州滋阳县韩普韩智兄弟也曾在徐馆中修业,考中成化二十三年(1487年)和弘治三年(1490年)进士(滋阳县在明代取进士25人)。徐泰有《白生诗集》。徐元献著有《达意稿》。"其为文气雄语工,沛然不可御。""先生雅性贞洁,纷华不染,独专意为古文辞。其诗清润宛转,取裁少陵。其文冲和缜密,以欧苏为家法。"② 徐经有《贲感集》,"为文精诣典雅,下笔动人,一时行辈多所推让"。③ 文徵明称:"所论著,湔濯蔓靡,劘删陈烂,一字言一字,必自己出。"④

徐元寿,徐颐次子,元献庶弟,徐霞客高祖叔。为国子监生而不入官。《徐氏宗谱》将其列入"隐逸"高士,《江阴县志》将其列入"文苑"。此君少负豪侠,骑马习武,谈兵论剑。后在其母陈氏的督促下,折节读书,胸罗万卷,学识渊博。中年以后参禅,晚年好道,高寿84岁。诗文书画样样精通,唐寅、文徵明、祝允明、都穆等吴中才子均为其好友。喜爱旅游,"往来吴越山水",喜欢藏书,筑万卷楼,是徐氏家族的藏书家。身为状元见多识广的老

① [明]钱溥:《大明故义官退庵徐公墓志铭》,江阴博物馆收藏。
② [明]薛甲:《达意稿》后序,薛仲良《徐霞客家集》,新华出版社1995年版。
③ [明]薛章宪:《乡进士徐君衡父行状》,《徐霞客家传》,第70页。
④ [明]文璧:《贲感集序》,《徐霞客家传》,第72页。

师钱福也惊叹他家藏书之多，"慕其家蓄书甚多，故就观焉"①。于是与好友薛章宪一起去观瞻。后钱福作《万卷楼记》，薛章宪作《万卷楼赋》。钱福曰："登其楼见列架楚楚，自兵燹以前宋梓元编，不啻如汉宝洛鼎、唐摹晋帖而已。"②《徐氏宗谱》卷54《旧传辑略·高士衲斋公传》更详地说他读书研究和收藏典籍的情况："究心坟典，博览载籍，大肆力于诗文。楼中积书万卷，多宋梓元编，考部分班，每标元要"，"素所储蓄，悉散去不为意。每访异人搜异书，往来吴越山水间，望若神仙中人"。光绪《江阴县志》也说他："聚书万卷，凡唐宋以前异本，倾赀购致之。"③ 从中可知，徐元寿好藏书，数量达到万卷，内多唐宋元珍本；他还访异人异书，游吴越各地，遇到珍籍异本，不惜赀财也要购得；并且对自己家藏的书籍，做分门别类和撰写目录提要的工作。徐元寿因之读了大量的典籍，涵盖了三坟王典、诸子百家、宋唐诗文、佛道之藏，其著作很多，编次兄徐元献和侄徐经的诗文合集为《二徐诗集》，著《玉几山人集》《黄庭室稿》《物外英豪》等。

徐元寿性格、爱好和学识等方面很大程度上影响了徐霞客。通过比较，我们可看出在霞客先世中，徐霞客有很多方面和徐元寿相像，梧塍徐氏只有徐元献和徐霞客可称得上藏书家。

徐经，霞客高祖父，是徐氏有学问中的佼佼者。11岁丧父，少孤力学。徐经对六经，对诸子百家之书，从早到晚"口吟手披"不间断。平时沉默少语，但若谈及学问，讲求义理，辨析是否，则口若悬河，滔滔不绝。徐经生活节俭，不以家中财富为骄傲，只注重自己学识和科举。薛章宪说他，继承几代以来丰厚的家业，好像没有一般，"凡舆马亡盛，服食之奉，声色之娱，一切屏去，不惟不屑也，而并忘之"，④ "虽大厦千间，金珠委地，未尝一着意也"。但太过于执着读书，而不懂所谓人情世故，"富而不施"，遭到别人的嫉忌，因富致祸。徐经也爱好藏书，见到好书则不惜重金，"惟悬金购书"，人称"藏书

---

① 李春才、何公慰：《〈明故徐母陈孺人墓志铭〉的发现及思考》，《徐霞客研究》第16辑，地质出版社2008年版。
② ［明］钱福：《万卷楼记》，《梧塍徐氏宗谱》卷57《题赠序记》。
③ 《徐尚德传》，《徐霞客家传》，第67页。
④ ［明］薛章宪：《乡进士徐君衡父行状》，《徐霞客家传》，第70页。

最富，侔于木天"。① 徐经不仅藏书，而且出资印书。弘治九年（1596年）徐经中举的第二年，好友薛章宪发现元末明初江阴著名文人孙大雅（名作，字大雅，门人称清尚先生）的《沧螺集》后，由徐经出资，会同都穆共校出版。科场案发废锢后，他闭门却扫，尽取古人书读之。徐经与其大几岁的叔叔徐元寿友善，常在一起切磋学问，徐元寿的许多好友，也是徐经的好友。著有《贲感集》，李春芳作序，徐元寿作后序。

徐经以后，虽然徐氏家业转向衰落，但徐霞客先辈仍保持前代的藏书读书之风。徐经次子、霞客曾祖徐洽析居旸岐，置吴庄之基即胡庄书屋，让子弟们在此佳静的环境中学习研究，自己则督促诸子，"日以经学课其子孙"。霞客祖父徐衍芳兄弟、父亲徐有勉兄弟都是在胡庄书屋读书成长的。徐洽有"诗文宏雅古博、多自得趣"的《云岐小稿》，② 徐衍芳有"博综典故""以诗酒写性灵"的《柴石小草》。③

徐氏家族的这种重典籍、筑屋藏书、重家庭教导、讲究博学穷研、著书立说的传统，影响了徐霞客家族后人。这里对徐氏的艺文作一列举，以求其大概：

徐臣（1598—1563年），徐元寿次子，字仲郯，髫年游庠，嘉靖年举人。四上春官不第，授南平令，转万夷陵通判，上林县令。任职16年，归点橐萧然，著《贞白堂诗集》，《江上诗钞》卷16收其诗11首。

徐中立，生卒年待考，字从甫，号北水。甫少负僑誉，为邑廪生，五科不第，入太学又不第，就选上林苑典簿，升光禄寺署正。有《闲居漫稿》。

徐文光（？—1613年）字子野，号斗墟，由郡廪生荐贡生，为海宁、奉化训导。著《闲云馆集》，《江上诗钞》卷37共收其诗11首。

徐遵尧，生卒年不明，字伯勋，贡生，有《诗酒山水吟》。

徐遵汤（1580—1653年），字仲昭，晚号十惜居士。副贡生，复社成员。徐霞客挚友，是徐氏家族与霞客最亲善者，也是对霞客帮助最大者。钱谦益将

---

① ［明］薛章宪：《乡进士徐君衡父行状》，《徐霞客家传》，第70—71页。
② 《鸿胪佐云岐公传》，《徐霞客家传》，第85页。
③ 《光禄佐柴石公传》，《徐霞客家传》，第94页。

霞客和仲昭并列，认为不分伯仲，与黄道周、张溥、钱谦益、陈函辉等友善。为人口吃不能言，及为文则风发泉涌，杰出一时。家贫，以卖文为生。著作众多，有《徐氏家传》、崇祯《江阴县志》、崇祯《靖江县志》《清游集》《叶剩集》《古勺集》《招隐集》《枫社集》等。生平及交游见缪幸龙《徐霞客挚友徐遵汤》（刊于《徐霞客研究》第36、38、39辑）。

徐宏对（1568—1619年），字懋扬，一字我无，号澹元。举人有存长子。由县学入太学。著《织履斋稿》《吟余漫稿》《穷愁录》，《江上诗钞》卷35收其诗19首。

徐雯（1633—1700年），原名霡，字生百，号倬卓，庠士。早年罹奏销，废锢生籍。失意半生，以坐馆为业，遣兴诗酒，有《五经粹语》《子史要言》《梅轩诗草》。

徐韦，生卒不明，字子佩，20岁游太学，声名籍甚。家道中落，仍负高雅，博古论今，诗逼盛唐，善画工隶，著《观梦庵集》《飞羽新编》等，《江上诗钞》卷22收其诗10首，《明诗综》卷55收其诗2首。

徐廷勳（1694—1773年），字鸿谦，康熙时诸生，乾隆七年（1742年）岁贡，任池州府学训导。著《四书纂要》《晚翠轩四书文稿》《偶吟存草》等。

2. 重视家族文献的修编

作为文献巨室的徐氏家族，还有编修家谱、注重家史教育的传统。家族谱牒，也称家谱、家乘、宗谱或族谱，这是中国宗法血缘社会的一大文化特点，它与宗庙、祠堂成为联系血缘家族的纽带。秉承"敬祖敬宗"的信条，以明辈分、讲尊卑、讲纲常伦理、维护家族秩序、家族和谐团结为目的，所以历来巨家望族注重修谱。

江阴《梧塍徐氏宗谱》，是徐麒在明初政治、经济发迹后最初开始编修的，后世不断续修，俨然成为一部内容丰满、保存徐家历史档案的巨著。人称"惟兹徐氏之谱，屡经增辑，裒然成裘，蔚为巨观，他族之谱，莫能希其万一"，这是从卷帙庞大而言。"其中传序志铭诗歌赠言诸体鸿篇巨制。商彝周鼎之古，镂冰刻玉之工，读之动心骇目。余尝录综有明一代，悉数之。上自宋文宪（濂）以迄铁崖（杨维桢）、云林（倪瓒）、青丘（高启）、孟载（杨基）诸公，稍后则杨文敏（荣）、文贞（杨士奇）、李文正（东阳）、倪文毅（岳）、吴文正（宽）、顾文康（鼎臣）、衡山（文徵明）、希哲（祝允明）辈，最后则董文敏（其昌）、陈文庄（仁锡）、马文肃（世奇）、高忠宪（攀龙）、文文肃（震孟）、迄以漳海（黄道周）、虞山（钱谦益）诸诸大儒，班班具在，瑑珊满目，墨宝犹存。呜呼，何其盛也！其族望素著，气谊遥通，曷以致此！"① 这是对《梧塍徐氏宗谱》内容广博翔实的写照。秦松龄在（康熙）《徐氏宗谱序》中说："余熟闻江邑之著姓以徐为首"，"（徐氏）以往之闻人达士尤指不胜屈。怅余生之晚，未获登其先达之堂，挹其丰辉，聆其言论，指授且亲识其交游"，"心无极也！"他对徐氏交友之盛，著作之宏富，"流涟不（能）去怀"。②

历次徐氏宗谱的修辑情况，可见其卷首《旧序》，在此不做多述。可参考吕锡生先生《〈梧塍徐氏宗谱〉的源流和特色》（载《徐霞客家传》附编）和徐兴华先生《〈梧塍徐氏宗谱〉传叙》（刊于《徐霞客研究》第 30 辑），此处仅胪列其历修主持者和年份如下：

第一次创修徐氏宗谱，由九世徐麒口述，文渊阁编修杨信民笔录称《宣德己酉谱》（1429 年）；

第二次修（第一次续修，以下以此类推），十世徐忞、徐愈主修《正统戊辰谱》（1448 年）；

第三部，十一世徐颐主修《成化甲午谱》（1474 年）；

第四部，十一世徐山主修《成化乙巳谱》（1485 年称《山谱》）；

第五部，十二世徐元方、徐元寿主修《正德谱》；

第六部，十四世徐河主修《万历丁丑谱》（1577 年）；

第七部，十七世徐仲昭《徐氏家传集》（1650 年）；

第八部，二十世徐东维主修《康熙丙戌谱》（1706 年）；

第九部，二十二世徐继芳等主修《乾隆辛丑谱》（1781 年）；

第十部，二十一世徐光绥主修《道光丙戌谱》（1826 年）；

第十一部，二十世徐圣才修《同治癸酉谱》（1873 年）；

第十二部，二十一世徐伦皋主修《光绪丁未谱》（1907 年），

① 《梧塍徐氏宗谱》卷首《旧序·道光谱薛约序》。
② 《梧塍徐氏宗谱》卷首《旧序·乾隆谱秦潮序》。

第十三部，二十三世徐聘莘主修《民国丙戌谱》（1946 年）。

一部徐氏宗谱，是一部完备的徐氏家族史，也是徐氏家族文化的载体。霞客之前，徐氏宗谱，已修过六次。通过宗谱家史，霞客了解自己的先世，自己血缘生命的"根"；也理解了徐氏发展过程的荣耀和辉煌，悲哀和楚苦；了解了徐氏家族乃至中华民族的文化传统，找到了文化思想的"根"。在批判继承这种文化传统中，徐霞客确立了自己人生价值观，酝酿了对自己家庭、家乡、民族、国家的热爱之情。事实上，徐霞客对自己家族的历史文化资料的传承也花了很大的努力，把明代诸多名流为其祖上和父母作的传记、铭文、题咏、赠序等一一刻石，丰富和保存了徐氏家史资料。若上苍能假以霞客年寿，凭霞客以三个月完成《鸡足山志》和著作《游记》显示出来的才学识，他定能和族兄徐仲昭等一起修出一部出色的徐氏族谱来。

霞客先世的丰富藏书和诗文著述以及霞客家族的文化传统深深地影响了徐霞客。霞客从小就酷爱读书，尤其特别喜好"四书五经"以外的古今史籍及舆地志、山海图经及一切冲举高蹈之迹的"奇书"，"每私覆经书下潜玩，神栩栩动"，这既开阔了霞客的眼界，同时他对一些古籍有关记载产生怀疑。在霞客立志"大夫当朝碧海而暮苍梧"、不以"一隅自限"后，他更是"尽发先世藏书"，"益搜古人逸事与丹台石室之藏""靡不旁览"。① 霞客博览群书，为他日后的旅行考察、"成一家言"奠定了丰富的理论和厚实的学术基础。成年后的徐霞客更是履行了"读万卷书，行万里路"的真理，旅行考察和书籍阅读紧密结合。他在漫游全国各地时，总要带上像《大明一统志》之类的基本参考书籍，而且所之处都要查阅地方文献。他还继承先祖传统，喜欢买书、藏书。人称霞客"天下奇胜无不游，奇人无不处，奇事无不探，奇书无不鬻"。② 徐仲昭说霞客"性酷好奇书，客中见未见书，即囊中无遗钱，亦解衣市之，自背负而归，今充栋盈箱，几比四库，半得之游地者"。③ 霞客西游，途经浙江乌镇找程尚甫，偿还几年前借欠的书款。霞客的藏书之多可以与"四库"相比，他也可称得上藏书大家了。

---

① ［明］陈函辉：《霞客徐先生墓志铭》，《徐霞客家传》，第 153 页。
② 《高士霞客公传》，《徐霞客家传》，第 148 页。
③ ［明］陈函辉：《霞客徐先生墓志铭》，《徐霞客家传》，第 159 页。

二、徐霞客家族的经济状况

江阴徐氏，为江南巨姓，"世家誉望著于东南"，[①] "江南著姓，齿巨室者必先焉"。[②] 说它是"巨姓"，一来以富著称，"赀甲于江南"；[③] 二来科举、文学兴盛，"诸子若孙，并以文学著"，[④] 家学渊源深厚。本节以前者为中心，考察徐氏家族的经济状况，论述徐氏家族财富之积累兴起、极盛至衰落的过程。

（一）徐霞客家族经济和财产积累

霞客先祖从五世千十一到八世徐直，这是梧塍徐氏的财产积累、兴起时期，此际是元朝统治时期。千十一为宋承事郎，从苏州迁到江阴梧塍，为梧塍徐氏的"始迁之祖"，教导子孙世代不要做元朝的官，子孙便在江阴梧塍里过着耕读隐居的生活，逐渐从经营农业发展起来。一方面千十一祖上和自己在宋朝为官，积累了不少财富，带来梧塍；另一方面，千十一迁梧塍后，共经四代人努力，购置了田地，开辟荒地，积累了大量的家产，达到"家业丰裕"的程度。[⑤] 到迁梧塍的第二代伯三这辈时，"读书行义，身修家齐，生业寝广"。[⑥] 后经伯三子亨一、亨二，再经徐直、徐谅、徐闻辈，家业不断壮大，拥有较多土地和财产，到徐直之子徐麒辈，便成为远近闻名的富室大户。

（二）徐霞客家族经济财富的全盛时期

从九世徐麒经十世徐忞兄弟到十一世徐颐，这是徐氏家族财富的全盛时期，这时期处明代太祖洪武到英宗天顺时期。

徐麒在洪武时应诏出使羌蜀，招抚少数民族，被封二品高官，但功成不仕，归隐故里，被推为万石粮长。徐氏从此发迹。徐麒是梧塍徐氏登上社会政治舞台第一人，结束了千十一以来隐居不做官、不配合朝廷的局面。他以大地

---

① ［明］李东阳：《明故中书舍人徐君墓志铭》，《徐霞客家传》，第43页。
② ［明］薛宪章：《乡进士徐君衡父行状》，《徐霞客家传》，第69页。
③ ［明］倪岳：《赠徐君尚贤荣荐序》，《徐霞客家传》，第60页。
④ ［明］文徵明：《一庵公赞》，《徐霞客家传》，第46页。
⑤ 《徽君心远公传》，《徐霞客家传》，第22页。
⑥ 《伯三小传》，《徐霞客家传》，第13页。

主的身份支持明代新政权，受封高官又辞去高官。他辞官的理由，是家里的土地太多，没有精力做官，在家管理农业，可更好报效朝廷。所以明太祖便认为徐麒高尚忠贞，家政也是为国，家政也是国政。如此，徐麒在朝廷上和百姓中赢得了极高的声望。徐麒极善经理，趁着朝廷免役和担任粮乡长等有利条件，大肆收购和开垦土地。"既归，手自开辟，田亩广连阡陌。"因为徐麒善于"经画家务，赀产日饶裕"，其富裕的程度，人称"家业丰裕，至公，粟腐贯朽"，① 家里储有许多粮食，时间久了发霉变质了；家里藏着无数的钱，时间长了，窜钱的绳子都烂断了。他家的田有多少呢？江阴人杨信民说他"辟田若千顷"，千顷即十万亩之多。② 徐麒既富，便开始修宗谱，建构书屋，积书数千卷（也有说数万卷的），还广交达官和文人。徐家有了"富而能礼""富而能文"的声誉。

徐麒之子徐忞兄弟这辈，徐家财富还在增长，所谓"家益裕，族益大"。兄弟四人，"皆称素封"，"赀甲于江南"。③ 徐忞（景南）和徐忩（景州），正统年间听从父命，一下子能出输四千斛谷子，助济灾荒，又在景泰年间"进鞍马助边"，被封为七品"义官"，受朝廷旌表建牌坊。这是徐氏家族值得荣耀的大事。老三徐应（景高），开始家产不如二兄，后来"辟土植产与二兄埒，名行亦相颉颃"，④ 在景泰中江南大饥时也出粟二千石，经济实力不输二兄。老四徐懋（景阳），出继同姓为子，也输粟补散官。与此同时，其他支派徐氏家庭的财富也有增多。徐忞建造敕书楼和梅雪轩，花巨资，修家庙和宗谱，设义阡、开义井、建桥修路等，其所居有"梧塍十景"：梧塍先陇，长寿幽居，梅窗诗思，竹屋书声，黄塘春涨，毗岭晴岚，西畴稼穑，北墅桑麻，南浦渔歌，东原牧笛。⑤ 这集中反映了当时徐忞的高水平经济文化生活情况。

徐颐徐泰兄弟开始，徐家有正式入仕为官的人。徐颐入朝廷，为中书舍人。至于其何得为中书舍人，有不同的说法：《徐氏宗谱》说是因父叔景南景

---

① 《微君心远公传》，《徐霞客家传》，第21—22页。
② 《微君心远公传》，《徐霞客家传》，第22页。
③ ［明］胡滢：《送义士徐景南、景州谢恩还乡序》，《徐霞客家传》，第35页。
④ 《处士松雪公传》，《徐霞客家传》，第37页。
⑤ 《隐君退庵公传》，《徐霞客家传》，第31页。

州兄弟向朝廷输粟救灾，朝廷的一种奖赏，时间在正统六年（1441年）；另一相似说法，徐景南兄弟向朝廷输粟救荒后，朝廷旌表徐氏为义民、义官、义族，且敕令建坊，徐征士"感戴圣恩，夙夜思无以自效，乃以长孙（徐）颐尝书翰，俾陈情图报。上许之"。①入中书科后升中书舍人；还有一种说法，因徐颐师从红极一时的大书家黄养正，书法很好，得入与中书舍人一起书诰敕，后升中书舍人；再有一种流传甚广的"金中书"之说，说徐颐家富，以走大宦官王振之路，而花钱很多买了个中书舍人，故徐颐称"金中书"，王振土木之变被杀，徐颐也被牵连而辞职返乡。与之相对的有常熟上舍魏姓人花钱买得主事，称"银主事"。②不管说法各异，徐颐入朝为中书舍人属实。徐颐之弟徐泰中景泰七年（1456年）顺天乡试解元，选为罗田县令，终至荆门太守，政绩显著，卒于任上。徐泰是徐氏家族的第一个举人，唯一的乡试解元，也是徐氏家族第一个科举入仕者。徐颐徐泰兄弟，同期为官，虽称不上显职，但在江阴当地甚为流传。徐氏家族进入官宦阶层，科举世家，簪缨之族，这为徐氏家族发展提供政治待遇和保障。徐颐辞官后，凭其善于经营，依仗祖业基础，不断买田置地，扩大家业。"君（徐颐）益勤俭治生业，增产拓地，殆无虚岁。"③他知富而文后好处，不惜重金，建家塾、聘名师，督教儿孙学业，以翼科举进取。他继承祖训，富而能施，花巨资修桥铺路，广为善事。他为庆祝儿子徐元献中举，一次免去了佃户田租"数千石"，徐氏家富可见一斑。

　　总之，徐氏家族在九世徐麒、十世徐忞徐念等四兄弟、十一世徐颐徐泰等三兄弟时期，家族财产呈暴发式增长，且富而能礼，富而能施，富而能文，家族鼎盛一时。其土地达"千顷"，其家有大宅，有祖阡，有家庙，有家谱，有别墅，有书屋，有私塾，有名师，有名人。

　　究其发展到极盛的原因，我们认为主要有以下几点：一是政治层面，有政权保护。徐麒官封二品，徐景南景州封七品义官，徐颐七品京官，徐泰为五品知州。徐家号为税户，乡万石粮长，徐家享受免去徭役特权等。二是，徐麒、

① ［明］曹㲄：《本中徵君墓表》，《徐霞客家传》，第26页。
② ［明］王锜：《寓圃杂记》卷10，《以财得官》条，元明史料笔记丛刊，中华书局1984年版，第78页。
③ ［明］李东阳：《明故中书舍人徐君墓志铭》，《徐霞客家传》，第44页。

徐悫、徐颐连续三代善于经营，务农重耕，不断开拓土地，以农业为发家业，为收入主要来源，当然还有官俸。是否兼营商业高利贷？应该有，李东阳《明故中书舍人徐君墓志铭》载，徐颐在荒凶之时，通常以很低的利息借贷来救济贫穷，"以其羡赈凶贷乏，而薄其息入，以为常"。① 从这样的记载我们可推断徐家经营商业高利贷的。三是与徐氏连续三代人高寿，徐氏家族团结稳定有关。徐麒寿八十五，徐斋寿八十三。徐颐寿六十二，虽比不上父祖，但也过花甲。徐家有孝悌的传统，徐麒临终前立嘱分析家业，对景南等说，你们继承产业，兄弟应友爱敦睦，守望相助。以后徐家后世，继承祖业，都有父母定夺，当然也体现仁爱之心，诸子平等，无论嫡庶，徐经夫人杨氏、徐霞客母王氏都是这样做的。

（三）徐霞客家族经济财富的衰落

从十二世徐元献，经十三世徐经、十四世徐洽、十五世徐衍芳、十六世徐有勉到十七世徐霞客。这是徐氏家业财富的衰落时期。这时期处在明宪宗成化到明思宗崇祯时期。

徐霞客先世科举连续五世悲剧，是这个时期由盛到衰的主要因素。徐元献，"精敏嗜学"，② 在父亲徐颐的督促下26岁得乡试经魁，举人第三名。与其叔徐泰中泰景七年顺天乡试解元，被视为"一门竞秀、两魁继擢"的科场盛事。③ 元献次年会试落第，不久抱病而亡，年仅29岁，徐颐老年丧子，不久也病故。徐元献独子徐经中弘治八年（1495年）举人，不料在弘治十二年（1499年）会试中，风传徐经贿赂主考程敏政得试题，造成轰动一时的己未科场案，徐经与好友南试解元唐寅下诏状，被废锢，徐经遭此打击，35岁时客死北京。徐元献、徐经父子因科举而早亡，成为江阴徐氏家族由盛则衰的转折点。一心从事科举，不理家业，父子命短，徐经之案肯定花费不少，这对徐家家业影响巨大。徐经之子、徐霞客曾祖徐洽，以监生的身份应会试，"凡七试，皆不遇"。被迫应吏部选，在鸿胪寺任闲职，后辞官回家督促儿孙学业，结果

---

① ［明］李东阳：《明故中书舍人徐君墓志铭》，《徐霞客家传》，第44页。
② ［明］倪岳：《赠徐君尚贤荣荐序》，《徐霞客家传》，第59页。
③ ［明］倪岳：《赠徐君尚贤荣荐序》，《徐霞客家传》，第60页。

五个儿子中长子徐衍芳（霞客祖父）、三子衍成、四子衍禧三人因科举而亡，徐洽也因"己愿未酬，而天复夺其所爱。居常以故郁郁不自得"而亡。① 科举悲剧同样在霞客父辈继续，霞客的二伯父徐有开为国子监生，"淬励三十年，而十对秋赋不第"，考了十次举人都失败了，最后抛弃了科举，"无意于短锥矣"，② 最后谒选为南昌参军，升云南盐运司正提举；霞客五叔徐有登，也是太学生，也累遭"公车之业之不振"的困厄，③ 最后他们只得依太学生选官之例为官地方。科举，消耗了徐家学子的时间和精力，甚至牺牲了他们的生命。所以连续六代科举悲剧的打击是徐家衰落的主要因素。

其次，这也与霞客先世有几代不是长子有关，虽然家族财产分配由父辈亲定和射覆抓阄两种办法，按诸子平分的原则进行，但实际长子长孙总要多一些。徐霞客先世在徐经以前十二代均为嫡长子，徐经以后到霞客五代中，徐治为次子，徐有勉为三子，霞客为次子，他们继承的家产肯定不如兄长；且徐衍芳有兄弟五人，徐有勉有兄弟六人，若总家产没有大幅增加，财产必然一代少于一代。

另外，嘉靖年间猖獗一时、为害东南沿海的倭寇之患，也给徐家打击。徐家家史中，倭患称"事变"，④ 徐家作为大户，在倭寇的烧杀抢掠中受到冲击。徐治父子组合乡兵、出资助筑江阴城等，消耗了诸多财产。

最后，霞客家财产在其父徐有勉时不如其叔伯，还与霞客叔伯有功名应选入官而霞客父亲则为布衣百姓且又不重视生产经营有关。霞客时不如其兄长徐弘祚，因为霞客二侄亮采、亮工有功名，而亮工又高中进士，霞客长期在外，花费不少，且也不经营家业。这一时期，徐元献和徐经英年早逝，薛氏和杨氏两代寡妇，善于治家，抚孤成名，徐家大宅以仿苏州府大堂而建，婆媳二人指挥若定。"仿苏郡堂为大厦，百材具备，一夕落成，役万指若不闻人声。"⑤ 整

---

① ［明］薛甲：《鸿胪徐君墓志铭》，《徐霞客家传》，第88页。
② 佚名：《提举养庵公传》，《徐霞客家传》，第98页。
③ ［明］叶茂才：《渐庵徐公墓志铭》，《徐霞客家传》，第128页。
④ ［明］薛甲：《鸿胪徐君墓志铭》，《徐霞客家传》，第88页。
⑤ 《经元梓庭公传》，《徐霞客家传》，第62页。

个家族共有几千人，"家众至数千"，① 由于薛杨婆媳的治理，徐氏"门户得以不坠"。杨氏临终的析家文书——《杨氏夫人手书分拨》，完整地收录在《徐氏宗谱》中，这是一份研究徐氏家产的完整文献，也是研究明清社会经济史的珍贵资料。大概情况如下：官民田共为三百七十七顷九十三亩二分八厘，三子均分，各人分得一百二十五顷九十七亩七分六厘一毫。还有官山十亩，民山五顷三十三亩七分四厘八毫，又滩八十六亩八分四厘七毫，又芦场四场四十二亩三厘六毫，草场三十二亩，鱼池大小六所。各品按三份均分。祖居住宅土地面积就达八十多亩，由长子徐治继承。次子徐洽、三子徐沾分居旸岐和沙山，各贴银四千两另建家园。次子徐洽补聘室茶礼银四百两。三子徐沾尚未成年和入学，"贴起造房屋银四千两；补娶室银二千两，入学银七佰五十两，共银七千一百五十两"。家族祭田有三顷，长女已出嫁，再补妆奁田四顷，小女儿待嫁，妆奁田八顷。徐家财产，除有土地、房产、现银外，还有书画、自制座船、田船、耕牛、农具、轿马、驴骡等，其曾经的辉煌可见一斑。②

徐洽、徐衍芳二代虽号称"积累宏拓、资拟素封"，③ 但最多只能"自保（家业）以不坠"。④

徐霞客父亲徐有勉时，明言"是时家已中落"，其财产与祖上已有天壤之别。由于徐霞客母亲善于治家理财，霞客家仍不失为富裕人家。⑤ 其家财产、土地具体数目已无从知晓，有推算 200 到 300 亩，其实应该还要多一些，500亩左右。据载：徐霞客父有勉在兄弟分产时，抓阄得正堂，让给了长兄，自己则另行在空旷之地建房，"竟复旧观"，和原祖居一般规模。而全盛时徐家祖居宅地的面积有案可查的有 80 亩余。霞客父母时的房子和占地虽不可能像其祖上，但其住处如园林有"园亭水木之乐"。⑥ 霞客母在"十亩之间，五亩之

---

① ［明］邵宝：《杨氏墓志铭》，《容春堂后集》卷 4，《无锡文库》第 4 辑，凤凰出版社 2011 年。

② 《杨氏夫人手书分拨》，《徐霞客家传》，第 74—80 页。

③ ［明］薛甲：《鸿胪徐君墓志铭》，《徐霞客家传》，第 88 页。

④ ［明］薛甲：《鸿胪徐君墓志铭》，《徐霞客家传》，第 89 页。

⑤ ［明］董其昌：《隐君徐豫庵暨配王孺人墓志铭》，《徐霞客家传》，第 110 页。

⑥ 张兴华：《徐霞客家庭悲剧之我见》，《徐霞客研究》第 18 辑，地质出版社 2009 年 4 月。

宅"，种豆成荫，纺纱于下，因此也不会很少或很小。霞客可以每年拿出数十石粮食来救济灾荒，可以拿出数十亩作为族里祭田，可以拿出三亩田换回李东阳撰、文徵明书的"徐颐墓志铭"；晚年西南游时，衡阳遇盗，为筹游资，霞客可以一下子以家 20 亩租收入相抵向金祥甫借 20 两银子。① 据此我们可推定霞客家不会少于 500 亩土地。我们再从霞客奉母命出资重修祭祀常州名官张宗琏的张侯庙；花十多年精力，走南闯北，为娱母寿而修建"晴山堂"，聘请海内名人为《秋圃晨机图》题咏；又将有关先世铭传、序记、题咏重刻晴山堂，成为"人争宝贵"与"唐碑宋碣并重"② 的《晴山堂石刻》，这过程中花去的人力物力可想而知。

可见霞客时，徐家的财产仍非一般人家可以相比。他家的收入来源与先祖主要靠地租、官俸有所不同，即霞客母亲善于治家尤其善于纺纱织布。2021 年9 月中央电视台首次播放《典籍里的中国·徐霞客游记》提到，徐母织的布人称"徐家布"，这虽没有出处，但徐母王孺人确是个纺纱织布的能手。关于徐母王孺人纺织，有许多记录和描写："（徐母）好率婢子鸣机杼"；③ "今里媪之织布者无数，而吾家特以精好闻"；④ "孺人织布精好，轻弱如蝉翼，市者辄能辨识之"；⑤ "与缣讼价，缣反输其轻纱"；⑥ "持向吴门货吴侬，拟赛齐纨卑蜀橦"。⑦ 从上述记载中我们可知，徐霞客母王孺人善于纺纱织布，所织之布质量上乘，可以与丝织品相比；不仅自己织，也组家里的婢女织，有一定规模；所织之布不限自给，也供于市场，且在当地颇有名气；因布的质量高，卖出的价格也好；其布不仅在本地销售，也远销到苏州市场。所以徐母率婢织布收入是霞客家庭收入新的重要的来源。至于其纺织的规模，有人说有"四十台织机"，不知出何处，但有一定规模是肯定的。从事徐家纺织的是不是仅限于没

---

① [明] 徐霞客著，褚绍唐、吴应寿整理：《徐霞客游记》，上海古籍出版社 1987 年版，第 206 页。
② 《徐霞客游记》，第 1263 页。
③ 《徐霞客游记》，第 1237 页。
④ [明] 董其昌：《隐君徐豫庵暨配王孺人墓志铭》，《徐霞客家传》，第 111 页。
⑤ [明] 陈继儒：《豫庵徐公暨配王孺人传》，《徐霞客家传》，第 108 页。
⑥ [明] 王思任：《徐氏三可传》，《徐霞客家传》，第 163 页。
⑦ 《徐霞客游记》，第 1247 页。

有工资的"婢子"？还有没有雇来的劳动力呢？没有资料为依据，但徐霞客家有一定规模的、与商品市场密切联系的手工作坊应是较合理的推测。

综上，我们考察了徐霞客家族及其先世的经济状况。徐氏家族曾是巨富，然而徐家之富有一个由盛到衰的变化；徐家收入的主要来源是土地和俸禄；霞客时，家庭财富虽然不如祖上，但仍不失殷实，财富仍居上等，其母主持下的家庭纺织是徐家收入的新来源且是重要来源。徐霞客富裕的家境，为他专门从事长达30年旅行考察提供了必要的物质基础。

三、徐霞客家族的隐逸与出仕

关于梧塍徐氏家族的隐逸和出仕，我们在《徐霞客先祖及祖风》一节中有简要论述，在这里更详细地进行展开。徐霞客先祖或退居家园，退隐山林，或参加科考，出仕为官。其一退隐一出仕，看上去形式上是矛盾的，其实都符合儒家传统思想和处世原则。儒家认为"天下有道则仕，（天下）无道则隐"，在天下清明、天子圣明时出来做官，辅助圣君或治一方，于国于民皆有益处；在天下混乱、天子昏庸无道时退隐山林，便是不助纣为虐，于国于民均有好处。儒家倡导"修齐治平"，"修齐"为基，"治平"为归，是隐修和出仕关系的统一。霞客先世恪守儒家思想，讲求"进则思以济夫人，退则思以淑诸己"，[①] 进诸朝堂做官，要廉洁奉公，为君分忧，为民兴利；解甲归田，退居乡里，要风淳气正，读书修身，造福乡邻。"玉敛珠藏，保身于乱离之世；贲光发艳，将施于太平之世。"[②]

（一）隐逸和出仕之风

徐氏五世千十一和他的子孙连续四代人均在元朝统治之下，抱有民族骨气，"子孙俱誓不仕元"，宋濂称千十一有商山"四皓之徒"之风骨。[③] 千十一之子（六世祖）伯三"读书行义，身修家齐"，"为林泉之民"；[④] 伯三之子

---

① 《本中徵君墓表》，《徐霞客家传》，第24页。
② 《君益公赞》，《徐霞客家传》，第19页。
③ 《千十一公赞》，《徐霞客家传》，第12页。
④ 《伯三小传》，陶九成：《宜议公赞》，《徐霞客家传》，第13页。

（七世祖）亨一、亨二也过着“其居也田园，其业也诗书”① 的隐居生活。

明代开国、推翻元朝统治以后，梧塍徐氏也结束了完全的耕读隐居生活，开始出山，为明王朝做事。

九世祖徐麒，洪武年间因学行应诏出使巴蜀，出色完成了招安羌人皇命。朝廷要授以显职，不就。以料理浩繁家政和田产为由，返回故里广置田产，“力本自乐，绝迹城市，与世居迥不相接”，“别筑一室于所居之旁，花竹图史，日寄傲于其间”，② 过着隐居的生活。这种隐居，其实是乡居生活，与隐居深山老林和出家佛道，完全是两码事。徐麒被推为万石粮长，为乡里乃至为朝廷在做事。徐麒开启徐氏“富而能礼”“富而好施”的好家风。

徐麒的四个儿子徐忞、徐愈、徐应、徐懋继承和扩大家业，袭粮长之职，继续乡居。徐忞和徐愈在正统年间，输粟各四千斛，景泰间再次输粟和“进鞍马助边”，两次受旌为义民、义官，授冠带的政治殊荣和免去徭役的经济优待。徐应也在景泰中“出粟二千石以资养民之费”，③ 徐懋也因出资补散官。徐忞兄弟“修身慎行”“务农重谷”“优游田里，笑傲林壑”。④ 改革家周忱巡抚江南，进行赋税改革，徐忞兄弟为之筹划，深得周忱信任。“文襄（周忱）至，凡事有宜于民者，公历言之，多见采纳。”周忱要在江南兴修水到，但资金短缺，徐忞兄弟“首助粟三千斛。其富家效助者众，得粟数（万斛）”。⑤ 徐愈在周忱的委任下，很快清除积欠。江阴县江边沙洲地带，因江水冲激，土地消长不常，徐愈又被周忱所派，测量土地，按实测田亩数为征赋役的依据。以往江边百姓很不配合，赖徐愈大公无私，这次却积极配合，土地测量很快完成，没有发生骚乱。

徐氏家族从十一世徐颐等开始步入官场，步入科举。

徐忞有三子，长徐颐、次徐泰、幼徐坤。徐颐，以精书法入朝，为文华殿中书舍人。因为官不得志，引病告归，侍养双亲，延请名师，督促儿子学业，

---

① ［明］解缙：《亨二公赞》，《徐霞客家传》，第 17 页。
② 《徵君心远公传》，《徐霞客家传》，第 22 页。
③ 《徐应小传》，《徐霞客家传》，第 37 页。
④ 《隐君退庵公传》，《徐霞客家传》，第 31 页。
⑤ ［明］钱溥：《大明故义官退庵徐景南墓志铭》，江阴博物馆收藏。

夜分乃罢。徐泰为顺天乡试解元，是徐家第一个举人、唯一的解元，也是第一个经科举入仕之人。他选为罗田县令、升荆门太守、卒于任，有善政，祀名宦祠。徐坤，为州卫指挥同知。徐念长子徐震，也慷慨豁达，助父行义。景泰中，江阴大疫流行，他救死扶伤，输粟朝廷，投冠带，为义官。徐念次子复也为"尚义散官"。① 徐应三子：长子徐鼎，成化年中举，任永州推官。次子徐豫和三子徐涣均受封为"尚义散官"②

徐颐长子徐元献（十二世）中应天举人，第一次会试失利后不久去世，年仅29岁。徐颐之孙元献独子徐经也中举人，因会试科场案被废锢，35岁卒。此两代人早亡，不得入仕。徐颐次子徐元寿，为国学生，但他并不愿入官场，而隐居在乡，诗文书画，样样精妙，是徐家少有的才学之士。徐泰长子元谷，官苏州卫指挥同知，次子元菽为鸿胪寺序班。徐鼎之子元圭和元方（改名弘道）与侄徐经同中举人，徐弘道官为工部员外郎。十三世还有徐臣（元寿子），嘉靖元年（1523年）举人，授南平知县，转夷陵州判官，终上林县。徐二南，嘉靖十二年（1534年）举人，任新城令，改授湖州府教谕。徐中立，为光禄寺署正。徐行为绍兴县经历。徐谱为瑞州知事，徐桢为兰溪主簿。

徐经次子、十四世徐洽，霞客曾祖父，早年入县学、太学，但连续七次乡试失败，不得已，选为鸿胪寺序班，升主簿。不到六旬，乞请告老，"优游林泉，不染尘世事"。③ 置吴庄书屋，令儿孙读诵其中，自己亲督学业。其兄徐治则为南京鸿胪寺鸣赞，徐治徐洽兄弟被称"兄弟南北鸿胪"。徐洽长子徐衍芳（霞客祖父）、三子衍成、四子衍禧均为国学生，都因乡试科场不利而亡。尽管徐洽、徐衍芳父子科举不利，官场很不得意，但他们并没泯灭自己的爱国之心和正义之气。当时东南地区倭寇猖獗，徐氏父子和江阴百姓在知县钱錞的领导下进行抗倭斗争，参见第二章相关内容。十四世还有徐汶，字伯兖，号鲁源，中嘉靖举人。徐材，字懋卿，号阳滨，中嘉靖举人，官至户部郎中。

徐衍芳诸子即霞客父亲辈，有兄弟六人，其中霞客二伯父徐有造由太学入官，为南昌府参军，升云南盐运司提举，官虽小，却为民兴利除弊；五叔徐有

---

① 《梧塍徐氏宗谱》卷53《旧传辑略·处士省轩公传》。
② 《梧塍徐氏宗谱》卷59《传芳录》。
③ ［明］薛甲：《鸿胪徐君墓志铭》，《徐霞客家传》，第88页。

登也由太学生选临洮府同知，升开封知府而告归。他们忠君爱国，勤政为民，霞客之父徐有勉则不像其兄弟，热衷科场和官场，反而完全放弃了自己所谓政治前途的追求，心甘情愿地做一介布衣。徐氏十六世，还有徐有存，字思在，号苳庵，中万历举人。徐日升，字华祝，号石城，为天启甲子（1624 年）举人，乙丑（1625 年）进士，任漳州推官。为徐氏家族的第一个进士。另外三位霞客同辈和后辈，他们中举人、进士在霞客逝世前，故附于此：一是徐调元（1598—1677 年），字尔赞，号贞庵，与霞客同辈，为徐氏西河支十七世。崇祯三年（1630 年）中乡举，崇祯丁丑（1637 年）中进士。先后任黄冈县、金华县令。明亡后，不做清朝官，家居经商，铺路修桥，保护环境，造福桑梓。二是徐公燮（1595—1642 年），原名熙，字寿朋，一字明若，号东冈，徐氏十八世。天启甲子（1624 年）与叔祖徐日升为同榜举人，任浙江孝丰令。三是徐亮工（1595—1645 年），字虞钦，号二余。霞客兄弘祚次子。崇祯癸酉（1633 年）举人，庚辰（1640 年）钦赐进士。官陕西吴堡令。

从以上徐霞客祖上或隐居山村或出仕为官的经历，我们可以得出下列结论：徐霞客先世遵循的是儒家思想，无论是隐居乡里还是出仕都反映出他们的社会价值观；霞客先祖有固守民族之气节而退隐不仕的，也有出仕后，难以施展个人政治抱负后引退的；霞客先祖虽在乡里，却关心国家大事，希望通过对后代的督促教育来实现自己的理想。霞客先世出仕为官之路极为崎岖，没有显赫的官位，为官都是下级官员：中央部门的闲官如鸿胪序班、鸣赞、主簿之类，光禄寺署正之类；地方知县知州推官之类。尽官徐氏官卑位轻，但只要能为官一方，如徐泰为罗田令、荆门知州，徐鼎为永州推官，徐材为官兖州推官以至工部郎中，徐日升为漳州推官等，他们都能兴利除弊，惠及百姓，且能清正廉洁，霞客先祖（以及后代）没有一个贪腐的。这些对霞客的价值观的形成，爱国主义思想的形成和人生道路的选择等等有极大的影响。

（二）科举悲剧和学术之风

徐霞客不仅受其先世的隐居和出仕经历经验的影响，也受其先世科举悲剧和学术风格的影响。

徐氏先世自投身科举考试，其道路极不平坦，科举悲剧如影相随。这悲剧从徐泰（十一世）开始到霞客的父辈（十六世）连续六代不断重演。徐泰是第一个参加科举选拔为官的人。他在景泰年中顺天解元，这是徐氏家族中唯一的。他本可中进士，但"富室"的名气和朝中官员的倾轧，却使他倍受打击，他可视作徐氏科场悲剧的第一人。景泰七年（1456 年）顺天乡试，徐泰以国学生的身份参加，主考官刘俨拔徐泰为第一名。而内阁大臣陈循和王文之子陈英和王伦也参加此次乡试。陈王二位向刘俨打了招呼，但结果却落选了。陈、王迁怒刘俨，说刘俨"私于富室"，① 指摘刘俨受富人徐泰之贿赂，"阅文不明，取士狥私"，且命题中有违制的语言，请皇上按洪武中刘三吾科场案例，惩办刘俨。一时震动朝廷上下。景泰帝命大学士高谷会同礼部在内廷复试五经科，结果徐泰仍为第一名，人称"钦赐解元"。② 同时也给落第的陈王二子来年参加会试的资格。但陈、王仍不罢休，景泰帝震怒，对陈王二位说，事实已明，如再无理取闹，便以大臣乱政罪处罚。陈王才罢休。对此事件，《明史》之《选举志》《刘俨传》《高谷传》等都有记载，特别是《高谷传》对陈王诬陷刘俨的做法颇为不满。《高谷传》说刘俨等无私，"贵胄与寒士竞进已不可。况不安义命，欲因此构考官乎？"③ 第二年，礼部会试，徐泰已中试，又因所谓"嫌疑"而落选。久之，不得已，徐泰只能就选为罗田县令，又升到荆门太守。徐泰是不幸的，因为他在乡试得解元、会试和选官时都有曲折；但他又是幸运的，因为他毕竟通过科举做官，且因为他心系百姓，在罗田县和荆门州做出了成绩，受到当地百姓的尊敬和怀念。任罗田时，百姓立遗爱碑于县治。任荆门守时一期任满，百姓向朝廷请求留任，最后卒于任上，受祀名宦祠。

十二世徐元献，是徐氏家族中第一位劳死科举场者。徐元献，少年颖异，"十岁能诗赋，四座叹慕，皆以徐氏有子矣"。④ 其父徐颐希望儿子走科举为官的正途，对元献十分严格，"重门设键，不令与阛市相接"，⑤ 重金聘请太仓翰林张泰、松江状元钱福、苏州举人文洪（文徵明祖父）为师，自己亲自"督

---

① 《州守生白公传》，《徐霞客家传》，第 55 页。

② ［明］郑晓：《吾学编》卷 39《侍郎刘文介公传》，续修四库全书，史部·杂史类，第 424 册，上海古籍出版社，第 533 页。

③ ［明］张廷玉：《明史》卷 169《高谷传》，中华书局 1974 年版，第 4534 页。

④ ［明］吴宽：《乡贡进士徐君墓志铭》，《徐霞客家传》，第 62 页。

⑤ 《内翰一庵公传》，《徐霞客家传》，第 43 页。

责其业，往往夜分始去"，而元献则"勤劬勉励，终日惕惕不自休"。① 成化十六年（1480 年），26 岁时中应天乡试经魁。座师罗璟、李东阳得卷大奇，拔其举人第三名。但第二年会试，出乎人们意料，徐元献进士落第。遭此打击，徐元献不久病故，年仅 29 岁。徐元献死后，其父徐颐因遭白发人送黑发人之痛也病故了。一场科举梦付出了两代人的生命。

十三世徐经，元献独子，霞客的高祖父，他遭轰动一时的弘治十二年会试科场案打击而亡。徐经性格内敛，学习刻苦，学识高深渊博，"胸罗万卷，而谦损若虚"。② 深受朋友推重，与唐寅、文徵明及叔徐元寿等以才名相为引重，中弘治八年（1495 年）应天乡试举人。弘治十二年（1499 年）与新科试解元唐寅一起北上会试，传出"场屋飞语"，③ 传言江阴富人徐经贿赂了主考大臣程敏政而预得试题，得中进士。给事中华昶起疏弹劾程敏政。弘治帝下令主考李东阳覆阅，事实上徐经、唐寅都不在录取之列。舆论还不罢休，程、徐、唐均下狱，徐、唐被废锢，交了赎金后出狱。唐寅发往浙江做小吏，徐经被遣送回原籍，程敏政不久发疽而亡。弘治帝死后，徐经希望新帝正德能够恢复其仕籍，重返科举，便再北上，因身体孱弱而得疾病，不久客死北京，年仅 35 岁。

累及徐经、唐寅的弘治己未科场案，纯属冤案。它由众多因素造成，朝中权力倾轧是主要的原因。程敏政以神童起家，科业和官运亨通。成化二年（1466 年）会试榜眼；又是名门之后：其父程信，进士出身，官至南部兵部尚书、参赞机务；其岳父李贤名气更大，宣德年进士，官至少保、吏部尚书、大学士。故程敏政常傲视同辈，因而受朝中一些人如傅翰等的嫉恨和排挤；更有一些言官，把风闻当事实，自以为守职，却兴起一次次风浪。江南才子唐寅为人放浪不羁，驰骋京师巷中。以"才子"自称，自鸣得意，放言必在会试高中。试前访乡试座师梁储及后来点为会试主考的程敏政，得罪了许多人，包括自己好友都穆等，引起众人不满和嫉妒。而徐经，跟叔祖徐泰一样，其"富人"之名扬天下，许多人认定"为富不仁"、富人没学问。且平时只知读书，

---

① ［明］吴宽：《乡贡进士徐君墓志铭》，《徐霞客家传》，第 63 页。
② ［明］薛章宪：《乡进士徐君衡父行状》，《徐霞客家传》，第 70 页。
③ 《春元西坞公传》，《徐霞客家传》，第 71 页。

不懂像其先世那样会敛财也会散财，他却"富而不施"，造成"内外嫉忌"，"因富得祸"。① 文徵明把徐经之祸与唐代王参元相比。王参元是柳宗元的好友，富有才华，但因家富而遭到官场和士林非议排挤，因此不能中举，"其家有积货，士之好廉名者，皆畏忌而不敢道其善"。直到家里一把大火烧光了家产，才得以中进士。所以王参元家遇火后柳宗元写信表示祝贺。文徵明叹道："积货之嫌，足以厄其名位而已。"② 但王参元只是因富而不举，而徐经则因富致祸，最后死在科场案中。对于徐经之科场案，徐元寿悲愤地说："俾渥洼之材，非但不得腾逸，而且羁绁困阨，绝鸣盐车，岂直为吾宗惜，抑重为楚室惜矣。"③ 徐经及其父元献的科场悲剧形成了徐氏家族仕途盛衰的一个转折点。

徐经次子，十四世徐洽，霞客曾祖父，10 岁丧父，在其母杨氏的督促下，发愤读书，进了县学，又进了国子监。在监生中"每试辄最"，成绩优异。但乡试不利，屡试屡败，"凡七试，皆不遇"，④ 尤其可惜是嘉靖十年（1531 年），徐洽 35 岁时，乡试已在录取之列，但因参加考试的监生人数超过常额，需照顾秀才名额而落选。不得已，就吏部选入鸿胪寺，未及六旬，乞请致仕。退休后，徐洽把精力集中在下一代身上，希望儿孙能实现自己的愿望。他置造吴庄书屋，让诸子孙读诵其中，自己和先世徐颐一样亲自督促和教学。长子徐衍芳，"有文名，累试数奇"，且"博综典故，出入风雅"；三子徐行成、四子徐衍禧，均乡试中连连失败。嘉靖三十一年（1552 年），衍芳兄弟以县学秀才的身份参加乡试，科文已在预录中，但因这年秀才考生太多，监生考生太少，要照顾监生名额而落榜，与其父 21 年前命运相同。徐衍芳兄弟因屡受科举打击，英年早逝。徐洽在连丧三子的悲痛中去世，再次重复了子死父亡的悲剧。

科举悲剧还在霞客叔伯身上重演。徐有造，霞客二伯父，是祖父徐洽最喜欢的孙子。早年入太学，在六馆中居甲舍，但在乡试中也屡屡败北，"淬励三十年，而十对秋赋不第"。⑤ 最后只能应吏部选入官。徐有登，霞客五叔，少年失学，

---

① 《春元西坞公传》，《徐霞客家传》，第 71 页。
② ［明］文璧：《贲感集序》，《徐霞客家传》，第 72 页。
③ ［明］徐元寿《贲感录后序》，《徐霞客家传》，第 73—74 页。
④ 《鸿胪佐云岐公传》，《徐霞客家传》，第 84 页。
⑤ 佚名：《提举养庵公传》，《徐霞客家传》，第 98 页。

后折节读书，得入太学。也屡次在乡试中失利，"公车之业之不振"，① 后应选入官。徐有造、有登的科举挫折，对霞客父亲有勉及霞客有直接的影响。

徐霞客先辈六代人前仆后继，立志科举入仕，为此付出了青春年华，甚至付出了生命。这是血的代价换来的教训。

徐氏祖上的科举悲剧，如上述所说，有由官场互相倾轧造成的；也有所谓因富得祸的，徐泰、徐经科场案就是典型例子。当然这里特别需指出，这也与徐氏家族代代相袭的学术风格有着密切的关系。徐氏家族学风浓郁、学习刻苦，知识广博、兴趣广泛；他们往往不拘于章句，而重视自己的创见。所以霞客先祖中不乏才学见识者。但这种才学与创见却与只做八股文、只考四书五经之死板的科举考试，从表面形式到内容精神是大径相庭的。徐氏在科举中的败北是必然的了。

在此，我们顺便对徐氏学术风格做一简要罗列：徐麒，"读书不屑章句，通大义而已"。② 徐元献，"然君所业与世之举子不类，古经史传，秦汉文词，博览强记，汪洋浩瀚。其为文气雄语工，沛然不可御"。③ 徐元寿，"由邑庠就太学，究心坟典，博览载籍，大肆力于诗文"。④ 徐经，"至于'六艺'之文、'百家'之编，则口吟手披不绝也，且昼孳孳，务求远到"，"尽取古人书读之。为文精诣典雅，下笔动人，一时行辈多所推让"。⑤ "所论著，潏濯蔓靡，剿删陈烂，一言一字，必自己出。"⑥ "于经学外，喜汉晋文字，含咀英华，会心有得。"⑦ 徐洽，"居家日课子孙，讲究经义，旁及子史，上下古今，历历在指掌间"。⑧ 徐衍芳，"博综典故，出入风雅，以古文词为通人所赏识"。⑨

徐霞客祖上的科举悲剧和相传学风对霞客的影响是很大的。就六代科举悲剧

---

① ［明］叶茂才：《渐庵徐公墓志铭》，《徐霞客家传》，第 128 页。
② 《微君心远公传》，《徐霞客家传》，第 22 页。
③ 《经元梓庭公传》，《徐霞客家传》，第 61 页。
④ 《高士衲斋公传》，《徐霞客家传》，第 66 页。
⑤ ［明］薛章宪：《乡进士徐君衡父行状》，《徐霞客家传》，第 70 页。
⑥ ［明］文璧：《贲感集序》，《徐霞客家传》，第 72 页。
⑦ ［明］徐元寿：《贲感集后序》，《徐霞客家传》，第 74 页。
⑧ ［明］徐材：《鸿胪云岐公行状》，《徐霞客家传》，第 86 页。
⑨ 《光禄佐柴石公传》，《徐霞客家传》，第 93 页。

而言，显然给徐霞客父亲和徐霞客以非常的震动，徐有勉不愿走这"要死人"的科举老路，他选择了远离功名的做法。徐霞客也与其父一样，抛弃科举仕途，虽然早年也有过童生考。就徐氏家族的学风而言，徐家不拘章句、不拘旧说、敢于创新、广取博征等对徐霞客的学习研究，不走上科考之路，无疑是影响深刻的。

四、父母与族人对徐霞客的影响

徐霞客成长下的家庭环境，对霞客兴趣爱好的培养、志向的选择和事业的成就起到了关键的作用。这里有徐霞客父母身传言教和支持，徐霞客叔伯等直接的人生经验教训，还有其他族人的支持。

（一）父亲对徐霞客的影响和支持

徐霞客之父徐有勉，生于明嘉靖乙巳七月初三，卒于万历甲辰七月初四，即1545年8月9日至1604年7月30日，终年60岁。字思安，号豫庵。兄弟六人，排行老三，除有勉外，其他人都有功名，或为秀才或为太学生，尤其是二兄有造和五弟有登进入官场，而有勉却无心科举仕途。他没有参加过科举，有人劝他捐资为郎，他也掉头不答，[①] 以布衣白丁终老。有勉性格内向又倔强，他不愿攀附官场权贵，"性喜萧散，而益厌冠盖征逐之交"，即使与徐家有通婚之好的无锡秦中丞、侯都谏、杨同卿等来访他都避得远远的，过后也不回访，董其昌称其"雅致"。[②]

秦中丞即秦燿（1544—1604年），字道明，号舜峰，隆庆进士，官都察院右佥都御史，巡抚（称中丞）南赣，升右副都御史，巡抚湖广。后被诬解职归乡，扩建曾祖辈秦金的"凤谷行窝"，名为寄畅园，名流佳客，觞咏其中。有勉二叔徐衍嘉，娶秦金（号凤山）次子举人秦泮（号小山）之女。四叔衍禧娶秦原山女。有勉五弟临兆府同知有登之长子应祺，又娶秦舜山之女。侯给谏，也称侯都谏，即侯先春（1545—1611年），字元甫，号少芝。万历进士，初为太常博士，进吏科给事中（给谏），补兵科都给事中（都谏），以直谏闻名。其子太学生徐世英，娶有勉五弟有登次女徐淑洁，后千里送霞客归里的黄

---

① ［明］王思任：《徐氏三可传》，《徐霞客家传》，第162页。
② ［明］董其昌：《隐君徐豫庵暨配王孺人墓志铭》，《徐霞客家传》，第110页。

冈知县侯鼎铉即为先春孙、世英侄。杨同卿，也称杨给谏、杨都谏，即杨应文（1543—1609年），字子修，号凤麓。万历进士，授太常博士，历工科礼科给事中，升刑科左给事中、都给事中，升太仆卿少卿（同卿）。有勉曾祖徐经夫人杨氏，为杨应文祖父杨文昂之妹，杨应文称"祖姑"。

徐有勉平时很少理家，喜欢园林，"好木石，为园以自隐"。① "园亭水木之乐，甚适也。"② 又喜欢旅游，经常往来苏州杭州等地，"暇日敕三五家僮、具笋舆叶艇，往来虎丘、龙井间"，③ 勺着清泉，品着新茗，何等惬意。有勉见霞客"读书好客"，有"朝碧海而暮苍梧"之愿，他希望霞客"可以竟吾志，不愿而富贵也"。④ 霞客童生试，初次失利后放弃科考仕进之途，有勉并不反对。对比一下霞客的高风亮节，坚毅的性格和兴趣爱好，可知父亲的影响是很大的，父子有很多相像之处。有勉夫妇，19岁结婚。22岁生长子徐弘祚。在此前后生一女，霞客唯一之姐，后嫁无锡秀才王畸海。43岁生次子徐霞客。有勉55岁时与妾生幼子徐弘褆。由于徐有勉不善交际，性格倔强，得罪乡里"群豪"，常常避逃到无锡女儿家（抑或岳家，待考）。中年遇盗，避无锡后骑马堕入河中，废一足。晚年在小儿处，再遇盗伤身，不久去世。徐有勉60岁去世时，徐弘祚长子亮采已12岁，次子亮工已10岁。徐霞客19岁，丁文江先生推定其时霞客尚没结婚。⑤

（二）母亲王孺人对徐霞客的影响和支持

徐霞客的母亲王孺人，生于嘉靖乙巳年十二月十六日，卒于乙丑年九月二十九日，即1546年1月18日至1624年10月29日。此前，徐学研究者仅将其生年对应西历1545年，而没有将出生月日换算为西历，不准确。王孺人与丈夫生肖相同，属蛇，但比丈夫小五个多月，应生于1546年初。

对于王孺人的籍贯，今天在徐学界分歧很大。一是依据陈仁锡《王孺人墓志铭》所言"城东王公，澄江右族，孺人父也"，即王孺人的父亲是澄江即江

---

① ［明］王思任：《徐氏三可传》，《徐霞客家传》，第162页。
② ［明］董其昌：《隐君徐豫庵暨配王孺人墓志铭》，《徐霞客家传》，第110页。
③ ［明］陈继儒：《豫庵徐公暨配王孺人传》，《徐霞客家传》，第108页。
④ ［明］王思任：《徐氏三可传》，《徐霞客家传》，第163页。
⑤ 丁文江：《徐霞客先生年谱》，"万历甲辰1604年，霞客十九岁"条。

阴大族，便确定王孺人是江阴人。至于"城东"是王父名号，还是指方位，则也有不同理解。有学者也从江阴《东常王氏宗谱》说王城东是今江阴市霞客镇的东常人。王孺人是江阴人，长期以来一直没有异议。另一说，王孺人是无锡人，嘉乐堂王氏。此据徐霞客与无锡嘉乐堂王氏的关系，尤其是王畸海、王忠切、王孝先、王受时的关系密切，据此而推断王孺人是无锡嘉乐堂王氏之女，世居无锡城北的"江阴巷"（此巷明代已有，今仍在），父是鸿胪寺序班王重道，祖父为进士、礼部郎中、人称"江阴巷里王老佛"的王表。这是一种新的说法，值得重视，但还需深入研究。① 近来笔者对嘉乐堂的王畸海是徐霞客姐夫身份的考定，对王畸海侄子王忠切生平的考定，以及对嘉乐堂王氏世系进行了初步研究，但愿能有新的资料和新进展。

王孺人19岁时嫁同龄的徐有勉为妻。夫妇生二子一女，上已述，有勉在世60岁，王孺人则活到了78岁。王孺人既有传统的"贤妻良母""相夫教子"式妇女的美德，又有传统家庭妇女不具有的远见卓识。所以她对霞客的影响更大。

王孺人恪守孝道。嫁到徐家五年内，公公徐衍芳、太公徐洽、婆婆陈孺人、父亲王城东相继去世，她和丈夫一一尽孝，受到宗族乡邻众人的好评："宗祊誉之，姒娣贤之。"对丈夫体贴入微，"公病濒危殆，病于寅，迫岁除，代之仆；病于喉，废餐饮，代之口；拮据公私，代之手；筑场圃，代之农；肯堂构，代之筑"。至为了丈夫迎娶小妾，她自己主动避让到无锡。②

王孺人善于治家理财。她和有勉结婚时，徐家已中落，家产已大不如前几辈。兄以射覆之法析家，有勉抓阄得中堂，但他将中堂让给长兄有开，自己则迁东鄙旷野之地，另建家居。不出几年，有"园亭水木"的新居建成了，其规模不下祖居。有勉临终嘱咐夫人，幼子弘禔庶出，今后分家时不要和二兄同样

---

① 参见陈锡良：《徐母王孺人身世考略》，《徐霞客研究》第31辑（地质出版社2015年版）；缪幸龙：《对〈徐母王孺人身世考略〉一文的几点疑问》，《徐学研究》2016年1期；张兴华：《徐母王孺人出身于无锡嘉乐堂王氏家族》，《徐霞客与当代旅游》2018年第4期；蔡崇武《关于徐母王孺人出身于无锡嘉乐堂王氏家族的若干质疑》，《徐霞客研究》第41辑（中国大地出版社2021年版）；缪幸龙：《对徐母王孺人出身无锡一说的几点疑问》，《徐霞客研究》第41辑。另有吕锡生、邹秋龙等各有论文涉及。

② ［明］陈仁锡：《王孺人墓志铭》，《徐霞客家传》，第113—114页。

对待，但孺人析产时却不分嫡庶，一律平分，自己和次子弘祖一起生活。霞客出游期间，徐母带着孙子，在豆滕荫下纺纱，督促孙子的学习，与媳妇许氏、罗氏的关系也和谐。（虽然霞客则可能与续妻罗氏关系不洽，其妾周氏被逐、庶子李寄的家庭悲剧说明这一点，在此不表。）

王孺人节俭、勤劳。她不讲究膳食和穿戴，平时都素食。总是"束身布素"，但穿戴整洁。王孺人常以自己初嫁徐家时，在茶碗中加放二颗龙眼侍候太公徐洽，却遭受太公批评为例子，教育子孙要节俭。王孺人也勤快，家里不乏衣食，她却带领婢女种菜、纺织。"孺人织布精好，轻弱如蝉翼，市者辄能辨识之。"① 精好的"徐家布"有一定的生产规模；在市场上有一定知名度，能卖到好价钱；不仅在当地销售，还远销到苏州等外地，成了徐家经济收入的一大来源。

王孺人还秉承先祖的乐善好施、热心公益的优良传统。霞客身为孝子，一切听从母亲的决定，"甲子岁祲，米斗百钱，孺人命仲子（霞客）出粟以活饿夫，岁数十石"。② 自己不扩改住房，而让霞客重修祖坟，办祭田数亩；又让霞客出资重修江阴君山张宗琏庙。张为江西吉水人，永乐进士，与修《永乐大典》，忤旨谪为常州通判。在常州，为民办事，操守清廉，与上司力争，受辱而卒，常州人为其在江阴君山立祠纪念。徐母和徐霞客重修张宗琏庙不仅是一种善举，而且是对先辈祖德的继承光大，而更重要的是反映了其社会政治观。

王孺人从子孙们的兴趣爱好出发，对他们进行教育培养。徐霞客的志趣在远行探奇，她鼓励霞客不断向前，走上旅行探索之路。霞客儿子徐屺，侄子徐亮采、徐亮工走读书科举之路，作为祖母的她也倾注了精力。王孺人对霞客长子徐屺学业常以"勤"来劝勉，她也带着徐屺去"青阳张氏"向进士张名誉请教学问，徐屺后中秀才。徐亮采（1593—1642 年），为庠士。徐亮工（1595—1646 年），字虞卿，号二余，早年入县学，19 岁时中举人，45 岁时中崇祯十二年（1640 年）进士。为陕西吴堡令，有惠政。清代大学者李兆洛《忠义亮工公传》说他"少慷慨有大志，读书不事章句"。"学司马温公《资治通鉴》和朱子《名臣言行录》两书，翻覆展读，不厌百回……读文山《正气

---

① ［明］陈继儒：《豫庵徐公暨配王孺人传》，《徐霞客家传》，第 108 页。
② ［明］董其昌：《隐君徐豫庵暨配王孺人墓志铭》，《徐霞客家传》，第 111 页。

歌》，泣数行下。"① 徐亮采、亮工兄弟和徐霞客为叔侄，但属同龄人，关系十分密切。王孺人"方以外付之弘祖，听其膏肓泉石；方以内付亮采亮工两文学，听其发家诗书"，② 霞客母亲从子孙的兴趣出发，因势利导培养出了徐家的举人、进士，同时也培养出了杰出旅行家、地理学家。

王孺人对霞客的培养和支持更是独其慧眼，更有远见卓识。霞客少时进入私塾，当然目的是博取功名，孝子霞客为了不违父母之意，"俯就铅椠，应括帖藻芹之业"，③ 应了童生考试。但科举不是霞客的爱好，霞客已从祖上的藏书中读了除《四书》《五经》儒家经典以外的书，主要是一些历史地理等方面的著作，其传称"侈博览古今史籍及舆地志，山海图经及一切冲举高蹈之迹"，并且在老师讲经的时候，将这些书盖在经书之下，偷偷地阅读，读到来劲的地方，"神栩栩动"。见到霞客如此，其父母便不再强求霞客读经应试，霞客便在科举路上"浅尝辄止"了。父亲过世后，霞客和母亲生活在一起，霞客虽然志存高远，但因老母在堂不肯外出远游。徐母却大加鼓励，要霞客打破旧观念。她对霞客说，"男儿当在四方"，她从新的角度解释《论语》"父母在，不游远，游必有方"，认为父母在也可远游，但必然要有计划方案，预计旅游远近和花费的时间，"往返如期"，她要儿子不要做"藩中雉，辕下驹"，④ 为霞客治远游冠，这样霞客才迈出了外出旅行的第一步。她要儿子在外不要挂念自己，也不要游得不欢畅而中途回来。只要回来后，将所经历一一讲给自己听就行了。霞客谨遵母命，归来时"携琪花瑶草、碧藕雪桃归，为阿母寿"。⑤ 给她讲旅途中奇险异事，在座的人听了"瞿目缩舌骇汗"，其母却"色意大惬"，⑥ 为霞客煮蒲烹茗，以示庆贺。霞客母亲80岁了，霞客不再游了，徐母劝霞客出游，说自己身体尚健，饭量还大，让霞客带着游宜兴荆溪，去了张公洞、善卷洞。旅途中且往往走在霞客前，"趾每先霞客"，以此行动来鼓励霞

---

① ［清］李兆洛：《忠义亮工公传》，《徐霞客家传》，第142页。
② ［明］陈继儒：《豫庵徐公暨配王孺人传》，《徐霞客家传》，第109页。
③ ［明］陈函辉：《霞客徐先生墓志铭》，《徐霞客家传》，第153页。
④ ［明］陈函辉：《霞客徐先生墓志铭》，《徐霞客家传》，第152—153页。
⑤ ［明］陈函辉：《霞客徐先生墓志铭》，《徐霞客家传》，第153页。
⑥ ［明］李维桢：《秋圃晨机图引》，《徐霞客家传》，第105页。

客。孝子霞客，为报其母亲的养育之情，筑了晴山堂，请名家作《秋圃晨机图》和题咏，作为母亲 80 岁的寿礼。当时人们感叹"从前则以母之贤成子之游，从今则以子孝娱亲之老。是母是子，其相与以有成者，岂在世俗之间哉！"①"自古奉其亲者多矣，奉山水自徐仲子始，奉富贵而不受，古贤母有闻矣，奉山水而受，从徐仲子母始。"②

上述足见徐霞客父母，尤其是母亲在霞客成长路上的作用巨大。陈继儒称"弘祖之奇，孺人成之；孺人之奇，豫庵公成之"，③ 张大复将徐母和古代"三母"：陶侃母湛氏、夏孟宗母尹氏和孟轲母并列为四。④ 正是因徐母王孺人"代夫以父其子，代妇以子其孙，代子以克其家"，⑤ 霞客才得全身必地投入了旅行和科学考察事业。

（三）徐氏其他宗亲对徐霞客的支持与帮助

除了父母之外，对霞客立志和事业有重大影响的还有其叔伯及其宗人。霞客父辈中除大伯父徐有开卒于霞客出身那年，霞客不得见外，其他叔伯父霞客都有见过：二伯父有造生活在 1540—1609 年内，在霞客 23 岁时他才去世；四叔有及生活在 1546—1600 年间，霞客 14 岁时他去世；五叔有登生活在 1552—1613 年间，霞客 27 岁他才去世，六叔有敬生活在 1560—1615 年间，霞客 29 岁他才去世。这些叔伯的人生经历，无疑会对霞客产生影响。

二伯父徐有造（1540—1609 年），字思圣，号养庵。少时聪颖，是徐洽最喜欢的孙子，"弱冠声腾庠序"，入太学，居六馆上舍，"群辈酋酋然慕好之"。长达 30 年时间，折腾在科场上，遭遇到"淬励三十年，而十对秋赋不第"的命运。他虽历经科场的挫折，但建功立业的雄心没有变。他改变了只有科举才会有成就的想法，于是在近 50 岁时抛弃了科举："公无意于短锥矣！""河清难俟，丈夫可漫无建树，郁郁以老耶！"⑥ 后他谒选为南昌府参军，不久升云南

---

① ［明］李维桢：《秋圃晨机图引》，《徐霞客家传》，第 107 页。
② ［明］陈仁锡：《王孺人墓志铭》，《徐霞客家传》，第 112—113 页。
③ ［明］陈继儒：《豫庵公暨配王孺人传》，《徐霞客家传》，第 109 页。
④ ［明］李维桢：《秋圃晨机图引》，《徐霞客家传》，第 105 页。
⑤ ［明］李维桢：《秋圃晨机图引》，《徐霞客家传》，第 107 页。
⑥ 佚名：《提举养庵公传》，《徐霞客家传》，第 98 页。

盐运司正提举。有政声。晚年入应天栖霞寺为僧。

五叔徐有登（1552—1613 年），字思高，号渐庵或习庵，少年丧父失学，磊落不羁，不治产业，善酒，曾学过书法，学过剑术。长大后"折节读书"，成太学生，科举之路同样坎坷，但其没有泯灭"志在经济，不在封殖"① 的雄心。"公车之业之不振，幡然曰：玉何必荆山，乘何必渥洼，仕何必蕊榜，足以明吾志已耳。"② 对科举入仕态度改变，促成了有登抛弃了科举，实现"志在经济"的人生理想。他捐资入光禄丞，掌"汰浮节冗，省金钱以万计"，后为陕西临洮同知，司马政、军粮诸务，"政声昭著，内安外攘"。③ 与矿监税使斗争，巡视北边，创见诸多，因功推为开封知府，因病告归。晚年居家，"择名士于塾，则不惜供脯，夙夜敬不懈"。④ "高风劲节，著于乡评。"⑤ 东林领袖叶茂才称其"治平循吏，为天下最"。⑥

二伯徐有造和五叔徐有登相似的经历，他们在乡里在徐氏家族的地位及其对科举取士态度的改变，尤其是科场奋斗几十年最终抛弃科举的做法，认识到并不只有科举才是实现人生价值的唯一途径，这给徐霞客在科举功名以外走自己的路有较大启发。霞客伯叔经历科举坎坷、抛弃科举，以谒选之途来做官从政，而实现自己的"经济之志"，以建立"功"业来实现自己的人生价值。徐霞客则少年应童子试后即放弃了科举路线，又抛弃从政，他和他父亲一样也不花钱买官来做，而是"矢志于山水"，著《游记》，终成一家言，用"立言"来实现自己的人生价值。

徐霞客长兄之子徐亮采和徐亮工与徐霞客的关系亲近，上文已述，一来虽是叔侄，但年龄相近；二是有王孺人主持家政，亮工兄弟和霞客之子在家读书应考，霞客在外考察旅游，著作《游记》。

徐遵汤（1580—1653 年），字仲昭，晚号十惜居士。他是霞客同族兄弟中和霞客关系最好、交往最密、最了解徐霞客、对霞客帮助最大的人。其略长于

① ［明］李涞：《郡丞渐庵公传》，《徐霞客家传》，第 122—123 页。
② ［明］叶茂才：《渐庵徐公墓志铭》，《徐霞客家传》，第 128 页。
③ 《郡丞渐庵公传》，《徐霞客家传》，第 121 页。
④ ［明］叶茂才：《渐庵徐公墓志铭》，《徐霞客家传》，第 131 页。
⑤ ［明］叶茂才：《渐庵徐公墓志铭》，《徐霞客家传》，第 132 页。
⑥ ［明］叶茂才：《渐庵徐公墓志铭》，《徐霞客家传》，第 126 页。

霞客；为贡生，有学问，诗文著作多；参加复社活动，结交邹迪光、钱谦益、张溥等社会名流，许多人也是霞客的朋友；也喜出游，曾同霞客一起二游天台山雁荡山，并与霞客一起搜集先世文献；与修的《崇祯江阴县志》，最早把霞客《江源考》作为文献收入，并首次在方志中为霞客立传；又多次与好友藏书家毛晋、钱谦益谋刻《游记》；作霞客家传，请陈函辉作《徐霞客墓志铭》。

堂兄徐应震（1586—1645年），字长卿，号雷门。国子监生。曾任兵马司指挥。与霞客关系也非一般。其性情淡泊，不好名利，好义善施，有爱山之癖，赏梅之趣。万历四十六年（1618年），同游庐山和黄山，霞客有日记。40余岁辞官，在江阴东小香山筑梅花堂。与霞客共赴昆山请张大复作《小香山梅花堂记》。多次赴松江拜见陈继儒和施绍莘。霞客多次去小香山，流连于此，并作《题小香山梅花堂诗》五首和《游花涧记》，留下赞雷门名句："春随香草千年艳，人与梅花一样清。"

族叔徐日升（1581—1632年），字如之，一字华祝，号石城。天启乙丑（1625年）进士，福建漳州推官，有惠政。霞客多次入闽，三次到漳州拜访。徐日升父徐宪明（1557—1635年），字敏登，号念菴，庠士，霞客闽游，他不顾高龄到霞客家相送。徐日升父子对霞客的支持主要有二：一是为霞客游闽提供食宿、文献等方便帮助；二是以徐日升进士和在漳州做官有利条件，将晋江黄景昉、永昌闪仲俨、松江杨汝成、吴县项煜等同年进士和福建多位名流介绍给霞客。

族兄徐应平（1580—1648年），字伯宁，号元默，庠生。其父有承，为太学生。家居老旸岐，多藏图书，霞客应常去阅读。乙酉年（1645年）七月十五日旸岐奴变，元默书楼包括徐氏宗谱等遭火劫。

族兄徐含辉，生卒失考。名光大，字圣初，庠士。徐治曾孙。先移居无锡，后又遁居苏州，霞客西游去葑门看他，并说他和仲昭屡次访他，说明兄弟感情很深，临别为霞客作《与诸楚玙书》，以便霞客到广西横州得到帮助。①

另外，族侄徐骏闲（1589—1622年），字白夫，万历四十五年（1618年），与霞客和雷门一起游庐山、黄山和九华山。

---

① 《徐霞客游记》，第93—94页。

　　以上对徐霞客家族、家庭与徐霞客及《游记》产生关系的考察，我们可得以下基本结论：徐氏家庭这个"诗礼之家""文献巨室"，具有厚实的家学渊源、文化传统，包括藏书、著书之风；苦读博学又"不拘章句"、讲究创见的学术之风；恪守儒家"修齐治平"，身体力行，修隐和出仕相统一的处世传统；关心天下大事，爱国主义的传统。这都是徐霞客的知识和思想的重要来源。先世几代人的科举悲剧和父辈对科举仕途的反思和新认识，为霞客挣脱科举束缚，开辟了道路。徐霞客父母尤其是母亲，思想开明，见识卓越，对霞客的不拘一格的培养教育，对霞客事业的支持，促使了霞客走上科学考察的新道路。徐氏家族这个曾经拥有"雄资""赀甲于江南"的大户，徐霞客家境的富裕，为霞客长期从事专职的科学考察事业奠定了物质基础。

　　所以我们说，徐霞客和他的《游记》不仅是明末时代必然的产物，也是徐霞客家族、家庭必然的产物。

第二章

徐霞客及其家族个案论考

本章包括徐霞客出游考、徐霞客的爱国主义思想述论和徐洽徐衍芳父子及其抗倭思想三个内容，全面梳理徐霞客出游之情况与次数，论述其爱国主义思想，并对霞客先辈徐洽徐衍芳的生平与抗倭思想进行相关考证与研究。

一、徐霞客出游考

徐霞客从 20 岁开始出游太湖到逝世前一年的 53 岁因足疾难行西游归里，"驰骛数万里，踯躅三十年"，① 为旅游考察事业贡献出了毕生的精力。作为我国历史上亘古未有的终身旅行家，霞客一生到底出游了多少次，其本人没有具体说明，其同代友人也没有留下确切数字。陈函辉和钱谦益据与霞客生前交往及霞客族兄徐仲昭"霞客行状"分别撰写的《徐霞客墓志铭》（下略作《陈志》）和《徐霞客传》（下略作《钱传》），作了叙述、胪列；丁文江先生《徐霞客先生年谱》（下略作《丁谱》）又据《陈志》《钱传》及《徐霞客游记》，以年为序，列 14 次；蒋明宏先生认为霞客共出游 15 次；② 刘国城先生《徐霞客评传》附年表及褚绍唐先生《增订徐霞客年谱》（下略作《褚谱》）则列为 20 余次；笔者之一在合著《徐学概论——徐霞客及其〈游记〉研究》中叙述了 24 次，③ 因限于篇幅，未能展开。现对有关资料进行梳理后，我们又

---

① 《徐霞客游记》，第 1226 页。

② 郑祖安、蒋明宏主编：《徐霞客与山水文化》，上海文化出版社 1999 年版，第 84—87 页。

③ 朱钧侃、倪绍祥主编：《徐学概论——徐霞客及其〈游记〉研究》，江苏教育出版社 1999 年版，第 92 页。

有了一些新的认识和发现，觉得霞客出游不少于 26 次，考述如下。

(一) 从万历到天启年间出游情况

1. 万历三十五年 (1607 年) 秋，霞客 20 周岁 (以下均为足龄)，无锡惠山和太湖之游。这次游历，霞客没有留下游记，我们可据《陈志》及霞客叔岳、明代著名诗评家许学夷诗的载记，知其大概。《陈志》："(霞客) 自言万历丁未始泛舟太湖，登眺东西洞庭两山，访灵威丈人遗迹。"① 许学夷作有《雨夜宿徐振之斋中》和《同徐振之登惠山》两诗，② 其中有"砌蛩鸣渐晓，庭树响先秋""宿雨溪流急，扁舟向晚移。山因泉得胜，松以石为奇。楼阁高卑称，园林映带宜，幽探殊不尽，策杖自忘疲"等句。其时间，《陈志》言明为"万历丁未 (1607 年)"；许诗中的"砌蛩""先秋"则知为"初秋"或"夏秋之交"。其经历，《陈志》言，游太湖，登苏州境内的洞庭东西两山，访西山灵威丈人遗迹——林屋洞 (道教第九洞天)；许诗则描述了与霞客雨后游无锡惠山天下第二泉、听松坊和寄畅园等情景。霞客此游虽为近游，但揭开了他旅游生涯的序幕。

2. 万历三十七年 (1609 年)，霞客 22 岁，北游齐鲁燕冀。《陈志》载："历齐鲁燕冀间，上泰岱，拜孔林，谒孟庙三迁故里，峄山吊枯桐，皆在己酉。"③ 霞客此行，以东岳泰山、曲阜孔庙、邹县孟庙为重点，由大运河往返，这是霞客首次北游，也是首度远游。

3. 万历四十二年 (1613 年) 春，霞客 26 岁，浙游。《陈志》："南渡大士落迦山，还过此中，陟华顶万八千丈之巅，东看大小龙湫，以及石门、仙都，是在癸丑。"④ 此游霞客与江阴迎福寺僧、诗人莲舟同行，当经水道至杭州，再到宁波渡海至落迦山 (普陀山)，然后由宁海游天台山，登华顶峰，赴雁荡山看大小龙湫。游普陀山无日记，游天台、雁荡则有日记记载，这也是现存霞客最早的游记。游雁荡后，褚绍唐先生认为霞客"曾经乐清、青田、缙云等

---

① 《徐霞客游记》，第 1192 页。
② 褚绍唐：《增订徐霞客年谱》，万历三十五年条，《徐霞客与山水文化》，第 528 页。
③ 《徐霞客游记》，第 1192 页。
④ 《徐霞客游记》，第 1192 页。

地，此后可能经金华、兰溪，由钱塘江乘舟返杭"。① 褚先生这一推断大致没有问题，因石门、仙都即在青田、缙云境内。《丁谱》《褚谱》又认为霞客在游落迦山前曾在"西陵"访仲昭，且说"西陵"即今萧山西兴镇。笔者以前也信丁、褚之说，但今天看来，此说有待商讨，详见下文对霞客三游台宕之叙述。

4. 万历四十二年与四十三年之际（1614—1615 年之交），霞客 28 岁，近游金陵、扬州、镇江等地。《陈志》："甲乙之间，私念家在吴中，安得近舍四郡？秣陵为六朝佳丽地，高皇帝定鼎也；二十四桥明月，三十六曲浊河，岂可交臂失之。"② 霞客在甲乙之交的吴地——应天（南京）、扬州、镇江等四府之游，虽不能排除多次出游的可能，但是以一次出游可能性为较大。

5. 万历四十四年（1616 年）春，霞客 29 岁，白岳山、黄山、武夷山之游。此年正月底霞客与浔阳叔翁（可能即为许学夷）抵徽州休宁游白岳山，再游黄山，然后经江西广信府铅山抵福建崇安，游武夷山。归途经浙江，游诸暨五泄瀑布、绍兴兰亭和大禹陵、杭州西湖。此游前后两月余，历皖、赣、闽、浙四省，黄山、武夷山为重点（有日记记载），绍兴、杭州等为顺游之地。《陈志》："迨丙辰之履益复远，春初即为黄山、白岳游，夏入武彝九曲，秋还五泄、兰亭，一观禹陵窆石，系览西子湖，又将匝月。"③ 这段记载有两处明显的错误：一是游黄山、白岳之顺序颠倒，应是先游白岳，再游黄山，这在霞客《游黄山日记（前）》明言"自白岳下"，再至黄山；二是"春""夏""秋"之述有误，因霞客游黄山和武夷山的日记相连，故均在"春季"。对于此误，褚先生业已指出，吴尧民先生则称这是陈函辉的"文学笔法"。④ 霞客此行从家乡抵安徽休宁的路线，《丁谱》和《褚谱》等都推定为由浙入皖，但笔者认为由苏直接入皖更顺一些，其可经常州、宜兴、溧阳、广德一线陆行休宁。

6. 万历四十五年（1617 年），霞客 30 岁，近游宜兴诸洞。《陈志》："丁

---

① 褚绍唐：《增订徐霞客年谱》，万历四十一年条，《徐霞客与山水文化》，第 528 页。
② 《徐霞客游记》，第 1192 页。
③ 《徐霞客游记》，第 1192 页。
④ 吴尧民：《徐霞客浙游屐踪初探》，石在等主编：《徐霞客在浙江》，浙江教育出版社 1998 年，第 31 页。

已家居，亦入善权、张公诸洞。"① 此年霞客夫人许氏卒，故霞客家居不远游。褚先生认为霞客母子曾二游宜兴诸洞，此为第一次，② 笔者认为徐氏母子同游宜兴仅天启四年一次，详见霞客天启四年宜兴诸洞之游。

7. 万历四十六年（1618 年）秋，霞客 31 岁，庐山、白岳山、黄山之游。霞客与族兄雷门、堂侄白夫同行，由家乡经长江水路西上九江庐山，再游白岳山（二游），最后登黄山（二游）。庐山、黄山之游有日记，其旅游路线有不同说法：褚先生认为游黄山后还游九华山，③ 朱惠荣先生说："从离庐山到离白岳，中间几天想即泛舟鄱阳湖，到南昌游滕王阁、南浦亭，经绕州（今波阳）、浮梁县（今景德镇），再往登白岳山。"④

8. 泰昌元年（1620 年）春，霞客 33 岁，闽浙之游。霞客与族叔徐芳若由浙入闽，经杭州、金华、江山，游江郎山，由仙霞岭入闽，再经浦城、建宁、延平，抵兴化府（莆田），游九鲤湖，再游石竹山，然后返回兴化府，再从原路归乡。这次出游前后两个多月，历经浙闽二省十一个府，江郎山、九鲤湖、石竹山等三座名山，有《游九鲤湖日记》，是为二度闽游。

9. 天启三年（1623 年）春，霞客 36 岁，嵩山、华山、武当山之游。此年正月下旬，霞客循运河北上取道徐州，西折至开封、郑州，游嵩山，再游太华山（华山）和太和山（武当山），最后由汉水、长江水路返回，四月上旬抵家，前后历二月有余，此为二度北游，三山之游皆有日记。《钱传》："由终南背走峨眉，从野人采药，栖宿岩穴中，八日不火食，抵峨眉，属奢酋阻兵，乃返。"⑤ 认为霞客游华山之后曾有峨眉之行，且到达峨眉山，但从时间上推断不可能。因霞客游华山和武当山的时间是相连的；再看《陈志》，霞客对陈函辉说："即峨眉一行，以奢酋发难，草草至秦陇而回，非我志也。"⑥ 霞客在

---

① 《徐霞客游记》，第 1192 页。
② 褚绍唐：《增订徐霞客年谱》，万历四十六年条，《徐霞客与山水文化》，第 530 页。
③ 褚绍唐：《增订徐霞客年谱》，万历四十六年条，《徐霞客与山水文化》，第 532 页。
④ 朱惠荣：《徐霞客闽粤游最南走到哪里?》，中国徐霞客研究会编《徐霞客研究》第 1 辑，学苑出版社 1997 年版。
⑤ 《徐霞客游记》，第 1199 页。
⑥ 《徐霞客游记》，第 1192 页。

《游嵩山日记》中说:"久拟历襄、郧,扪太华,由剑阁连云栈为峨眉先导。"①可知霞客此游有经秦陇赴峨眉的打算,但终因奢崇明之乱,最后只能"草草由秦陇而回",所以钱谦益所谓"抵峨眉"是不符合事实的。蒋明宏先生认为徐霞客在天启四年,可能做了一次极似此年的游历而抵峨眉山,② 其推论颇有道理。

10. 天启四年(1624 年)春,霞客 37 岁,其母王夫人 80 岁,为支持霞客远游,与霞客同游宜兴诸洞。《陈志》:"霞客以母氏春秋高,愿谨受不远游之戒,而母则曰'向固与若言,吾尚善饭,今以身先之。'令霞客侍游荆溪、句曲,趾每先霞客,咸笑谓胜具真有种也。"③ 陈仁锡《王孺人墓志铭》:"仲子弘祖访名山水半天下,及奉母孺人游句曲、荆溪,春秋高八十矣,而趾先仲子……是年仲子始罢游,孺人始偕游。"④ 张大复也说:"今年春振之持凌石(即张灵石张复)图见视……今年王夫人八十,振之不复请行,母独心怜之,治软舆,率振之尽游善卷、铜官诸绝胜处,一月乃还……其明年王夫人寝疾卒。"⑤ 上述所示,霞客确在此年春陪母游宜兴诸洞。此游给霞客留下极深的印象,后在远游西南时还多次提及张公洞、白鹤洞等。褚绍唐先生谓此为霞客母子二度同游宜兴诸洞,笔者觉得还是丁文江先生的徐氏母子同游宜兴仅一次说较妥当一些。理由很简单,据载:霞客虽在万历四十五年和天启四年两游宜兴诸洞,但情形不同。万历四十五年,是在霞客丧偶家居不远游的情况下,近游宜兴诸洞的,所以陈函辉说:"丁巳家居,亦入善卷张公诸洞";而天启四年,是霞客母八十寿,霞客只想在家奉母,但母心怜其游志,鼓励霞客放心远游,要霞客奉游宜兴诸洞,以示母体之硬朗,故此游被传为佳话。若万历四十五年也属母子同游的话,当时文人墨客,为何只字不提呢?此其一。其二,陈仁锡在叙天启四年霞客奉母同游时,特别强调"是年仲子始罢游,孺人始偕

---

① 《徐霞客游记》,第 39 页。
② 蒋明宏:《徐霞客北游、川游问题新识》,《徐霞客研究》第 5 辑,学苑出版社 1999 年版。
③ 《徐霞客游记》,第 1193 页。
④ 《徐霞客游记》,第 1263—1265 页。
⑤ [明] 张大复:《梅花堂笔谈》卷 14,上海古籍出版社 1982 年版,第 917 页。

游"，此明示霞客奉母出游宜兴仅此一次。

11. 天启四年（1624 年）夏，霞客 37 岁，近游松江及相邻地区。霞客在王畸海（疑即为第一个整理游记的无锡人王忠纫的介绍下，拜访陈继儒，请陈为其母作寿序，陈在寿序落款为"此年五月小暑"，并请当地名流作《秋圃晨机图》及为图赋诗作文。此后，霞客可能受母亲鼓舞而入川，历时数月（参见第 9 次出游一条）。

12. 天启六年（1626 年）春，霞客 39 岁，与雷门访昆山张大复，请他作《小香山梅花堂记》及《秋圃晨机图记》。雷门隐居江阴城东的小香山梅花堂，张大复居处称梅花草堂，故请张作记。张大复说：江上徐振之与其兄长卿过草堂，请作《小香山梅花堂记》，① 张为霞客作《秋圃晨机图记》落款时间为"天启六年丙寅仲春"。

（二）崇祯年间出游情况

1. 崇祯元年（1628 年）春，霞客 41 岁，闽广之游是为三度闽游。霞客此行在漳州南靖访族叔徐日升（号石城，又字华祝，天启进士），赴漳浦首访在里守丧的黄道周，再去广东罗浮山拜访避魏忠贤迫害的郑鄭。其间请当地名流何楷（漳州镇海人）、张燮、林钎（漳州龙溪人）、黄克缵、张瑞图、郑之玄（泉州晋江人）、曹学佺（福州侯官人）为《秋圃晨机图》题词。这次出游重点为福建漳州，主要目的是拜访徐日升、黄道周，请他们为《秋圃晨机图》题词，广东罗浮则是闽游的延伸。其由浙入闽，《闽游日记前》："崇祯改元戊辰之仲春，发兴为闽广游"，"（二月）二十日始成行，三月十一日低江山之青湖，由仙霞岭入闽"，经浦城、建宁、延平、将乐、永安到漳州，四月五日抵南靖徐日升处，霞客赴漳浦首访黄道周和罗浮访郑鄭，《游记》无记载。《陈志》："自江上走闽，访石斋于墓次，又为赏手柬抵粤，登罗浮，携山中梅树归。"② 郑鄭在黄道周赠徐霞客七言古诗的题跋中说："石斋过毗陵（常州），为余言霞客之奇，徒步三十里访之墓下……时闻余在罗浮，则又徒步访余于罗

---

① ［明］张大复：《梅花堂笔谈》卷 14，第 954 页。

② 《徐霞客游记》，第 1194 页。

浮。"① 霞客至罗浮的旅程，朱惠荣认为是由福建南靖经和平县入广东，经大
埔、梅县至龙川，由东汇舟行博罗，北登罗浮山，② 其归程褚绍唐推定"当仍
经福建泉州及侯官等地"。③ 笔者猜测，福建、广东地处沿海，霞客由闽赴粤，
或由粤返闽，很可能是取道海路的，理由有三点：一是郑鄤为黄道周赠霞客诗
题跋中，有"往来海上，真有卓契顺之风"之句；二是徐霞客与雷门拜访张大
复时谈及黄道周事迹，且说若张大复到江阴，要给他"尽言航海、游榆林之
事"，④"航海"之事可能指此；三是，此行为霞客题词的均为福建沿海人，故
海行比陆行要更顺畅一些。

2. 崇祯元年（1628 年）中秋前后，霞客再到松江佘山，访陈继儒和施绍
莘（字子野，戏曲家，有《花影集》），褚先生谓此为闽游归来顺道拜访，但
实际上闽广之游在春，此在秋，故不可能是闽游的便道拜访。

3. 崇祯二年（1629 年），秋冬，霞客 42 岁，北上京师、盘山之游，是为
三度北游。此游，《游记》虽无记载，却是霞客生平中的一次奇游，可从两段
资料中推断出。《陈志》引仲昭言："记入燕，陈明卿（陈仁锡）与言崆峒广
成子所居，其上可窥塞外。霞客裹三日粮竟行，返即告明卿以所未有，不数日
虏已抵蓟门矣！"⑤ 陈仁锡跋黄道周赠霞客诗中说："霞客游甚奇，无如盘山一
游。予归自宁锦，憩山海，奇永平山水甚，驻钓台，俯危石，一过崆峒访道之
处，有盘山焉，竟数日不能去……归示霞客。霞客踵及燕山，剑及云中，无何
而虏至。嗟呼！将吏如君，半肩行李，无疑无怖，名王不足系也。"⑥ 上述文
字中"宁锦"指宁远、锦州。盘山，处北京东南蓟州府境内，山势险峭，有诸
多名胜，号为"京东第一山"。崆峒，是蓟州城东的一个小山丘，传说为黄帝
向广成子问道处，又是广成子得道处。陈仁锡"归自宁、锦"及"虏至"，和
《陈志》"虏抵蓟门事"，查《明史》，崇祯二年二月，陈仁锡奉命出使辽东，

---

① 《徐霞客游记》，第 1163 页。
② 朱惠荣：《徐霞客考察东江与北江》，《珠江通志》1987 年 2 期。
③ 褚绍唐：《增订徐霞客年谱》，崇祯元年条，《徐霞客与山水文化》，第 545 页。
④ ［明］张大复：《梅花堂笔谈》卷 14，第 954 页。
⑤ 《徐霞客游记》，第 1194 页。
⑥ 《徐霞客游记》，第 1162 页。

巡视明军和后金军队相对峙的宁远、锦州防区。同年十二月，皇太极率军避开袁崇焕驻守的宁锦地区，取道蒙古，从喜峰口入，攻打遵化、蓟州，直抵北京城下。据上所述可知霞客北游京师、盘山的情形：崇祯二年秋，霞客北上，在北京拜访陈仁锡，陈以盘山、崆峒山异奇风景相告。霞客闻奇即往，游了盘山等，再向北到燕山、云中一带的塞外，经山海关回到北京，再与陈会面，并告知自己所看到而陈却没有看到的景观，霞客回到北京不几天，后金军队（即"虏"）便打到蓟州了，所以这次北游因险而被陈仁锡视为"奇游"。

另外，在此北游京师之际，霞客还拜访了黄景昉，请为《秋圃晨机图》题诗，黄落款"己巳秋月东崖黄景昉书于玉堂之署"。

4. 崇祯三年（1630 年）春，霞客 43 岁，访郑鄤于常州。适逢黄道周、陈仁锡北上路过，霞客乘小舟赶到丹阳，黄道周赋《七言古诗赠徐霞客》，落款时间为"崇祯三年二月既望"，陈仁锡当场为诗作跋。霞客从丹阳返回常州郑鄤处，郑本也欲赋诗赠霞客以表二年前霞客千里走访罗浮之谊，因病作罢，仅为黄诗题跋。褚先生认为，文震孟、项煜也在场，误，参见下文崇祯四年春霞客之游。

5. 崇祯三年（1630 年）春，霞客小香山之游。霞客作有《题小香山梅花堂诗》五首及《游桃花涧诗》。

6. 崇祯三年（1630 年），应族叔漳州司理徐日升之邀，霞客再度赴漳，游览了闽北浮盖山和永安桃源洞，有《闽游日记后》，是为霞客四度入闽。

7. 崇祯四年（1631 年）夏，霞客 44 岁，苏州之游，请文震孟、项煜为黄道周赠诗题跋。褚先生认为文、项之题跋，作于黄道周赠诗的同时（1630 年）同地（丹阳），"同时在座的尚有陈仁锡、文震孟、项煜、郑鄤等先后书跋"，[1] 此说有误。陈跋的确作于同时同地，这可从陈跋中"予题卷并在丹阳道中"得知。[2] 而文跋落款"辛未（1631 年）夏五月既望，竺坞山樵文震孟题于清瑶屿（文震孟读书处）"及跋中有"霞客出以相示，因题其端而识之"，可知霞客于此年赴苏州访文震孟请其作跋的。至于项煜的题跋，丁文江先生谓不知何

① 褚绍唐：《增订徐霞客年谱》，崇祯三年条，《徐霞客与山水文化》，第 547 页。
② 《徐霞客游记》，第 1162 页。

时，但从文中说黄道周挺身救华亭钱龙锡之事，以及跋中有"霞客也善余，知余乐观先生之言也，出示余，故有感言"，可以推定项跋与文跋作于同一时期。项跋可能作于其家里。①

8. 崇祯四年（1631 年），霞客再作松江之游。此年霞客与族兄雷门再访松江佘山陈继儒及已故施绍莘之别墅。据《游记》崇祯九年（1636 年）九月二十四日记，霞客在"八年前的中秋"，曾与雷门拜访陈继儒，与陈继儒访施绍莘及刚落成的别墅，则"八年前"应为崇祯元年（参见上文霞客崇祯元年的松江之游）。"（崇祯元年中秋后）不三年，余同长卿过，复寻其胜（施绍莘别墅），则人亡琴在，已有易主之感。"②《褚谱》崇祯三年条说"本年霞客又同陈仁锡至青浦访陈眉公……可能是丹阳返回途中同陈便道再至佘山"，有二误，一将霞客与长卿的松江之游定于崇祯三年，"（崇祯元年中秋后）不三年"，应为崇祯四年；一将"长卿"误为陈仁锡，"长卿"，霞客族兄徐应震（号雷门）之字，陈仁锡字"明卿"，而非"长卿"。

9. 崇祯五年（1632 年）春夏，霞客 45 岁，再度浙游。霞客与仲昭一起游天台、雁荡二山，其间在临海访挚友陈函辉。其游程，从家乡出发三月十四日到二十日，取道宁海，游天台山（二游）；三月二十日到四月十六日，赴游雁荡山（二游）；四月十六到十八日三游天台山；四十九日到二十七日，宿临海小寒山陈函辉家；四月二十八日到五月初八，经黄岩三赴雁荡；再返临海陈函辉处后还乡。

这次浙游有三个问题需要说明：一是关于霞客取道宁海，二游天台之前的行踪，笔者认为霞客从家乡出发，当仍经杭州（即西陵），在杭州拜访徐仲昭，霞客只身游四明山诸景，返杭州后，再与仲昭游台宕。《陈志》引仲昭言："犹忆余在西陵，霞客从曹娥江独走四明，五日，赤足提朱兰来，夸我以山心石窗之胜，吾弟之信心独往，无所顾忌，而复不轻为然诺，皆此类也。"③徐仲昭将霞客渡曹娥江，独走四明，探山心石窗之胜与由临海独探雁荡山顶和由

---

① 邬秋龙：《对〈徐霞客年谱〉研究中几个史实问题考订》，《徐霞客研究》第 3 辑，学苑出版社 1998 年版。
② 《徐霞客游记》，第 94 页。
③ 《徐霞客游记》，第 1194 页。

京师独赴盘山、崆峒相比，说明霞客是个闻奇即往，无所畏惧之人。《丁谱》《褚谱》等将霞客在"西陵"访仲昭，独赴四明之事与游普陀山相联系，定于霞客一游台宕时的万历四十二年，《丁谱》没有指明"西陵"在何处，《褚谱》则认为是今萧山西兴镇，田柳先生《新订徐霞客年谱》也从此说。① 我们认为，丁先生将霞客一游台宕之际"南渡大士落迦山"与霞客从曹娥江"独走四明"这两段在《陈志》中前后相隔，没有关系的材料联成一气，是无依据的，且"四明"在此并非指宁波，而指有"山心石窗"之胜的"四明山"。② 霞客"独走四明"事，从《陈志》的叙述看，应在崇祯元年（1628 年）霞客闽广游之后。万历四十二年（1614 年）霞客一游台宕与此时间不合，且一游台宕时，霞客有莲舟相伴，如霞客在"西陵"访仲昭，必有莲舟，为何仲昭没有提及，故霞客"西陵"访仲昭及从西陵独赴四明，不可能发生于一游台宕之际。崇祯三年夏霞客的闽游，也经浙江，但由《游记》看来，也没有时机"独走四明"的。唯有此番浙游有仲昭相伴，且《游记》到宁海以后才有记载，霞客完全有时机在"西陵"访仲昭后，独赴四明山再回"西陵"后与仲昭同行共游台宕。二是关于"西陵"即杭州西湖。杭州西湖，美称"西子湖"，又称西泠、西林或西陵。称"西陵"，是因西湖孤山在宋代以前即有"西陵桥"（号称西湖第一桥），所以霞客访仲昭的"西陵"指杭州西湖，或泛指杭州无疑。浙江萧山虽有西湖，也叫西陵湖，且在宋朝便有西陵镇（今西兴镇），但毕竟与杭州西湖不能相比，若霞客赴西陵镇访仲昭的话，恐怕仲昭会在"西陵"前加上"萧山"两字。事实上，霞客就是以"西陵"当成"西湖"的替代词，西陵就是杭州西湖。这里又一证据，霞客西游云南昆明西湖（俗称草海子），看到草海之景，便与杭州"西陵"相比："遥顾四围山色，掩映重波间，青蒲偃水，高柳漾堤，天然绝胜。但堤有柳而无花，桥有一二而无二六，不免令人转忆西陵耳。"③ 三是霞客与仲昭在此际拜访陈函辉，此为霞客出游的重要目的。霞客与仲昭和陈函辉先前已有交往。三游天台后，两人赴临海小寒山（今临海江下渚一带）拜访陈函辉。霞客向陈氏叙述了自己的旅游经历，这成

---

① 田柳：《新订徐霞客年谱》，《徐学概论——徐霞客及其〈游记〉研究》附录二。
② 吴尧民：《徐霞客浙游屐踪初探》，石在等主编《徐霞客在浙江》，第 31 页。
③ 《徐霞客游记》，第 785 页。

为霞客逝世后陈氏撰写墓志铭的重要材料。此次拜访还促成了霞客只身三探雁荡山。交谈中，陈问霞客是否到过雁荡山顶，探得雁湖，霞客听而色动，次日清晨便出发赴雁荡，十天后霞客返回陈处，告知登临雁峰之情形。陈函辉对霞客闻奇即往，无所畏惧之个性感叹不已，赋《前纪游》诗十九首赠徐霞客，其序中有"壬申初夏，（霞客）同其兄仲昭过予山斋，将再穷雁荡诸胜，出《晨机秋圃图》，与黄石斋先生所赠《长歌》见示，予读之三叹……因赋古风十九首，聊写己怀言，与愧感相杂，岂真可以语游？唯当附霞客《游乘》后供行倦时一粲"。其中"寻山如访友，远游如致身"之句，黄道周读后特别喜欢，崇祯六年，霞客再度闽游，黄便以此十字为韵，赋五绝十首赠霞客回乡（见《游记》附编）；陈以后再以此十字相和，赋《纪游和韵》七绝十首。①

10. 崇祯五年（1632年）秋，霞客45岁，南京镇江、苏州太湖等地游。这年，黄道周上疏忤旨，削职为民，南下时，霞客到南京等候，与黄道周同游南京（《游记·滇游六》有"余昔候黄石斋于秣陵"之句），再赴镇江，游金、焦两山，黄道周有《与霞客游金焦二山适患恙宿寺中》诗；② 再游茅山华阳洞；最后到苏州访陈仁锡，同游洞庭东西两山，还宿上方山（楞伽山），观石湖风光，陈仁锡有《送石斋偕徐霞客游洞庭早祷》诗，徐霞客有《赋得孤云独往还五首》，黄道周有《和徐振之孤云独往还原韵五首》，均见《游记》附编。

11. 崇祯六年（1633年）夏秋，霞客46岁，北游。霞客从运河北上京师，然后西行五台山、恒山，返京师后南归。游五台山恒山均有日记。从谢德溥《秋圃晨机为徐儒人赋并赠徐霞客北游》诗中有"只今更赴恒山约，可似青柯眺看云"句，可知霞客在北上途中曾在南京拜会任职国子监的谢德溥。这次北游，是霞客第四次也是最后一次北游。

12. 崇祯六年（1633年），赴常熟虞山访钱谦益。《钱传》："（游恒）归过余山中，剧谈四游四极，九州九府，经纬分合，历历如指掌。谓昔人志星官舆地，多承袭传会，江河二经，山川两戒，自纪载来，多囿于中国一隅，欲为昆

---

①　周琦：《徐霞客台州挚友陈函辉》，《徐霞客研究》第5辑。

②　《徐霞客游记》，第1163页。

仑海外之游，穷流沙而返。"① 足见霞客在北游后曾拜见钱谦益，且已谈及自己西游的计划。

13. 崇祯六年（1633 年）秋，霞客 46 岁，第五次闽游。这次入闽，主要是赴漳州访黄道周以及刘完公（疑即霞客西游途中提及并与探讨江源问题的刘愚公和介绍霞客结识钱谦益的刘履丁，待考）。黄道周有《分阄十六韵》《七言绝句十首》及《五言古风四首》等诗赠霞客，据刘国城先生考证，黄、徐同游了大峰山和丹霞山。② 此次闽游，蒋明宏先生认为是"在京返回途上，不是直接返乡，而是渡长江直下漳州之访（黄道周）"，③ 此说似不确切，以上述可知霞客北游归乡且曾访钱谦益。

14. 崇祯九年（1636 年）秋到崇祯十三年（1640 年）夏，霞客 49 岁到 53 岁，西南之游，其游历浙、赣、湘、桂、滇诸省，前后四载。这是霞客出游时间最长，成果最丰硕的一次出游，也是他一生中最后一次出游。因足病不能行走，云南丽江木知府派人用笋舆将其从鸡足山送到湖北黄冈，黄冈侯知县再顺长江将其送达"江口"即江阴（有人认为"江口"为镇江），归乡历时约半年。从鸡足山到黄冈段途经路线有不同说法：周庚卿先生认为，由丽江"西出石门金沙"，经中甸和巴塘、里塘一带以及汉源、雅安附近东上峨眉，然后沿岷江至宜宾，再从宜宾经城陵矶等地赴黄冈；④ 褚绍唐先生认为，从丽江经石门，渡金沙江、至中甸，经盐源、西昌，越隽此过晒经、瓦屋两山达峨眉，再至嘉定州（乐山）乘舟经叙州（宜宾）再乘舟东返；⑤ 丁文江先生认为仍由昆明达贵阳，再至镇远，循沅江入洞庭再至黄冈。由归途路线不同，引来霞客是否经四川、登峨眉之争论。

以上，我们对霞客一生的游迹、旅游次数进行了一些梳理，主要分两个时期，一共为 26 次，其中有近游，有远游；有"寻亲访友"之游，有"探讨山

---

① 《徐霞客游记》，第 1199—1200 页。
② 刘国城：《徐霞客评传》附年表，东北林业大学出版社 1986 年版。
③ 《徐霞客与山水文化》，第 86 页。
④ 周庚卿：《徐霞客庚辰东归考》，《云南社会科学》1985 年第 5 期。
⑤ 褚绍唐：《徐霞客滇游归程及〈游记〉源流考》，《徐霞客研究文集》，江苏教育出版社 1986 年版。

水"之游。但可以肯定地说：霞客一生旅游绝不止上述次数。《钱传》言：
"（霞客）每岁三时出游，秋冬觐省为常。东南佳水如东西洞庭、阳羡、京口、
金陵、吴兴、武林，浙西径山、天目，浙东五泄、四明、天台、雁宕、南海落
伽，皆几案衣带间物耳。有再三至，有数至，无仅一至者。"① 对照上述霞客
出游季节，大多在春、夏、秋三季，与钱氏所言相符；按上述所言，霞客近游
及早期之游，还应有多次，如上述的"吴兴"之游，我们尚无法确定，再如霞
客多次出游，请各地名流为《秋圃晨机图》题词，我们也无法一一判定。因
此，对于霞客的出游，我们只能在对有关资料进行更细致的研究，或待新资料
发现后再作补充。

二、徐霞客的爱国主义思想述论

爱国主义的思想和情感，是在长期历史发展中形成和巩固起来的对自己的
国家深厚真挚的感情，是中华民族最优秀的传统和民族精神，是中华民族得以
繁衍发展的内在动力。在漫长的中华文明史上，涌现过众多的英雄豪杰、爱国
志士。他们或不畏强敌，抗击外寇；或开拓疆土，立功徼外；或鞠躬尽瘁，极
诚辅政；或体察民瘼，为民请命；或犯颜直谏，忠君报国；或发明创造，成一
家言。徐霞客，这位"千古奇人"，无疑是中华民族最杰出的爱国主义者中的
一员。爱国主义，是徐霞客"驰骛数万里，踯躅三十年"②"以性灵游，以躯
命游"③，献身祖国科学考察事业的信心和力量的源泉。《徐霞客游记》这部
"千古奇书"，到处飘溢着徐霞客对祖国大好河山、祖国悠久文化、祖国统一和
祖国人民的无比深厚感情，是徐霞客爱国主义思想的结晶。

（一）热爱祖国大好河山和人文古迹

徐霞客热爱祖国的河山，祖国的名山胜水、一草一木，无不令他神往；除
了名胜风景外，徐霞客还对历史文化、古迹碑刻非常钟情，这也是他科学考察
的重要内容之一。这些均反映在他的巨著《游记》之中。

---

① 《徐霞客游记》，第 1198—1199 页。
② 《徐霞客游记》，第 1266 页。
③ 《徐霞客游记》，第 1268 页。

1. 对祖国河山的热爱之情

众所周知，徐霞客在少年时对以攻读"四书五经"进入科举颇少兴趣，而"特好奇书，侈博览古今史籍及舆地志、山海图经以及一切冲举高蹈之迹"。①他通过这些"奇书"得知世界之大和世界之奇，萌发了"五岳志"。从 22 岁万历三十五年（1607 年）始游太湖，到 55 岁崇祯十三年（1640 年）因足疾不能行而东归故里，前后 33 年，霞客足迹到达了东南地区的苏浙皖闽，中南地区豫湘鄂，西南地区的粤桂滇黔川，西北和北方地区的晋陕冀鲁，相当于今天全国 19 个省一级行政单位。徐霞客寄情于山水，徜徉于自然，挚友陈函辉赠诗称他"寻山如访友，远游如致身"。② 王思任称他"山水可以博命，文章可以鬻身"。③ 祖国山山水水及一草一木在他的《游记》中都因其由衷的喜爱而被赋予了灵气和生命。黄山、华山、天台山、雁荡山、嵩山、恒山等名山游记及《江源考》《盘江考》《滇中花木记》是对祖国自然山水描述的代表之作。

徐霞客在旅游考察中，每每为大自然的鬼斧神工所吸引，常有那种道不尽的兴奋，"飘然欲仙"，怡然陶醉在大自然的美景之中，达到物我皆忘、超凡脱俗的境界。如他到广西南丹州龟山见景生情，《游记》写道："飘然欲仙，嗒然丧我，此亦人世之极遇矣！"④ 其游广西真仙岩后感到："人耶仙耶，何以至此耶，俱不自知矣！"⑤ 游广西青狮湖："诸君自下呼噪，人人以为仙，即余亦自以为仙也。倏明倏暗，倏隔倏通，倏上倏下，倏凡倏仙，此洞之灵，抑人之灵也？"⑥ 其与静闻游浙江金华北山："夕阳已坠，皓魄继辉，万籁尽收，一碧如洗，真是濯骨玉壶，觉我两人形影俱异，回念下界碌碌，谁复知此清光……迥然尘界之表，不啻霄壤矣。虽山精怪兽群而狎我，亦不足为惧，而况寂然不动，与太虚同游也耶！"⑦ 其在浙江龙游舟中："江清月皎，水天一空，觉此时万虑俱净，一身与村树人烟俱熔，彻成水晶一块，真是肤里无间，渣滓不留，

---

① 《徐霞客游记》，第 1191 页。
② 《徐霞客游记》，第 1168 页。
③ 《徐霞客游记》，第 1259 页。
④ 《徐霞客游记》，第 335 页。
⑤ 《徐霞客游记》，第 384 页。
⑥ 《徐霞客游记》，第 553 页。
⑦ 《徐霞客游记》，第 103—104 页。

满前皆飞跃也。"① 其游广西会仙岩顶："地位高迥，境路幽去，五里之云梯杳霭，千秋之鹤影纵横，非有栖霞餐液之缘，谁得而至哉!"② 在云南鸡足山，徐霞客这样描述：

> 脊甚狭而平，脊南即瀑布所下之峡，脊北即石桥所下之涧，脊西自息阴轩来，过此南突而为牟尼庵，尽于大士阁者也。脊南大路从东南循岭，观瀑亭倚之。瀑布从西南透峡，玉龙阁跨之。由观瀑亭对崖瞰瀑布从玉龙阁下隤，坠崖悬练，深百余丈，直注峡底，峡逼箐深，俯视不能及其麓。然踞亭俯仰，绝顶浮岚，中悬九天，绝崖隤雪，下嵌九地，兼之霁色澄映，花光浮动，觉此身非复人间，天台石梁，庶几又向昙花亭上来也。③

徐霞客在旅途中那种"非复人间""恍非尘世""武陵误入""宛然避秦处"的感叹，《游记》中还可找到很多。

2. 对祖国历史文化的情有独钟

《游记》涉及许多人物、历史事件、城镇沿革、名胜古迹、碑刻文献等方面的记载。徐霞客尤对文献著作、书法碑刻等祖国文化遗产珍爱有加。据粗略统计，《游记》记载碑碣石刻达 240 方。④ 在旅途中，他克服各种困难，甚至冒着生命危险去抄拓一方文献，如游广西真仙岩："搜览诸碑于巨石间，而梯为石滑，与之俱坠，眉膝皆损焉。"⑤ 其为母造晴山堂，将明代 90 多位名流为其先世及为其父母撰写的传赞刻石陈列；为搜一件名墨，他不惜以自己的亩产作抵押。遇到珍贵的文化典籍他也不惜以重金购置。有时身无分文，竟有典衣物买书之事，"囊无遗钱，亦解衣市之，自背负而归。今充栋盈箱，几比四库，

---

① 《徐霞客游记》，第 109 页。

② 《徐霞客游记》，第 408 页。

③ 《徐霞客游记》，第 841 页。

④ 冯岁平：《〈徐霞客游记〉记载的金石资料初探》，《千古奇人徐霞客——徐霞客逝世350 周年国际纪念活动文集》，科学出版社 1991 年版。

⑤ 《徐霞客游记》，第 386 页。

半得之游地者"。① 徐霞客对文物古迹的保护也有自己一系列观点：反对古建筑托故侵占或改为他用，痛恨那种在名胜古迹任意刊刻，将其斥为"东施效颦"，使"山灵受罪"，给古迹"黥面"的愚蠢行为。他还主张风景区应注意保护环境，不准游丐等任意泄放污染等。正如有关学者所指出的那样，《游记》在生态保护、唤醒人们的生态意识等方面具有重要价值和积极作用，其观点之多、内容之丰富、涉及面之广为世人所瞩目。② 关于《游记》中的碑刻古迹之相关问题，详见第三章有关阐述。

（二）同情下层百姓疾苦与遭遇

徐霞客关心百姓的疾苦，关切他们所受灾害，对深受战乱和阶级压迫的人民予以同情，对清官廉吏给予肯定。徐霞客没有站在统治阶级立场，没有站在人民群众的对立面，这一点是难能可贵的。

1. 对百姓遭受自然灾害予以关切

徐霞客虽出身于富家，但因在旅途中广泛得到了百姓的帮助，故对百姓的种种遭遇、痛苦是颇为同情和关心的。旅途中，他常为那些辛勤耕作又只能靠天吃饭的农民乞求风调雨顺。他到湖南，见久旱下雨，为农民高兴，"自永州来，山田苦旱，适当播种之时，至此嗷嗷已甚，乃得甘霖，达旦不休。余僵卧待之晨餐后始行。持盖草履，不以为苦也"。③ 他到广西阳朔，"西北行平畴中，禾已将秀而稿无滴水，时风雨忽至，余甚为幸之"。④ 对霞客来说，下雨旅行，泥泞不便，但久旱下雨，对农事有利，徐霞客为农民高兴。而在家乡，徐霞客在天启年间，因家乡饥荒而多次出谷救济百姓，集中体现了中华民族"积善为德"的传统美德。

2. 对百姓遭受的剥削与压迫寄予同情

徐霞客在西游中目睹着社会战乱和统治阶级残酷的剥削压迫，造成民生凋敝、百姓流离失所的社会状况，对民间疾苦深深同情，对造成人民苦难的罪魁

① 《徐霞客游记》，第 1197 页。
② 任小玫：《文学研究的绿色新视界：〈徐霞客游记〉的生态批评价值、旨趣与意义探讨》，《生态经济》2007 年第 12 期。
③ 《徐霞客游记》，第 225 页。
④ 《徐霞客游记》，第 340 页。

祸首进行严厉的批判。云南大理崇圣寺一带，百姓因逃避强征开采大理石而背井离乡："人户俱流徙已尽，以取石之役，不堪其累也。"① 广西庆远，"城内外俱茅舍，居民亦凋敝之甚，乃粤西府郡之最疲者……自戊午饥荒，蛮贼交出，遂鞠为草莽，二十年未得生聚，真可哀也"。② 徐霞客在广西郡所遇则曰：

> 坞中皆荒茅沮洳，直抵师宗，寂无片椽矣。闻昔亦有村落，自普与诸彝出没莫禁，民皆避去，遂成荒径。广西李翁为余言："师宗南四十里，寂无一人，皆因普乱，民不安居。龟山督府今亦有普兵出没。路南之道亦梗不通。一城之外，皆危境云。"龟山为秦土官寨。其山最高，为弥勒东西山分脉处。其西即北属陆凉，西属路南，为两州间道。向设督捕城，今渐废弛。秦土官为昂土官所杀，昂复为普所掳。今普兵不时出没其地，人不敢行，往路南澂江者，反南迁弥勒，从北而向草泥关焉。益自广西郡城外，皆普氏所慑服。即城北诸村，小民稍温饱，辄坐派其赀以供，如违，即全家掳掠而去。故小民宁流离四方，不敢一鸣之有司，以有司不能保其命，而普之生杀立见也……余高声呼顾仆，老人辄摇手禁止，盖恐匪人闻声而出也。③

不仅下层百姓，就连绅商也有遭战乱或官府之难而被迫流亡的："（广西河池州岩田村）中有瓦栏三楹颇巨，亟投之，则老妪幼孩，室如悬磬，而上瓦下板，俱多破孔裂痕，盖此乃巨目家，前州乱时，为贼所攻掠而破，遗此老稚，久避他乡而始归故土者。"④ "潘生一桂虽青衿而走缅甸。家多缅货，时倪按君命承差觅碧玉，潘苦之，故屡屡避客。"⑤

3. 对有"惠政于民"的清官予以肯定

在中国封建社会中清官往往是不计个人私利、刚直不阿的。清官能体贴民

---

① 《徐霞客游记》，第 931 页。
② 《徐霞客游记》，第 582—583 页。
③ 《徐霞客游记》，第 692 页。
④ 《徐霞客游记》，第 606 页。
⑤ 《徐霞客游记》，第 1011 页。

情，为民做主，惠政于民，被百姓视为"青天"，因而深得爱戴和传颂。徐霞客对清官肯定和称颂，实际上反映了他能与下层百姓共休戚。他对清官的肯定、爱戴，最突出的例子是在 1624 年，修复江阴君山张宗琏庙。张宗琏，为江西吉水人，永乐二年（1404 年）进士，因况钟荐举，曾为南京大理丞。后因奏事忤旨，降谪常州同知，见地方暴政，发疽而卒。常州百姓感念其恩，"白衣送丧者千余人，为建祠君山"。① 徐霞客对张宗琏十分敬仰，捐资重修张公庙。后西游途中到江西吉水专访张氏后裔，得张著《南程续记》。湘江遇盗，资囊一空，他都觉得"可无计矣"，但《南程续记》一书之失，则使霞客"抚膺"。另外，徐霞客认为《大明一统志》不载"惠政于民甚厚"的明代张自明，便是"失人"。对此，《游记》详曰：

> 张自明以辞曹摄宜州事，号丹霞，曾建黄文节祠、龙溪书院，兴学右文，惠政于民甚厚。今书院图碑刻犹存而《统志》不载，可谓失人。至土人盛称其怪诞，又不免诬贤矣。②

徐霞客对海瑞、况钟、周忱等著名的清官都有褒词。他曾造访文襄周公即永乐进士周忱之旧居，"日暮寒烟，凭吊久之"。③ 徐霞客对清官廉吏的颂扬与肯定，源自他的爱国主义情怀以及对下层人民所受疾苦与压迫的同情。

（三）主张保卫祖国边疆，维护祖国统一

徐霞客认识到土司制度的弊端，要求实现改土归流，主张镇压危害一方的叛乱，保卫边疆，抗击外来侵略，提倡民族团结，维护祖国统一，关心朝政，批评政府用人失策之处。这些是徐霞客爱国主义思想的最重要表现。

1. 批判落后的土司制度，要求改土归流

土司制度是封建统治者对民族众多的西南地区所采取的一种"以夷制夷"的统治形式。明初承袭元制，继续实行土司制度，在当时对边疆的稳定起了一

① 《明史》卷 281《张宗琏传》，第 7201 页。
② 《徐霞客游记》，第 586 页。
③ 《徐霞客游记》，第 153 页。

定作用。但由于土司制度带有很浓的部落、宗族的原始落后性，造成了土司各自为政，且为了争夺地盘，互相兼并夺伐。明代永乐、宣德开始的改土归流，终因朝廷无能和土司本身的顽固性而收效甚微。

徐霞客到西南时，朝廷威慑力已大大下降，朝廷既要对付西北、中原地区李自成农民起义，又要防御崛起东北的后金政权。故西南地区成了朝廷统治的薄弱环节，土司作乱，频频西起，成为西南的一大社会问题。徐霞客对西南土司作乱，城镇荒芜，百姓流离失所，都做了详细考察和记录。

土司各自为政，互相杀伐。如崇祯九年（1636 年）冬，南丹土司莫极兄弟内乱，上下丰宁的杨柚、杨国贤因莫极之弟的煽动，加之与莫极"素来有仇"，便率兵万人"乘机报仇"，引起"其地大乱"。① "龟山为秦土官寨……秦土司为昂土官所杀，昂复为普（名胜）所掳。今普兵不时出没其地，人不敢行。"② "若步雄之龙、侬争代，黄草霸之被哄于龙、沙，安隆土司之纷争于岑、侬。"③

当时普名胜叛乱在云南声势最大，徐霞客有《随笔二》专载其事，其范围广："南包沙土司，抵蒙自县，北抵弥勒州，抵广西府，东包维摩州，抵三乡县，西抵临安府，皆其横压之区。"其祸害深："有司为之笼络，仕绅受其羁鞠者十八九。"④ "自临安以东，广西以南，不复知有明官矣。至今临安不敢一字指斥，旅人询及者，辄掩口相戒，府州文移，不过虚文。"⑤ "小民宁流离四方，不敢一鸣之有司，以有司不能保其命，而普之生杀立见也。"⑥ "迤东之县，通海为最盛；迤东之州，石屏为最盛；迤东之堡聚，宝秀为最盛。皆以免于普祸也。县以江川为最凋，州以师宗为最敝，堡聚以南庄诸处为最惨，皆为普所蹂躏也。"⑦

土司相斗，引狼入室。广西的镇安和归顺土司为世仇，前者"纠莫彝（交

① 《徐霞客游记》，第 598 页。
② 《徐霞客游记》，第 692 页。
③ 《徐霞客游记》，第 710 页。
④ 《徐霞客游记》，第 1134 页。
⑤ 《徐霞客游记》，第 1133 页。
⑥ 《徐霞客游记》，第 692 页。
⑦ 《徐霞客游记》，第 710 页。

彝）破归顺"，不久，镇安土司"身死无后，应归顺继嗣，而田州以同姓争之，归顺度力不及田，故又乞援于莫"。① 这一方面造成了广西诸多地方社会经济的破坏和百姓的离散，另一方面造就了当时"诸土司只知有莫彝而不知为有中国"的局面。②

土司制度已成为阻碍国家统一、民族进步和影响百姓生命财产的腐朽落后制度。"中国诸土司，不畏国宪，而取重外彝，浸其可长乎！"③ 不能让土司混乱局面继续下去了。"土司糜烂人民，乃其本性，而綦及朝廷之封疆，不可长也。"诸彝种苦于土司，真是痛心疾首，"第势为所压，生死惟命耳，非真有恋主思旧之心，牢不可破也。其所以乐于反侧者，不过是遗孽煽动"。④ 徐霞客认为广大少数民族的百姓，对土司制度是痛恨的，他们参加土司叛乱是因为土司的煽动和高压政策。改土归流，既有必要又有一定群众基础。他的结论是"纠彝有辟，土司世绝，皆有当宪，今龙英、镇安正当乘此机会，如昔时太平立郡故事，疆理其地。"⑤ 掌握时机，改土归流。

2. 主张对为害一方的叛乱坚决镇压

徐霞客对中国历史上众多的开拓疆土、平定边患的人物给予了肯定，包括三国时诸葛亮平定南中，宋代狄青平侬智高，明代王骥、方政征麓川，王守仁、韩雍征大腾峡。他说大腾峡之地，经王、韩"屡征之后，今两江宴然"。⑥ 邹应龙平定云南，"非邹中丞芟除诸巢，安得此宁宇乎？"⑦ 云南石城这个昔日的"贼窟"，麓川的战场，"今藉天子威灵，民安地静，物产丰盈，盛于他所"。成为边疆地区的一方"乐土"。⑧ 他还对讨普名胜、确保一方平安的广西府知府张维孟进行赞扬，称"张奋不顾身，固保城隍，普莫能破，城得仅存……州人服其胆略，贼称为'舍命王'云"。⑨

---

① 《徐霞客游记》，第 479 页。
② 《徐霞客游记》，第 488 页。
③ 《徐霞客游记》，第 479 页。
④ 《徐霞客游记》，第 710 页。
⑤ 《徐霞客游记》，第 479—480 页。
⑥ 《徐霞客游记》，第 404 页。
⑦ 《徐霞客游记》，第 1103 页。
⑧ 《徐霞客游记》，第 1051 页。
⑨ 《徐霞客游记》，第 688 页。

徐霞客对晋代南蛮校尉李毅讨平五十八部叛乱更是啧啧称道，认为李毅有功于当地，是"一方宗祖"，历来是普宁三大名官之一，应立祠纪念。他批评万历年间，许伯衡在修方志时，以区域变迁为名，不入方志，"遂令千载英灵空存朌蚃，一万故实，竟作尘灰，可叹也"。将许伯衡斥为"竖儒"。其事详曰：

> 晋时，晋宁之地曰宁州，南蛮校尉李毅持节镇此，讨平叛酋五十八部。惠帝时，李雄乱，毅死之。女秀有父风，众推领州事，竟破贼保境。比卒，群酋为之立庙。是时宁州所辖之境虽广，而驻节之地，实在于此。至唐武德中，以其为晋时宁州统会之地，置晋宁县。此州名之所由始也。州名宦向有李毅及王逊、姚岳等。迨万历间吴郡许伯衡修《州志》，谓今晋宁州地已非昔时五十八部之广，以一隅而僭通部之祀，非诸侯祭封内山川义，遂一并撤去之，并《志传》亦削去，只自我朝始。遂令千载英灵，空存朌蚃，一方故实，竟作尘灰，可叹也！然毅虽削，而其女有庙在古城，岳虽去，而岳亦有庙在州西，有功斯土，非竖儒所能以意灭者也。许伯衡谓昔时宁州地广，今地狭，李毅虽嫡祖晋宁，不得而祀之，犹支子之不得承祧祀大宗也。余谓晋宁乃嫡冢，非支子比，毅所辖五十八部虽广，皆统于晋宁，今虽支分五十八部，皆其支庶，而晋宁实承祧之主。若晋宁以地狭不祀，将委之五十八部乎？五十八部复以支分，非所宜祀，是犹嫡冢以支庶众多，互相推委，而虚大宗之祀也。然则李毅乃一方宗祖，将竟委之若敖乎？故余谓唐晋宁、唐大来，首以复祀李毅为正。[1]

徐霞客认为云南普名胜叛乱、贵州安邦彦叛乱，之所以长期猖獗，得不到肃清，最主要的是朝廷和地方大员镇压不得力、采取安抚政策的结果。他指出，普名胜原不过是残败的小土司，因为朝廷没有采纳王伉、王锡衮、杨绳武等主剿派的方案，而偏听了闵洪学、廖大亨逸言，逮王伉等，采取招抚政策，

---

[1] 《徐霞客游记》，第765—766页。

结果致此。而安邦彦叛乱，本来很容易荡平，因安力量小，且遭百姓反对，结果由于"部院朱（朱燮元）独主抚，以致天讨不行，而叛逆不戢"。①

3. 保卫祖国边疆，抗击外来侵略

徐霞客对安南莫彝（或称交彝）乘西南土司纷争战乱之机入侵中国云南、广西进行强力谴斥：侵略者所到之处，城镇被毁，民居被焚，"人民离散"，②"百姓肝脑涂地"，③ 侵略者还贩卖人口，"壮者可卖三十金，老弱或亦不下十金"。④ 侵略者十分狡猾，对中国土司纷争采取"坐观两家成败，以收渔人之利"的政策，⑤ 将西南土司玩弄于股掌之上。侵略者又能贿赂中国地方官员，地方官员因受交彝厚赂，往往以"彼以仇讧，无关中国事"之词回报。对此，徐霞客气愤地反问说："岂踞地不吐，狎主齐盟，尚云与中国无与乎？"⑥ 徐霞客就莫彝助归顺得镇安一事，就土司世袭与否和领土得失、边疆利害的关系进行了分析。他认为镇安土司绝嗣应改土归流，而不该让土司之内互相争夺，不应让土司借重外彝来争地盘："乃当事者惧开边衅，且利仍袭之例，第曰：'此土司交争，与中国无与。'不知莫彝助归顺得镇安，即近取归顺之地。是莫彝与归顺俱有所取，而朝廷之边陲则阴有所失。其失镇安而不取，犹曰仍归土司，其失归顺赂莫之地，则南折于彝而不觉者也。此边陲一大利害，而上人乌从知之！"⑦

徐霞客颂扬归顺土目黄达抗击安南莫彝的举动，曰："州有土目黄达者，忠勇直前，聚众拒莫，莫亦畏避，会得生聚焉。"⑧ 向武州村寨百姓利用险要抵御交彝入侵，最后"交彝攻之不能克而去"。⑨ 他还对龙州飘岩村民利用险要躲避交彝的做法提出自己的看法，认为这仅能保自身，不能保其室庐财产，

---

① 《徐霞客游记》，第 648 页。
② 《徐霞客游记》，第 478 页。
③ 《徐霞客游记》，第 497 页。
④ 《徐霞客游记》，第 480 页。
⑤ 《徐霞客游记》，第 487 页。
⑥ 《徐霞客游记》，第 479 页。
⑦ 《徐霞客游记》，第 480 页。
⑧ 《徐霞客游记》，第 479 页。
⑨ 《徐霞客游记》，第 493 页。

"守险出奇，当以并力创御为上着，若仅仅避此，乃计之下也"。① 他对云南边陲进行考察后写成的《永昌志略》《近腾诸彝说略》，也表达了他卫国靖边的主张："腾越密迩诸彝，实滇西藩屏，而滇境大势，北近吐蕃，南皆彝缅。"② 此时缅甸强大起来，并不断入侵中国，造成腾越不安，而朝廷派出的大臣，却玩忽职守，不仅不起保卫边境的作用，反而起破坏作用，"所恃放廷臣防御之，而反罹其害"。③ 所以他认为要保卫边疆，就应明确官员职责，重治玩忽职守者，真正起到卫国靖边的作用。

4. 提倡民族团结，维护祖国统一

徐霞客对西南边疆地区的土司制度进行批判，对危害一方的土司叛乱主张坚决镇压，但同时也对促进祖国统一、维护民族团结的土司进行赞扬。如他多次提及广西永顺土官邓守胜等嘉靖年间带土兵（狼兵）到江浙地区参加抗倭斗争；云南沾益州土知州安边，在水西安邦彦叛乱时，受朝廷之命，"往谕水西"，被安邦彦拘留，失去土司之职，后被继任土司安奇禄交结当道迫害而死，徐霞客为之不平，借言曰："（安）边虽土司，亦世臣也，况受特命，岂可杀之而不问？"④

徐霞客对云南蒙化和丽江两个土司印象极深，这两个土司无疑是他心目中使社会安定、民族团结和文化发达的典型。"蒙化城甚整，乃古城也，而高与洱海相似；城中居庐亦甚盛，而北门外则阛阓皆聚焉。闻城中有甲科三四家，是反胜大理也。""蒙化土知府左姓，世代循良，不似景东桀骜……蒙化有流官同知一人，居城中，反有专城之重，不似他土府之外受酋制，亦不似他流官之有郡伯上压也。"⑤ 丽江土官木氏，"居此二千载，宫室之丽，拟于王者"。"盖大兵临，则俯首受绁，师返则夜郎自雄，故世代无大兵燹，且产矿独盛，宜其富冠诸土郡云。"⑥ 丽江土司知府木增向往中原先进文化，礼贤汉族知识分子，

① 《徐霞客游记》，第482页。
② 《徐霞客游记》，第1135页。
③ 《徐霞客游记》，第1136页。
④ 《徐霞客游记》，第733页。
⑤ 《徐霞客游记》，第1096页。
⑥ 《徐霞客游记》，第871页。

徐霞客因陈继儒的介绍结识木增，被木增礼延为上宾和名师。木增请徐霞客为其诗集润色，并请徐霞客作家塾老师，创修《鸡山志》。徐霞客因与木增交谊很深，得出木氏"哀然贤者，何第夜郎之翘楚乎"的结论。① 后霞客足不能行，是木增派人以"筍舆"千里抬到湖北黄冈县，黄冈县令再用船将其送回江阴，徐霞客"遂得生还"。这样徐霞客与木氏的交谊本身也就成了弘扬民族文化、促进民族团结的典范。②

5. 关心时事，批评朝政

徐霞客虽没能进入官场，但他对朝政却是十分关心的，反映了他的一片忧国之心。他对朝廷的腐朽无能进行了批判，如对普氏叛乱，朝廷采取招抚之策，迫害主剿派王伉以致普叛蔓延。对此，徐霞客评道："王伉以启衅被逮，后人苟且抚局，举动如此，朝廷可谓有人乎？"又曰："朝廷于东西用兵，事事如此，不独西南彝也。"③ 他对朝廷重用无能之辈、排斥东林正直之士很为不满。他在贵州见到举人出身的临安道毋忠钦取入京时"扛担络绎，车骑相望"的情景后评述道："司道无钦取之例，其牌如此，当必有说。按：毋，川人，本乡荐，岂果有卓异特达圣聪耶？然闻阿迷之僭据未复，而舆扛之纷纭实繁。其才与操，似俱可议也。"④

徐霞客与东林党人的交往，主要出于对东林人士才气学问和道德品质的敬慕，如交谊至深的有缪昌期、高攀龙、黄道周、文震孟、郑鄤、陈仁锡等人，有交往的还有钱谦益、孙慎行、沈应奎、姜逢元、曹学佺、董其昌等。《游记》中还涉及诸多东林党人的姓名，如瞿式耜、钱士晋、刘同升、王元翰等。徐霞客与黄道周尤为"死生不易，割肝相示"，成为至交；与木增论天下人物时徐霞客认为："至人惟一石斋。其字画为馆阁第一，文章为国朝第一，人品为海宇第一，其学问直接周孔，为古今第一。"⑤ 得知崇祯帝听信谗言，在朝中打击排除黄道周等东林党人，徐霞客为之感叹，"翰苑中正人一空"，其详载曰：

---

① 《徐霞客游记》，第 1148 页。
② 吕锡生：《徐霞客与纳西首领木增交游初探》，《无锡教育学院学报》1992 年第 3 期。
③ 《徐霞客游记》，第 1134 页。
④ 《徐霞客游记》，第 656 页。
⑤ 《徐霞客游记》，第 879 页。

"是日始闻黄石翁去年七月召对大廷,与皇上面折廷诤,后遂削江西郡幕。项水心以受书帕,亦降幕。刘同升、赵士春亦以上疏降幕。翰苑中正人一空。东省之破,传言以正月初二,其省中诸寮,无不更易者。虽未见的报,而颜同兰之被难可知矣。"① 朝政如此,江山社稷安危可知。

综上可见,徐霞客的爱国主义内涵非常丰富,爱国主义思想不断向前发展。由其最初对祖国大好河山、自然风光和人文古迹的热爱和向往,所谓的"玄对山水"或"自然之爱",发展到"欲尽绘天下名山胜水为通志",② 欲"自成一家言"。③ 从事科学考察,观察整个社会,探索自然规律,形成了对祖国全面的、深厚的情感,对下层百姓的同情,对朝政得失的评判,对边疆安危和祖国统一的关注,身体力行地对落后地区传播先进文化,促进民族团结。至此,徐霞客的爱国主义又有很大的突破。他不仅对汉族下层百姓同情与关心,对少数民族下层也给予关注和同情,他憎恨土司动乱和封建官吏给人民带来的灾难;他将少数民族视为中华民族大家庭的一员,有明确的国家边疆观念并要求边疆发展,有力抵御外来民族"缅彝""交彝"的入侵。这些说明,徐霞客的爱国主义已突破了传统的大汉族主义的界限,这是非常难能可贵的。徐霞客爱国主义思想的表现形式和实现方式也具特色。他没有走封建上层路线,没有按封建时代一般读书人"读书—科举—做官"的所谓"正途"轨迹行走,他选择了"隐逸"的道路,出世的方式,履行"读万卷书,行万里路"的哲言,将科学的旅行考察事业作为终身的奋斗目标来实现其人生的价值,并将其与爱国主义完美地结合起来。徐霞客所选择的这种人生之路与那些走"正途"之路的官员相比,其体现出来的爱国主义似乎更纯朴更深厚。徐霞客的爱国主义之路已成历史,但其爱国主义内涵将永放光辉。徐霞客精神,即"热爱祖国,献身科学,尊重实践",便是当代中国人应从徐霞客身上以及徐霞客爱国主义思想中所汲取的精华所在。

---

① 《徐霞客游记》,第 1027 页。
② 《徐霞客游记》,第 1203 页。
③ 《徐霞客游记》,第 1270 页。

三、徐洽徐衍芳父子及其抗倭思想

徐洽和徐衍芳，分别是江阴梧塍徐氏十四世和十五世，即徐霞客的曾祖父和祖父。他们生活在明朝中期的弘治、正德至嘉靖年间，这是徐氏家族逐渐衰落的时代。徐洽和徐衍芳父子和徐氏先辈一样，想走读圣贤书、走科举入仕之路，既可光宗耀祖又可报效朝廷、为国出力，但是他们终未能如愿。徐洽由秀才进国子监，以监生身份多次参加乡试落选，后入选鸿胪寺为官，得致仕终老于乡。徐衍芳则少入江阴县学补廪生而多次乡试不利，后中年去世。两个人都没实现自己的人生理想，但是他们又以实际行动和卓越见识对明代江阴抗倭斗争做出了巨大贡献。他们的人生经历，对徐有勉和徐霞客父子摆脱科举乃至继承与发展其爱国主义思想有很大启发和影响。下面就徐霞客的曾祖徐洽、祖父徐衍芳的生平及他们的抗倭思想做一些阐述和探讨。

（一）相似的坎坷仕途路

徐洽和徐衍芳父子，均多次参加乡试失利，没有能够通过科举考试步入仕途，未能实现自己的人生理想。在这一点上，他们父子二人有着相似的坎坷仕途之路。

1. 徐洽生平事迹述要

徐洽，生于弘治丁巳（即弘治十年，1497 年），卒于嘉靖甲子（即嘉靖四十三年，1564 年），字恒修，又字悦中，号云岐，为江阴梧塍徐氏十四世。徐元献孙，徐经次子，徐霞客曾祖。从梧塍（大宅里）迁居旸岐（后称老旸岐），为老旸岐迁祖。

梧塍徐氏从明初发家，为有名的富室大户。徐洽祖父徐元献和父亲徐经均为江南乡试举人，"父子举人"，名闻当世。此前，徐颐之弟、徐元献之叔徐泰（徐氏第一个举人，徐洽曾叔祖）已一举获顺天乡试解元，与同年获南畿解元的吴启并称江阴"一秋两解元"。叔祖徐鼎继元献后又中举人，二人并称兄弟举人。与徐经同年中举的梧塍徐氏还有族兄弟徐元圭和徐弘道（均徐鼎子）两兄弟，时称三兄弟同中举。又与徐经同年中举的江阴举人有十五人之众，盛称"同年十五举子"（江阴科举史上中举人数最多的一次）。科举盛事，徐家累累其中，从此徐家继江南巨富、"富而能礼"、"敦诗悦礼"后，有了"富而能文"的名声。徐经与唐寅一道进京会试，因风闻被言官上奏"举报"而造成轰动天下的弘治十二年（1499年）己未科场案而下狱，事载《明史》。① 如，其中《选举志二》载此事曰："弘治十二年会试，大学士李东阳、少詹事程敏政为考官。给事中华昶劾敏政鬻题与举人唐寅、徐泰，乃命东阳独阅文字。给事中林廷玉复攻敏政可疑者六事。敏政谪官，寅泰皆斥谴。寅，江左才士，戊午南闱第一，论者多惜之。"

徐洽"生而颖敏，读书攻文，能世其家学"。在17岁时，他就由江阴县学升国子监学习，在诸生和监生中"每试辄最"。② 当时国子监祭酒吕泾野（吕柟，大学者）和礼部尚书严介溪（即严嵩）考经义，都列他为第一名。提学刘范东（即刘隅，也是当时的大学者），见了他的文章，盛赞其"学有渊源"。但徐洽怀才不遇，参加七次乡试，皆名落孙山。最为可惜的是，嘉靖辛卯年（1531年），他以监生参考，成绩优异，已在卷录之中，终因"国子生数溢常额"而"落其名"。最后只礼部选鸿胪寺当序班，九年后升为鸿胪主簿。其时因鸿胪寺修典籍和叙事之文均由他主持，赢得同事僚属推重，文章"日益有名京师"，人称"韩苏矩度"。③ 但在那时他已看穿官场面目，不愿继续为官，不到退休，便告归故乡江阴。终日"优游林泉，不染尘世事"，④ 除操持家政外，最重教训子孙，"居家日课子孙，讲究经义，旁及子史"，⑤ 希望自己的志向能由后辈实现。求教名儒，潜心读书，考究历代典章制度之得失，"阐发精文，有老师宿儒不能及者"，诗文"宏雅古博，多自得趣"。⑥ 晚年，遭遇倭寇之乱，尤其遭连丧徐衍芳等三子之痛而病逝，终年68岁。著有《云岐小稿》。

2. 徐衍芳生平考略

徐衍芳，字汝声，又字原润，号柴石。徐洽的长子，徐霞客祖父，兄弟共五人（其余四弟为衍嘉、衍成、衍禧、衍厚），为梧塍徐氏十五世，从老旸岐

---

① 《明史》卷286《唐寅传》《程敏政传》，卷70《选举志二》，第1704、7343、7352页。
② ［明］薛甲：《鸿胪徐君墓志铭》，《梧塍徐氏宗谱》卷54。
③ ［明］徐材：《鸿胪佐云岐公行状》，《梧塍徐氏宗谱》卷54。
④ ［明］薛甲：《鸿胪徐君墓志铭》，《梧塍徐氏宗谱》卷54。
⑤ ［明］徐衍芳：《邑侯钱公祠记》，《梧塍徐氏宗谱》卷58。
⑥ 佚名：《鸿胪佐云岐公传》，《梧塍徐氏宗谱》卷53。

迁居南旸岐，为徐氏南旸岐迁祖。《徐氏宗谱》说其"生卒失考"，但我们还是可考而得之，结论是徐衍芳生于 1515 年或 1516 年，即正德乙亥或丙子年（正德十年或十一年），卒于 1563 年，即嘉靖癸亥年（嘉靖四十二年）。

首先，关于徐衍芳的卒年。据薛甲为衍芳父徐洽写的《墓志铭》记载，徐洽生有五子，长子衍芳与三子衍成、四子衍禧"既不利场屋，而又相继早世"，未能"侍养于君（徐洽）"，① 这说明他早逝于父；而徐洽生卒有明载，生于弘治丁巳（弘治十年，1497 年），卒于嘉靖甲子年（嘉靖四十三年，1564 年）年八月二十六日，则衍芳卒于 1564 年前。

又查衍成生卒年，也失考，衍成娶曹氏，但其没有子嗣，后衍芳次子有造为嗣，② 这说明衍成年龄很轻即去世了。又衍禧，生于嘉靖壬午（1522 年）六月二十六日，卒于嘉靖癸丑（1553 年），年仅 32 岁，则衍芳卒于衍禧卒（1553 年）后。

衍芳有六子，幼子有敬生于嘉靖庚申十二月十八日（1560 年 1 月 8 日），则衍芳卒于此后。徐衍芳《邑侯钱公祠记》所记江阴知县钱錞，有抗倭而牺牲于嘉靖三十四年（1555 年）六月之事，江阴为他建愍忠祠以祭祀。据王廷宾《愍忠祠记》载，此祠修于钱知县牺牲的九年后即嘉靖癸亥年（1563 年），③衍芳卒于此后。

还有几条资料更直接说明徐衍芳的卒年。一是陈继儒《豫庵徐公暨配王孺人传》载徐有勉："豫庵公，柴石先生第三子也，十九罹父丧。"④ 徐有勉生于嘉靖乙巳年（嘉靖二十四年）七月初三（1545 年 8 月 9 日），其 19 岁为嘉靖癸亥年（1563 年），故可断知徐衍芳死于 1563 年。二是李涞《郡丞渐庵公传》载，衍芳五子徐有登"龄十有二而赠翁卒"，⑤ 叶茂才《渐庵徐公墓志铭》，载

① 佚名：《鸿胪佐云岐公传》，《梧塍徐氏宗谱》卷 53。
② 佚名：《提举养庵公传》，《梧塍徐氏宗谱》卷 53。
③ ［明］周廷宾：《愍忠祠记》，［清］卢思诚等修，季念贻等纂：光绪《江阴县志》卷 7《秩祀·祠》，中国地方志集成，江苏府县志辑 25，江苏古籍出版社 1991 年版，第 216—217 页。
④ ［明］陈继儒：《豫庵公暨配王孺人传》，《徐霞客家传》，第 107 页。
⑤ ［明］李涞：《郡丞渐庵公传》，《梧塍徐氏宗谱》卷 53。

徐有登"赠公殁，大夫年甫十二"，① 徐有登生于嘉靖丙午（嘉靖二十五年，即 1546 年）十一月初三，则也可推衍芳卒于 1563 年。三是陈仁锡《王孺人墓志铭》说霞客母嫁时，"既归豫庵公，而翁光禄柴石公卒，以缟素见。犹及事姑陈孺人暨太翁鸿胪云岐公，未几并卒，城东公亦卒……五年于兹，而大丧相继。"这里说霞客父母 19 岁结婚之际，衍芳去世，霞客母王孺人戴孝庙见。五年内大丧相继，先是公公徐衍芳去世，接着婆婆陈孺人和太公徐洽去世，最后父亲王成东去世。这也说明徐衍芳去世于 1563 年。四是徐衍芳的去世，前又徐衍成、徐衍禧去世，徐洽老年丧子，悲病异常，便在次年病故了。"三子皆有时名，既不利场屋，而又相继早世，……己愿未酬，而天复夺其所爱，居常以故郁郁不自得。甲子（1564 年）得疾，意不起，为八月二十六日。"②

综上可知，徐衍芳卒于 1563 年是非常确定的。

其次，关于徐衍芳的生年，则约 1515 年或 1516 年最合情理。这主要可从徐衍芳父徐洽、徐衍芳仲弟徐衍嘉和徐衍芳长子徐有开的生年推出。

据宗谱所载，徐洽生于弘治丁巳（弘治十年）六月十六日，即 1497 年 7 月 13 日；徐衍嘉生于正德丁丑（正德十二年）七月十一日，即 1517 年 7 月 29 日；徐有开生于嘉靖己亥年即嘉靖十八年，即 1539 年。对比上述三个生年，可知，徐洽 21 岁生次子徐衍嘉，则 19—20 岁时（即 1515—1516 年间）生长子，如此 17—18 岁结婚，也较合适。如徐衍芳 1515—1516 年间出生，则其生长子徐有开时约 24—25 岁，可能长子之前已有女儿诞生，但《徐氏宗谱》并未记载有女儿。如将徐衍芳生年定在 1515 年前，其父徐洽结婚似乎太早了一些；如定在 1516 年以后，则与其弟 1517 年生相对撞，所以徐衍芳生年推定在1515—1516 年，最合情合理。

徐衍芳少年时即游学邑庠（江阴县学），后补廪生，和三弟衍成、四弟衍禧在邑庠中有文名。其二弟衍嘉也由县庠升太学。衍嘉擅长古诗文，"为通人所赏识"。③ 其父徐洽希望他们兄弟通过科举而获取功名，光宗耀祖，一雪自

---

① ［明］叶茂才：《渐庵徐公墓志铭》，《徐霞客家传》，第 127 页。
② ［明］薛甲：《鸿胪徐君墓志铭》，《梧塍徐氏宗谱》卷 54。
③ 佚名：《光禄佐柴石公传》，《梧塍徐氏宗谱》卷 53。

己七上公车而不第之耻。为此徐洽在南旸岐（今江阴马镇）盖了"吴庄书屋"，让他们兄弟"读诵其中"，①且常常亲自传授。但他们和父亲一样，在科场极为不顺，徐衍芳也七试七败。嘉靖壬子（1552 年）秋试，徐衍芳的科文已达录取之列，但要照顾监生，秀才考生取录名额被挤去，他也由此失去了中举的机会。既"不利场屋"，连年的科考，耗尽了徐衍芳的心力，不过中年便去世，他的二弟、三弟，则在其 30 余岁便夭亡了，其父也在连丧三子后离世。徐衍芳，著有《柴石小草》，又名《柴石遗稿》，计七卷。

徐洽、徐衍芳父子的生活道路有惊人的相似之处，虽有才学见识而时运不佳，无法施展。而时人对他们评价甚高："（彼）之学，渊深浩博，如冲霄之鹤，而扶摇未作；（彼）之材，坚忍强毅，如致远之骥，而伯乐未遇。"②这就是科举制度给有志之士造成的不幸。但这种不幸也磨炼了徐洽、徐衍芳父子，他们沉默寡言，性格坚毅，对国事民情有着深刻的领悟，一旦国难当头，便慷慨破家之产，誓为抗倭献身。"提兵远逐犬羊群""指麾一定三边静"，③充分地表达了他们崇高的民族气节、抗御强暴以卫乡卫国的爱国主义精神。

（二）共同的抗倭思想与行动

徐洽、徐衍芳父子热爱国家、热爱家乡，有着共同的抗倭思想和行动，他们不仅捐资筑城，参加抗倭斗争，而且还著文上书，提出独到的抗倭主张与建议，城乡一致、各地联合、兵民一致、兵将一致等是卓有远见的抗倭思想。

1. 倭寇的产生及其对江阴的滋扰

徐洽、徐衍芳父子生活于明朝弘治、正德、嘉靖年间，这时期已属明王朝中期。明朝历洪武、永乐、仁宣兴盛，开始走向政治腐败、皇帝昏聩、宦官专权之局面。其时，土地兼并日烈；军屯破坏，民不聊生；国力削弱，边防无力，北方有瓦剌、鞑靼南侵，东边沿海有倭寇骚扰；流民、士兵不断起义，宫廷政变时有发生。而在明王朝腐朽之际，东南沿海一带的倭患，尤其严重。倭患，是由日本浪人、武士海盗组成的武装团伙（倭寇）对中国沿海地区抢劫骚

---

① 佚名：《光禄佐柴石公传》，《梧塍徐氏宗谱》卷 53。
② ［明］徐衍芳：《邑侯钱公祠记》，《梧塍徐氏宗谱》卷 58。
③ ［清］顾季慈辑：《江上诗钞》卷 25，上海古籍出版社 2003 年版。

扰而形成的，对中国沿海人民生命财产危害巨大。这在明代嘉靖年间达到猖獗的顶峰。倭寇勾结中国沿海地区的"凶徒、逸囚、罢吏、黠僧及衣冠失职书生、不得志群"等作"奸细"和"向导"，还有一些倭寇以中国海盗、奸商为主力，故有"江南海警，倭居十三，而中国叛逆居十七"之说。抗倭将领们还得出"去外夷之盗易，去中国之盗难；去中国之盗易，去中国衣冠之盗难"的结论。①

就徐洽、徐衍芳的家乡江阴而言，因为其地理位置重要和物产丰富的缘故，屡屡成为倭寇骚扰的必经之地和重要地区。江阴县，明代是常州府属县，去三里"大江横其北"，去七十里"太湖处其东南"，它"北抵江淮，东连海道"，"北眺维扬（扬州），南接姑苏（苏州），东窥海虞（常熟），西眄京口（镇江）"，② 为八达通衢和江海门户。这里地势低平，然也不乏小山丘，水陆交通十分发达。这里又是全国赋税重地之一，物产丰富，盛产各种粳糯稻、各种麦类和棉花油菜及众多的鱼类。这些为倭寇的骚扰提供了可能性和现实性；而当时全国沿海地区和苏锡常镇地区武备松弛，便利了倭寇的进扰。

江阴的倭寇骚扰，也在嘉靖年间达到顶峰。据载："（嘉靖三十二年，即1553年）四月，有萧显著、尤枀狡，率劲倭四百余人攻吴淞所、南汇所，俱破之，分兵掠江阴。"③ "五月，倭贼犯我江阴，杀伤二千余人，焚烧房屋及千余所村镇。"④ "（嘉靖三十三年，即1554年）三丈浦倭贼掠常熟、江阴村镇。"⑤ "四月二十一日，贼由东路经顾山、经华士、经竹塘，直捣青阳之大镇，满载扬帆而去。"⑥ "（嘉靖三十四年，即1555年）四月十二三日，贼自黄田闸（江阴黄田港）大拥众而至，攻烧北门独急……夜夜火光烛天，十无一存，人民杀死城下者无算，独有孤城兀然危甚，朝不谋夕。"⑦ "五月三十月，突至本县东门，攻围暴甚，人其关厢，五日不解。率其凶丑二千余人，屯结蔡

---

① 佚名：《嘉靖东南平倭通录》，《倭变事略》，"中国历史研究丛书"，上海书店1982年版，第3页。
② ［明］张衮撰，刘徐昌点校：嘉靖《江阴县志》卷2《提封记第二上·形胜》，上海古籍出版社2011年版，第29页。
③ 佚名：《嘉靖东南平倭通录》，《倭变事略》，第5页。
④ ［明］张衮：《与抚按请兵书》，光绪《江阴县志》卷25《艺文·书》，第683页。
⑤ 佚名：《嘉靖东南平倭通录》，《倭变事略》，第10页。
⑥ ［明］张衮：《与抚按请兵书》，光绪《江阴县志》卷25《艺文·书》，第683页。
⑦ ［明］张衮：《与按院周观所书》，光绪《江阴县志》卷25《艺文·书》，第682页。

泾闸（今江阴南闸）……分枝四出，大肆劫掠，山坳水澨糜所不到。小民瓶罂之储，茅茨之盖，鲜有存者，处处烟生，夜光尽赤，皆为贼火。其为杀戮几万人，内杀生员三人，妇女被淫污水死者，不可胜记，凶虐如此，乃至杀我父母官（江阴知县钱錞）。"① 倭寇在江阴抢劫财物，焚烧村镇，奸淫妇女，杀戮生灵，使江阴"人情大骇"，而嘉靖三十三年（1554 年），江阴又出现了旱荒，使得"邑中之盗亦起"，② 他们与倭寇串通一气，共同危害江阴百姓。

2. 江阴民众的抗倭斗争

面对出没无常、暴虐凶残的倭寇，有些地方官员、地主，为了保全自己的生命和财产，或结堡自守，或"发其盖藏"，把部分财产交于倭寇，表示附从，"苟以偷安"，或闻风而逃，"团长、保长闻风先遁，莫知其踪，持标带剑之士坐食县官，而未见其露刃迎敌"。但是，平民百姓由于受害最深，则与倭寇不共戴天，有的自动组织起来用锄头铁耙与倭寇搏击，"犁锄之此，挺身与死而胜"；③ 有的听从征发，或出力修城，或协助巡防。

当时常镇兵备副使王崇古和苏州同知任环多次带兵来江阴。江阴知县钱錞担负起领导江阴抗倭的重任，是江阴抗倭斗争的领袖。钱錞（1525—1555年），字鸣叔，号鹤洲，湖广显陵卫人，嘉靖二十九年（1550 年）庚戌科进士。④ 嘉靖三十一年（1552 年）来江阴任知县，嘉靖三十四年（1555 年）六月牺牲，时年仅 31 岁。

钱錞初任江阴，听到浙东地区倭寇活动频繁，形势吃紧，他认为江阴"上按留都，下近两浙，天下有事，势必先争"，⑤ 倭寇必会来犯，为此他做了诸多准备。首先，他下令江阴兵民修葺江阴城。其次，对江阴的士兵、水兵进行整顿，对狼兵（广西那地、东兰等地少数民族的武装兵力）和镇江兵重新编制，严肃军纪，对窳劣者"绳之以法"。再次，打开江阴城门，收纳避倭的百姓，进行救济，以动员群众。此外，他请求常镇兵副使王崇古，要求调兵来

---

① ［明］张衮：《与抚按请兵书》，光绪《江阴县志》卷25《艺文·书》，第 683 页。
② ［明］薛甲：《鹤洲钱公行状》，光绪《江阴县志》卷26《艺文·杂著》，第 718 页。
③ ［明］张衮：《与抚按请兵书》，光绪《江阴县志》卷25《艺文·书》，第 683 页。
④ 《明史》卷 290《钱錞传》，第 7437—7438 页。
⑤ ［明］徐衍芳：《邑侯钱公祠记》，《梧塍徐氏宗谱》卷 58。

援。在知县钱錞的动员和影响下，一些乡绅以张衮（1487—1564 年，字补之，号水南，江阴人。正德年进士，官至掌南京翰林院事，国子监祭酒，转南京光禄寺卿致仕。有《水南集》等）和薛甲（1498—1572 年，字应登，号畏斋，江阴人。嘉靖年进士，官至江西南赣副使，大学者，有《畏斋艺文类稿续稿》）等为首，积极参与抗倭谋划，与钱錞配合，提出修固城垣和堡寨城垛的建议，① 他们或组织民团乡兵，或动用自己的家产。徐洽父子、黄銮、许登、许蓉等除参与抗倭，还"捐资估役"，修筑城垣。嘉靖三十一年（1552 年）钱錞完修瓮城北隅，三十三年（1554 年）增设子城，三十七年（1558 年）修杨舍城堡，都有他们的贡献。②

由于江阴城防紧固，防卫措施得力，整个倭乱中，倭寇始终没有能入城劫掠，且乡下许多难民也得以入城受到保护。钱知县不仅带领武装取得保卫江阴城、杨舍、三丈浦、华士等地抗倭胜利，还支援常熟、太仓、靖江的抗倭斗争。钱知县遇战身先士卒，出战做好了牺牲的准备，以唐代张巡、许远为榜样，常说"没有怕死的忠臣"，后来带领 400 余人加上外地的狼兵和镇江兵仅千余人与 3000 多倭寇在九里山（又由里山，花山）交战，狼兵先退，寡不敌众，壮烈牺牲："公独与亲兵五十余人，奋然迎战……身被数刃，遂遇害，从公者二十余人皆死。"③ 钱知县牺牲后，江阴百姓十分悲痛，"家户设主"，来祭祠他，后来江阴修了专祠来纪念他。

薛甲作《鹤州钱公行状》，李诩作《邑令战死》（载《戒庵老人漫笔》第 4 卷），汤明善（生卒年为 1519—1588 年，嘉靖举人，选教谕，任知县，淮府长史）作《上乡先达书》（收入光绪《江阴县志》卷 25《艺文·书》），张衮作《与抚按请兵书》《条陈靖倭五事疏》，士大夫掀起了一股上书热潮，颂扬抗倭英雄，陈述钱知县牺牲的真相（当时身为常镇兵备副使的王崇古错误认为钱知县牺牲是一时冲动、仓促出战的结果），纷纷要求上级派兵驻守江阴，并且提出各自的主张和设想，其中徐洽、徐衍芳父子的《上兵宪王鉴川书》和《邑侯钱公祠记》，具有典型性。

---

① ［明］薛甲：《与邑侯钱鹤洲书》，光绪《江阴县志》卷 25《艺文·书》，第 682 页。
② 光绪《江阴县志》卷 1《建置·城池》，第 65 页。
③ ［明］薛甲：《鹤洲钱公行状》，光绪《江阴县志》卷 26《艺文·杂著》，第 718 页。

3. 徐洽徐衍芳父子的抗倭思想

徐洽、徐衍芳父子，在倭寇大肆骚扰江阴时期，捐资筑城，参加战斗。嘉靖三十四年（1555 年）夏，江阴知县钱錞因孤军被围而遇难，江阴丧失了一个好知县、一个抗倭领袖，这深深触痛了他们的心灵。他们感到自己有责任使上级通达下级的抗倭情况，有必要陈述江阴受害的情形和自己的抗倭主张，怀着这种义愤和激情，徐洽便给当时常镇兵备副使王崇古（字学甫，号鉴川）写了《上兵宪王鉴川书》，徐衍芳为抗倭殉难的钱錞写了《邑侯钱公祠记》，这两篇文章集中地体现了徐洽、徐衍芳的爱国热情和抗倭思想。

其一，关于选将带兵。针对当时常镇地区防御薄弱、军官级别偏低，要求上司派遣要员到常镇地区带兵，而江阴则要相应地派遣参将、游击来指挥军事和布置防御。其理由：第一，历史上每遇大的战争，官微权轻的武弁是不能抵御强敌的，故派遣位显权重的将领带兵。第二，江阴地理位置十分重要，"江阴为常镇门户；常镇为南畿股肱"，"江阴安，则常镇无虞；常镇安，则南都之藩屏固"。因此江阴的安危，直接影响到常镇乃至南京的安危，故应加强江阴的军事力量。第三，实际情况是，在江阴领兵的仅巡捕和指挥而已，其权限仅能调动几十或几百人。这些巡捕和指挥官微权轻，"上不足以承宪台之发纵，下不足以励在伍之士卒"。① 指挥官缺乏指挥用兵权和在士兵之中的威信，要打胜仗是不可能的，更何况对手是来去不定、狡黠凶残的倭寇。

其二，练军肃纪，爱惜物力。徐洽父子看到当时地方军队纪律不严、战斗力不强、时有侵扰百姓现象发生的弊病，特别是狼兵未战先溃，指出要明"赏罚之令"，以严肃军纪，"先溃者必戮，逗留者有典"。军队平时不战，即屯驻，则要选择"偏裨"之地进行有目的的训练；遇敌，则应战，需多少兵，就派多少兵，力图人人可为，做到"任有所专，责有所重"；同时派兵员和应济物资要保持一定的比例，也要根据敌情，以爱惜物力，使"军不徒劳于奔走，民不深病于供馈"。② 徐洽父子这种见解，是对民间疾苦的体恤，这在当时士大夫中是少见的。

---

① ［明］徐洽：《上兵宪王鉴川书》，《梧塍徐氏宗谱》卷 58。
② ［明］徐洽：《上兵宪王鉴川书》，《梧塍徐氏宗谱》卷 58。

其三，官为表率，为民之先。徐洽、徐衍芳父子认为，选将除了要注重其官秩外，还要看其是否有事实的作战经验；更重要的是，将官要能吃苦耐劳，亲临阵地，冲锋在前。他们认为像钱鹤洲这样的知县，可称得上是"民之表率"，算得上是克尽其责的。每遇倭寇进犯，他均能"躬巡城上，亲当矢石，为士民倡"，① 故士民乐于听命。他们认为，官为表率，还有一重含义，即要关心、爱护士民，对士民要像"父母保赤子"那样，而且要时刻与士民同好恶、共哀乐。

其四，关于城守与乡防，提出"孤城自守"与"经远之规"两者并重。徐洽父子批评了当时一些士大夫提出的修筑城堡、加强城守，而忽视乡防的观点。他们认为，城镇和乡村两者是互相联系的"唇"与"齿"的关系，唇亡齿寒，如不守乡村，城镇便会孤立，"今献议者缕缕徒为孤城自守之计，曾不知苟无经远之规，以求四境之靖则藐，尔孤城岂能独保，况乡村坊郭渐尽，城将自困矣"。② 故要加强乡防。而城镇又是人口财富的集中地，如只顾乡防不重城守，同样是错误的，所以必须把城守与乡防统一起来，两者并重，才能有效地对付凌寇。"本邑值钱尹遇变而屹然如山，城因以完，未尝偏任战守一策也。"③ 江阴城内之所以至今还能不遭损失，没有被倭寇攻下，是城守与乡防并重的结果。徐洽父子这种城守与乡防并重的观点，是对江阴抗倭经验的总结和深化，是切合实际又可行的。

其五，分兵把守和联合作战。徐洽认为在地方督抚宪台派参将游击到地方带兵的同时，还应选"勇健之卒"，这些"勇健之卒"，在参游带领之下，"分阃常镇之间"，④ 进行分兵把守，这是客兵；而固定驻扎在各地的士兵（即土兵），也应节制于参游，保持土兵和客兵互相一致。各地参游之间应互相联系，通报倭情，一遇倭寇骚乱，参游不必向上级请战，可以自作战守主张。参游应有一定的指挥自主权，遇到小股倭寇，"分兵剿捕"；遇到大股倭寇"合军应

---

① ［明］徐衍芳：《邑侯钱公祠记》，《梧塍徐氏宗谱》卷58。
② ［明］徐洽：《上兵宪王鉴川书》，《梧塍徐氏宗谱》卷58。
③ ［明］徐洽：《上兵宪王鉴川书》，《梧塍徐氏宗谱》卷58。
④ ［明］徐洽：《上兵宪王鉴川书》，《梧塍徐氏宗谱》卷58。

援",① 互相联合，互相援助。徐洽父子的这种主张，旨在割除军帅无权、各自孤军奋战、军队战斗力不强等弊病，冀能通过分兵把守，达到职责分明；土兵与客兵、水师与陆军一致，各地参游又统一指挥于督抚宪台，达到对倭作战的统一和协同。这种抗倭思想，在当时看来是卓有见识的，可惜没有得到贯彻。

其六，抗倭而亡，万古不泯。徐衍芳在钱鹤洲牺牲后，还著作了一篇《宋文丞相忠烈传》，讴歌了文天祥视死如归的浩然正气和忠贞不屈的民族气节："尝谓元胡之祸，自有天地以来，未有此大变。文山之节，自有君臣以来，未有此达忠。""中原虽未恢复，慷慨不回则有生，正气凛然若培矣。气以辅志而忠愈奋，盖有孛罗之怒不能屈，柴市之惨不能杀，杭潮之盈缩不能阻，崖山之飓涛不能溺，浩然之气诚有塞宇宙而荡沧溟矣……若丞相者，天之经也，地之谊也，万世忠贞之祖也！"② 很显然，他认为为抗倭而牺牲的钱镈就是当世的文天祥。倭寇抢劫财物，杀戮人口，是伤天害理之事，与之对抗"杀贼矢心"，为抗倭而亡，才配立祠而祭，才配万古流芳。钱鹤洲面对倭寇"劫我边鄙，火我室庐，虔刘我元黎"而"怒发上指，挺然抚膺"，率百余之卒与千余倭搏斗，"追入虎口，奋击号呼"，在无援力屈的情况下，"为贼所得（俘）"，但他不惜身首，"誓死不屈"，终能"理义"双全。朝廷"褒旌其谥号，祠宇其义容，崇祀其尸祝"，这是理所当然的，这样才能"劝更治""树风轨"。徐衍芳高度评价钱鹤洲为抗倭而死的意义："天地间不易得者理，不易充者气。侯追入虎口，奋击号呼，天地为侯震怒，战士为侯饮血，气塞两间而不愧于有生之理矣！既而慷慨就死，侯其人豪哉！侯志虽郁，身虽陨，而斯气斯理之流行，固将絪缊盘结，尚能诛乱贼于既死者！"③

（三）结语

综上所论，徐洽、徐衍芳父子，虽然屡次科考失利，仕途坎坷，未能实现其既定的人生抱负。但是，在抗倭的行动和思想上，他们表现出了崇高的民族气节与爱国主义思想，他们的身上依然闪耀着光辉。

---

① ［明］徐洽：《上兵宪王鉴川书》，《梧塍徐氏宗谱》卷58。
② ［明］徐衍芳：《宋文丞相忠烈传》，《梧塍徐氏宗谱》卷58。
③ ［明］徐衍芳：《邑侯钱公祠记》，《梧塍徐氏宗谱》卷58。

在抗倭问题上，徐洽、徐衍芳父子立场坚定，以独到的见解描绘了一幅生动的抗倭画卷。他们提出城守和乡防一致的观点，把城乡防卫联成一体；又提出分兵把守和联合作战的原则，把地区对倭作战联成一体；且提出将官要有一定的地位级别（位秩）、作战经验和指挥权，兵民要团结一致，听从调遣，人人应立志为抗倭而亡，将官要走在民众之前列。徐洽徐行芳把抗倭成败与人民的安危、国家的祸福联系起来，且看到人民的力量，提出要体恤民力，这种抗倭思想是有一定的高度的；他们把抗倭斗争看成一个整体，提出城乡一致、各地联合、兵民一致、兵将一致，这是朴素辩证法思想在抗倭问题上的应用，这种思想是十分可贵的。据此，我们说徐洽徐衍芳父子的抗倭思想、抗倭主张是独树一帜、自成一家的，这毫不夸大。

徐洽、徐衍芳的抗倭思想，与徐氏家族五世祖千十一"誓俱不仕元"① 及十世祖徐景南"进鞍马助边"② 的爱国思想是一脉相承的，只不过因时代的不同内容不同而已。徐氏的这种传统，这种家风，不能不影响他们的后代，因此，它应为徐霞客爱国思想的一大渊源。

---

① ［明］陈函辉：《徐霞客墓志铭》，《梧塍徐氏宗谱》卷 54。
② 佚名：《隐君退庵公传》，《梧塍徐氏宗谱》卷 53。

第三章

《晴山堂石刻》与徐霞客的艺术修养

　　《晴山堂石刻》是明代书法史上的一座丰碑，是明代书法作品汇编，同时它又是一部文人作品集、资料集，在文学、历史学以及书法艺术等方面具有很高的价值。《晴山堂石刻》及其相关问题的研究是"徐学"研究的重要内容之一，本章以此为开端，首先进行必要的研究综述，继之，以明代三个时期12位出现于《晴山堂石刻》中的书法名家为例，阐述不同时期代表书家的成就与评价。徐霞客不仅广为收藏名家手迹，或与之交往，更是在《徐霞客游记》中，他考察了为数众多的碑刻，对之进行品评、拓录、考证与研究，这反映了徐霞客很高的文学、史学与科学素养，同时也体现了徐霞客在艺术上的较高修养。

一、《晴山堂石刻》与相关问题研究综述

　　晴山堂，位于徐霞客故居西侧，万历四十八年（1620年），徐霞客在其母亲重病初愈后所建。同时，徐霞客请人将所藏元明书法名家手迹刻石，镶嵌在晴山堂墙壁之中，因之称《晴山堂石刻》。天启五年（1625年），徐母去世后，徐霞客为纪念母亲，又将所藏书法名家手迹再次刻石。后历经明末清初兵燹与徐氏奴仆暴动、日寇侵华战乱、"文革"期间的"破四旧"等，晴山堂被毁（1977年重建）而石刻幸存。

　　《晴山堂石刻》，现存76块，其内容采用诗、序、跋、赞、咏、纪以及墓志铭等多种文体形式，用不同书体艺术形式，记录徐氏家族与明代江南社会。石刻共收录80多位名家题记诗文94篇。在这些名家中，有状元7人，进士及

第者 55 人，一品内阁大学士 11 人，六部尚书 9 人，国子监祭酒 5 人，书画双绝者 17 人，几乎囊括了明代不同时期的主要名流。《晴山堂石刻》的内容主要有三类：称颂徐霞客祖上的诗文；徐母教子的颂词；徐霞客生平活动资料。其内容形式多样，文体俱备，具有很高的文学价值；同时它又是一部完整的家族史，是研究徐霞客及其家世的必备文献。当然，《晴山堂石刻》本身就是一部堪与唐宋碑碣相媲美的书法杰作，石刻中有明代 81 位书法名家，书体以楷、行为主，隶、草俱全，是一部以吴地为主的明代书法大全，具有极高的艺术价值。①

关于《晴山堂石刻》及其相关问题的研究，起步较晚，但是目前已经成为徐学研究热点之一。近年来有相关论文 30 余篇，另外有几部著作也涉及这方面内容。

（一）书法与篆刻艺术研究

《晴山堂石刻》的书法与篆刻艺术研究可以分为两个方面，首先《晴山堂石刻》是一部杰出的书法作品，具有独特的艺术价值。因此，这方面的研究论文相对较多。黄宝珉的《晴山堂石刻的书法艺术》是 20 世纪 90 年代初的论文，作者首先阐述了明代书法的特点和今人对明代著名书家的评论，由此指出《晴山堂石刻》集明代 300 年名人书法，不仅可以了解某一名人书法演变过程，丰富对这一书家书体的认识，从中生发出对石刻书法新的见解，还有助于今人对书法艺术的开拓，为我们研究明代书法提供了一部好范本。尤其是，《晴山堂石刻》中有较多明代文人雅士的书迹，有着鲜明的个性风格和时代特点，从中可以认识整个明代书法群体的艺术风貌。② 该作者还著有《晴山堂石刻，宝贵的文化资源——兼述明代草书艺术的创新发展》。本文以《晴山堂石刻》论述明代书法繁荣，名家辈出，特别是狂草书艺得到了长足的发展。《晴山堂石刻》中有董其昌、张瑞图、黄道周、米万钟等人的行草书作品，冲击了元代以来的圆润书风，以不同的艺术风貌，为明代后期书坛注入一股新鲜空气，充满

---

① 参见李宝根：晴山堂石刻的文史价值，《徐霞客研究文集》，江苏古籍出版社 1997 年版；吕锡生：吴地墨宝《晴山堂石刻》，《江南论坛》1996 年第 2 期；吕锡生：《晴山堂法帖重版说明》，《晴山堂法帖》，中央文献出版社 2006 年版。

② 《书法艺术》1991 年第 4 期。

生命活力与张扬个性，令人耳目一新。①

夏国贤《徐霞客纪念馆与唐碑宋碣并重的晴山堂石刻》概述了《晴山堂石刻》的出现及意义，并对其中明代书家的优秀作品举例分析其特点。② 该作者另外两篇论文，一篇是《董其昌〈明故徐豫庵隐君暨配王孺人合葬墓志铭〉的书法艺术管窥》，以《晴山堂石刻》中的个案研究董其昌书法艺术，作者认为无论其文其字，都是颇为出彩的佳构。其字为行草书，潇散秀逸，点画精致，可见大家风范。是董氏文化素养与人格的一种折射。③ 另外一篇是《晴山堂石刻中卞荣的书法艺术及其他》，对明代文学家、诗人、书画家卞荣进行介绍，卞荣传世书法作品不多，《晴山堂石刻》存其行草书题诗残石。④

于曙光《对晴山堂法帖的重新估价》，提出晴山堂法帖是明代书坛的缩影，独具特色，且文学价值与书法价值俱佳；它刻制精良，多有精品，不同凡响。因此，晴山堂法帖不只是具有史料价值，其书法艺术价值应当再提高。⑤ 纪怀昌《浅谈〈晴山堂石刻〉书法神韵》，以《晴山堂石刻》中具体作品分析石刻所具有的丰富的力感、强有力的情感、自然而不加雕饰、言之不尽的味外之味等神韵表现。⑥

另一方面，关于《晴山堂石刻》的篆刻印章艺术研究，黄宝珉《试析晴山堂石刻的篆刻艺术及其流派》，该文详细研究《晴山堂石刻》的篆刻艺术，认为《晴山堂石刻》中177方印章，基本涵盖了整个明代篆刻的风格，有如下三种类型：一是继承汉代篆刻的规范并具有明代印风的作品占大多数；二是继承元代赵孟頫圆朱文篆刻流派的印章也不少；三是具有"吴门派"印风的作品也不少。《晴山堂石刻》的刻工水平极高是我们今天研究明代篆刻艺术的瑰宝，有很高的历史价值、文献价值和艺术价值。⑦ 此外，还有江桂苞《晴山堂石刻

---

① 《徐霞客研究文集》（纪念徐霞客诞生430周年暨江阴市徐霞客研究会成立30周年），古吴轩出版社2017年版。
② 《书法》2000年第5期。
③ 《徐霞客研究文集》，古吴轩出版社2017年版。
④ 《徐霞客研究文集》，古吴轩出版社2017年版。
⑤ 《徐霞客研究》第2辑，学苑出版社1998年版。
⑥ 《徐霞客研究》第2辑。
⑦ 《徐霞客研究文集》，古吴轩出版社2017年版。

诗文翰墨的落款及钤印》，该文对《晴山堂石刻》中文人学士署名落款三种方式举例分析，对所见印章的类型、内容分类枚举，从中研究明代文人学士的人文信息。① 蒋君慧的《晴山堂石刻中的圆朱文好印》则对《晴山堂石刻》中几方圆朱文佳作举例赏析。②

　　此外，《晴山堂石刻》的拓印出版也是"徐学"研究史上的大事。依据石刻的拓本《晴山堂法帖》共有两种版本，均是吕锡生、薛仲良两位"徐学"专家主编，一种是上海古籍出版社 1995 年出版，另一种是中央文献出版社 2006 年出版。两种法帖既是荟萃明代书法艺术的书法作品集，又是研究徐霞客及其家世的重要文献资料集。碑帖内容从明初洪武三年至明末崇祯五年，几乎汇集了整个明代书法家的作品。前一种版本，编者重新编目，并附有作者小传，书后附有张之纯、胡雨人的跋文；后一种版本的主要特色是编者在重新整理基础上，配上规范汉字相对照，并仿制《喻蜀归图》和《秋圃晨机图》以说明。当然，两种版本的《晴山堂法帖》并非完美无缺，相关论文对之进行了考证与补充，详见下文第三方面研究现状中所举。另外，有学者对两种版本的出版规制提出了一些问题与改进意见，认为作为书法研习意义上的法帖，两种版本未能尽如人意，因此期待《晴山堂石刻》原版规制的法帖面世。③

　　（二）保护与价值研究

　　这方面论文较早的有浦学森《妥善保存晴山堂帖之经过》，④ 此后，此类文章有数篇出现，主要阐述《晴山堂石刻》的保护历程。如，田柳《几经沧桑的书苑瑰宝〈晴山堂石刻〉》，介绍了《晴山堂石刻》的起始及其文学价值、史学价值和书法价值，并阐述了《晴山堂石刻》从明清战祸到新中国成立之前的历次劫难，以及新中国成立后政府对《晴山堂石刻》的恢复、保护和重建工作。⑤ 此外，相关论文还有唐汉章、刘正泉的《晴山堂与晴山堂石刻》⑥

---

① 《徐霞客研究文集》，古吴轩出版社 2017 年版。
② 《徐霞客研究文集》，古吴轩出版社 2017 年版。
③ 江桂苞：《〈晴山堂石刻〉出版规制之我见》，《徐霞客研究文集》。
④ 《无锡文博》1991 年第 1 期。
⑤ 《徐霞客研究》第 1 辑。
⑥ 《徐霞客研究》第 2 辑。

与陈泉兴、陈太平的《也说历经沧桑的晴山堂石刻》。①

另一类论文是对《晴山堂石刻》的内容价值进行研究，吕锡生的《吴地墨宝〈晴山堂石刻〉》，从诗文、书法两方面阐述了《晴山堂石刻》内容，并分析其特色，认为它不仅是明代书法大全，而且是一部完整的徐氏家族史。②薛仲良的《从晴山堂石刻到徐霞客游记碑刻》，以不同时期作品内容进行分类研究，并阐述江阴修复晴山堂、出版晴山堂法帖、兴建徐霞客游记碑廊的经过与贡献。③李宝根《晴山堂石刻的文史价值》则一方面论述了《晴山堂石刻》的诗文，体裁丰富，形式多样，语言文字简练，情景交融；另一方面指出《晴山堂石刻》提供了徐霞客生平的部分资料，记录了徐霞客父母的动人事迹，为后人研究徐氏家族的历史提供珍贵的资料。④唐汉章《拓展晴山堂石刻文化刍议》，作者拟定了现存《晴山堂石刻》中没有的文章，这些文章涵盖了石刻补遗，名人撰徐霞客传、志、铭、诗，徐霞客游记序跋，徐霞客诗作、题跋等。最终由当代书法名家书写，建成晴山堂碑刻文化园，提高徐霞客故居的文化内涵与文化品位。⑤

（三）内容考释与社会历史研究

这部分研究论文也可以分为两种类型。一是《晴山堂石刻》文字释读与考证类。如马莉《晴山堂法帖〈送徐生〉的释读校正》，针对出版的《晴山堂法帖》中宋濂的这篇《送徐生》进行断句校正，并做了题跋考析。⑥蒋君慧《〈晴山堂石刻〉释读商榷》一文，针对中央文献版《晴山堂法帖》释文提出商榷之处46条，并提出精拓精印、改进印刷建议。⑦夏咸淳《〈晴山堂石刻〉遗文钩沉》，以《晴山堂石刻》所遗5篇诗文为中心，进行展示与考释说明。⑧陈锡良《考说秋圃晨机图及其题咏》，对清初"奴变"中被毁的《晴山堂石

① 《徐霞客研究文集》，古吴轩出版社2017年版。
② 《江南论坛》1996年第2期。
③ 《徐霞客与中国旅游文化学术讨论会论文汇编》，2003年。
④ 《徐霞客研究文集》，江苏古籍出版社1997年版。
⑤ 《徐霞客研究文集》，古吴轩出版社2017年版。
⑥ 《徐霞客研究文集》，古吴轩出版社2017年版。
⑦ 《徐霞客研究》第31辑。
⑧ 《徐霞客研究》第33辑，地质出版社2017年版。

刻》上《秋圃晨机图》进行研究，研究的基础则是此图的题咏和相关资料，从而对《秋圃晨机图》的来龙去脉、作者、内容、款式、历史价值，进行综合性论述，指出此图形象地反映了千古奇人徐霞客典型的家庭生活场景，体现明末江南资本主义萌芽的典型生产场面。① 冯岁平《论〈晴山堂石刻〉的文字著录》，作者认为，作为珍贵的文献资料，《晴山堂石刻》从清代以降的各种文字著录推动了徐学发展，但是间有一些疵误，影响人们对它的认识，文章从金石学角度回顾其著录的历史，订正现行几种著录文献的漏误，如编排标准不一、石刻漏录、移植他处、文字误录等。② 蔡伯仁《关于徐霞客九鲤仙祠问母寿、晴山堂等问题的考辨》，考辨了徐霞客九鲤湖"祈梦祠中"的原意，并非"问母病"或"问母寿"，可能只是理解为徐霞客渴望见"奇"；关于"晴山堂"名之由来，作者认为，晴山堂乃"旧"堂，可能经过一番修葺而挂上新题"晴山堂"额而得名，并非另建"新"堂而名之曰"晴山堂"。另外，作者还对《晴山堂石刻》的残损程度分析，并非如有的文章所说那样毁损严重。③

　　吕锡生《从〈晴山堂石刻〉看徐霞客成材的家庭环境》，以《晴山堂石刻》资料为中心，研究明代名士为徐霞客及其先世题赠的珍贵墨宝《晴山堂石刻》所展示徐霞客成材的家庭环境。他指出，隐士世家，书香门第，祖上连续四世的科场悲剧，使其父彻底摆脱了科举的羁绊，徐霞客得以生活在一个读书环境和经济条件十分优越的家庭里，既无科举压力，又能阅读自己喜爱的书籍，而他所选择的不为生计的旅游考察祖国大地的理想，又为其父母所支持，使其能摆脱家务之累。这在传统社会家庭中是十分特殊的。④ 汪小玲《〈晴山堂法帖〉与徐氏家族"觞咏雅集"活动》，指出《晴山堂法帖》汇集了明代94件书法作品。这些作品的作者，声名显赫、地位非凡；从作品内容看，绝大多数是徐氏家族"觞咏雅集"的产物。徐氏"觞咏雅集"活动，是元明雅集风气盛行的结果：一方面，元明时期热衷雅集的政治家、文化人如杨维桢、倪瓒、杨士奇、杨荣、高启、徐贲、杨基、宋克等，直接参加了徐氏的雅集活

---

① 《徐霞客研究》第 26 辑，地质出版社 2013 年版。
② 《徐霞客研究》第 2 辑。
③ 《徐霞客逝世 360 周年纪念活动暨学术研讨会论文集》，2001 年。
④ 《苏州科技学院学报》（社会科学版）2007 年第 2 期。

动；另一方面，徐氏"觞咏雅集"表现出元、明雅集的新特点：既有"同题同调"，也有"异地同调"。① 万明发表的长篇论文《白银、性别与晚明社会变迁——以徐霞客家族为个案》认为，明代白银货币化深刻影响了社会变迁、国家转型和全球化开端时期中国与全球互动的历史进程，是全球史的一部分；同样，晚明社会性别也经历了一个转变的过程。通过选取徐霞客家族作为个案，利用明末徐霞客收集、刻石的徐氏家族《晴山堂石刻》（现存76块，94件诗文等士人名流墨迹），可以对于白银货币化影响下晚明社会性别的重塑、徐霞客的诞生，以及明末士人名流对于这种变化的认识作一初步探讨。尝试为探讨全球化开端时期白银货币化的深刻影响，以及晚明社会转型研究提供一种拓宽途径的新思路。为此，作者对《晴山堂石刻》内容进行还原式剖析，从实证层面揭示徐氏世家大族在晚明社会变迁中的重要变化：女性徐母作为纺织作坊经营者成为家族门户的主要支撑者，其子即明末著名地理学家徐霞客不同凡响的游历人生。并进一步探讨性别形象如何在当时男性士子话语中生成和得到评价。这有助于我们深入了解晚明社会转型中社会性别发生的变化，同时也为我们了解明末士人名流对于这种变化的认识提供了可靠的事实依据。②

由上述三方面《晴山堂石刻》的研究现状来看，在艺术价值、保护传承等方面研究较为充分，而书法、文章的个案研究还不充分，结合明清社会的研究更为不足，至于专著式的专题研究尚且没有，仅有资料、书法意义上的《晴山堂石刻》两次影印出版。从总体上看，相较于徐霞客与《徐霞客游记》等"徐学"其他诸多方面的研究现状，《晴山堂石刻》的研究还远远不够。因此，对于《晴山堂石刻》内容的整体与个案相结合的研究，书法艺术价值的深入挖掘与研究，《晴山堂石刻》内容与相关资料相结合的明清社会、江南社会与徐氏家族的研究还需要进一步开展。

二、《晴山堂石刻》的书法名家举要

《晴山堂石刻》是一部书法作品集，这部作品汇集了明代各个时期主要书

---

① 《中国书法》2016年第5期。
② 《北京大学学报》（哲学社会科学版）2018年第4期。

法名家。如，明初书坛著名的"三宋二沈"（宋璲、宋克、宋广、沈度、沈
粲）中，石刻作者中就有宋克、宋广、沈度3人。明代中期书法上的"吴门四
家"中，石刻中有两位：明代草书第一人祝允明、"明楷第一"的文徵明。另
外还有书法名家吴宽。明代晚期在书法成就上有重大突破，代表书法家是晚明
四大家董其昌、邢侗、米万钟、张瑞图，在《晴山堂石刻》中有董、米、张三
人。此外，石刻中还有明初解缙、明代中期的李东阳、明代后期的黄道周等文
人书法家。

（一）明代初期：宋克、宋广、沈度、解缙

从整个明代书坛来看，明初较为逊色，明代中期富有特色，明代后期则有
所突破创新。明初帖学盛行，官方书体"台阁体"成为书写规范，极为流行。
这种书体，工整拘谨，导致千人一面，缺乏生气。明初最著名的书法名家当属
宋克、沈度等人。

宋克，字仲温、克温，号南宫生，长洲（今江苏苏州市）人。少喜击剑走
马，任侠好客，后来"杜门染翰，日费十纸，遂以善书名天下"。对此，《明
史》称：

> ……博涉书史。少任侠，好学剑走马，家素饶，结客饮博。迨
> 壮，谢酒徒，学兵法，周流无所遇，益以气自豪。张士诚欲罗致之，
> 不就。性抗直，与人议论期必胜，援古切今，人莫能难也。杜门染
> 翰，日费十纸，遂以善书名天下。①

"三宋"之中，以宋克书法成就最高。其小楷，源出魏晋，深得钟、王之
法，古朴典雅。其章草，具古人笔法，浑厚严密，为明代第一。其狂草，豪放
多姿，自成一派。《晴山堂石刻》中有宋克题诗《送徐本中》，这是一幅章草
书法，也是宋克最擅长的书体，可见通篇古朴典雅，清峭劲拔，圆融洒脱。

宋广，字昌裔，河南南阳人。草书宗张旭、怀素，笔法飘逸。《明史》在
《宋克传》中称宋广"亦善草书"，并称"二宋"。《晴山堂石刻》中有宋广题

---

① 《明史》卷285，列传173《文苑一》，第7331页。

诗《送徐本中》，草书婉丽流畅，气势纵横。

"三宋"均由元入明，主要活动于洪武时期，虽然他们所擅长的书体有所不同，风格上也有所区别，但总体上呈现出元代书家的娴熟技巧与典雅风韵之气息，仍然是元代书风的自然延续，虽然有一定的创新性，但是还不足以与元人抗衡。不过，"三宋"将草书写得"俊放"，并涉及狂草，使得草书在明代前期成为一时之风气，为整个明代草书的发展奠定了良好的基础，使之具备了元代所没有的气魄。①

沈度，字民则，号自乐，松江华亭（今属上海）人。明成祖时，他以善书应诏中书舍人，深得成祖喜爱，称其为"我朝王羲之"。沈度历任翰林典籍、修撰、侍讲学士，名声显赫，朝野争相效仿。擅楷、隶、行、草，尤工小楷。其小楷工整精致、流畅秀丽。这种小楷特点，标志着"台阁体"由此形成。

所谓台阁，本为尚书的别称。明初官僚中形成的歌功颂德、典雅工丽的文风，称为"台阁体"。反映在书法上，以字体工整秀丽为标准，主要指以宫廷中的中书舍人为主的御用书家的书法。"台阁体"注重书法的形态，字形端庄，笔法遒美，强调法度。这种书体是明初书坛的主体，从永乐到成化年间，流行近一个世纪。"二沈"（沈度、沈粲）是"台阁体"的代表人物。

据《明史·职官志》记载，洪武七年（1374年）始设直省舍人，隶属中书省，秩从八品。洪武九年（1376年）改直省舍人为中书舍人，并改为正七品。以后建文、永乐、宣德几朝统治机构屡有变更，除建文年间革除中书舍人一职改为侍书外，始终未废中书舍人之设制。由于中书舍人在洪武初曾隶属中书省，后来才主要承办内阁或皇帝直接吩咐的缮写事务，而唐宋以后中书省曾取代尚书省，汉代称尚书为"台阁"；又由于明代中书舍人的书法，有一定的体格、风貌，所以后人便用中书舍人所在的官署古名，称其书法为"台阁体"。清康熙官修《佩文斋书画谱》记载洪武朝中书舍人有十余人，至永乐朝骤增至三四十人，宣德朝以后逐渐锐减，至崇祯时仍有中书舍人的设置。中书舍人有从进士举人选拔也有从善书者中直接选拔，后一类成为"台阁体"的主力军。

"台阁体"尤其注重书法的形态美以粉饰太平歌功颂德。表现为字形端庄

---

① 黄剑：《名作的中国书法史》，复旦大学出版社2008年版，第242页。

雍容，笔法婉丽遒美，强调规矩法度等特点。这就要求书家必须具备娴熟的技艺，但又不得任意发挥而流露出更多的个性，使得"台阁体"在诞生之初便注定了难以摆脱形式化和模式化的命运。需要说明的是，"台阁体"书法并不仅限于中书舍人等御用书家之作品，也包括当时阁僚大臣们同声相呼的书法。同时由于科举制度对举国士人广泛的规导作用，以及明初专制的文化政策，"台阁体"书法曾普遍流行于明初的朝野间，并且还不仅仅指楷书一体，也包括能够反映其基本特点与艺术风貌的各体书法的作品。可以说，"台阁体"书法是明初书法的主体，由永乐绵延至成化年间，接近一个世纪，其风靡时间之长、范围之广，远远超越唐、宋时代的"院体"书法。永乐年间为"台阁体"的鼎盛时期，在这期间，"台阁体"书法不仅占据了当时书坛的主流地位，并且这一书风的代表人物即号称"二沈"的沈度、沈粲兄弟，也主要活动于这一时期。①

　　明人论"二沈"书法言："国初诸公尽有善书者，但非法书家耳。其中惟吾松二沈，声誉藉甚，受累朝恩宠。然大沈正书仿陈谷阳，而失之于软；沈民望草书学素师，而笔力欠劲，章草宗宋克而乏古意。"② 清人评价"台阁体"则曰："今楷书之匀圆丰满者，谓之馆阁体，类皆千手雷同。乾隆中叶后，四库馆开，而其风益盛。然此体唐宋亦有之。段成式《酉阳杂俎》诡习内载有官楷手书《沈括笔谈》云：三馆楷书不可谓不精不丽，求其佳处，则死无一笔是矣。窃以谓此种楷法为书手则可，士大夫亦从而效之，何耶？清朝若沈文恪、姜西溟之在圣祖时，查詹事、汪中允、陈弈禧之在世宗时，张文敏、汪文端之在高宋时，庶几卓尔不群矣。至若梁文定、彭文勤之楷法，则又昔人所云堆墨书矣！"③

　　沈度与其弟沈粲，号称"大小学士"，并称"二沈"。《明史》称："兄弟皆善书，度以婉丽胜，粲以遒逸胜。"又曰：

　　……度博涉经史，为文章绝去浮靡。洪武中，举文学，弗就。坐

---

　　① 《名作的中国书法史》，第243—244页。
　　② ［明］何良俊：《四友斋书论》，上海古籍出版社2012年版，第28页。
　　③ ［清］倪后瞻：《书法秘诀》，北京燕山出版社1987年版，第23—24页。

累谪云南，岷王具礼币聘之，数进谏，未几辞去。都督瞿能与偕入京师。成祖初即位，诏简能书者入翰林，给廪禄，度与吴县滕用亨、长乐陈登同与选。是时解缙、胡广、梁潜、王琏皆工书，度最为帝所赏，名出朝士右。日侍便殿，凡金版玉册，用之朝廷，藏秘府，颁属国，必命之书。遂由翰林典籍擢检讨，历修撰，迁侍讲学士。粲自翰林待诏迁中书舍人，擢侍读，进阶大理少卿。兄弟并赐织金衣，镂姓名于象简，泥之以金。赠父母如其官，驰传归，告于墓。

昆山夏㫤者，字孟旸，与其弟昶以善书画闻，同官中书舍人，时号大小中书，而度、粲号大小学士。

度性敦实，谦以下人，严取与。有训导介其友求书，请识姓字于上。度沈思曰："得非曩讦奏有司者耶？"遽却之。其友固请，终不肯书姓名。其在内廷备顾问，必以正对……①

沈度是明代初期"台阁体"的代表人物。《明史》之《职官》在记述"中书舍人"等官职沿革时曰："楷书出身者，或加太常卿衔，沈度、沈粲、潘辰等有加至翰林学士、礼部尚书者。"② 可见，明初朝廷对沈度等书家的重视。

《晴山堂石刻》中有沈度题诗《题退庵》，这是一幅小楷书体，简洁平和，端正雍容，姿态婉丽，是"台阁体"的典型作品。

解缙，字大绅、缙绅，号春雨，江西吉水人。洪武二十一年（1388 年）进士。学识渊博，才华横溢，为人刚直，不畏权贵，因多次上疏针砭时弊，最终遭人陷害，惨死狱中。官至翰林学士，主修我国最大的类书、百科全书《永乐大典》。《明史》有载：

缙幼颖敏，洪武二十一年举进士。授中书庶吉士，甚见爱重，常侍帝前。一日，帝在大庖西室，谕缙："朕与尔义则君臣，恩犹父子，当知无不言。"缙即日上封事万言……

---

① 《明史》卷286，列传174《文苑二》，第7339页。
② 《明史》卷73，志50《职官三》，第1809页。

成祖入京师，擢侍读。命与黄淮、杨士奇、胡广、金幼孜、杨荣、胡俨并直文渊阁，预机务。内阁预机务自此始。寻进侍读学士，奉命总裁《太祖实录》及《列女传》。书成，赐银币……

缙少登朝，才高，任事直前，表里洞达。引拔士类，有一善称之不容口。然好臧否，无顾忌，廷臣多害其宠。又以定储议，为汉王高煦所忌，遂致败。先是，储位未定，淇国公邱福言汉王有功，宜立。帝密问缙。缙称："皇长子仁孝，天下归心。"帝不应。缙又顿首曰："好圣孙。"谓宣宗也。帝颔之。太子遂定。高煦由是深恨缙。会大发兵讨安南，缙谏。不听。卒平之，置郡县。而太子既立，又时时失帝意。高煦宠益隆，礼秩逾嫡。缙又谏曰："是启争也，不可。"帝怒，谓其离间骨肉，恩礼浸衰。四年，赐黄淮等五人二品纱罗衣，而不及缙。久之，福等议稍稍传达外廷，高煦遂谮缙泄禁中语。明年，缙坐廷试读卷不公，谪广西布政司参议。既行，礼部郎中李至刚言缙怨望，改交阯，命督饷化州。

永乐八年，缙奏事入京，值帝北征，缙谒皇太子而还。汉王言缙伺上出，私觐太子，径归，无人臣礼。帝震怒。缙时方偕检讨王偁道广东，览山川，上疏请凿赣江通南北。奏至，逮缙下诏狱，拷掠备至。词连大理丞汤宗，宗人府经历高得抃，中允李贯，赞善王汝玉，编修朱纮，检讨蒋骥、潘畿、萧引高并及至刚，皆下狱。汝玉、贯、纮、引高、得抃皆瘐死。十三年，锦衣卫帅纪纲上囚籍，帝见缙姓名曰："缙犹在耶？"纲遂醉缙酒，埋积雪中，立死。年四十七。籍其家，妻子宗族徙辽东……

正统元年八月，诏还所籍家产。成化元年，复缙官，赠朝议大夫。始缙言汉王及安南事得祸。后高煦以叛诛。安南数反，置吏未久，复弃去。悉如缙言。①

解缙以文名，其文典雅奇古，闻名于当世。其书小楷精绝，行、草皆佳。

① 《明史》卷147，列传35《解缙传》，第4115—4122页。

《晴山堂石刻》中有解缙题诗《题心远先生喻蜀归图》，为行书作品，劲拔矫健，流畅生动。

（二）明代中期：祝允明、文徵明、吴宽、李东阳

明代中期，随着经济文化的日渐繁荣，在江南地区形成了以苏州为中心的吴门书派和吴门画派，其中以"吴中四家"即祝允明、文徵明、王宠、陈道复为代表人物，他们突破"台阁体"的局限，创新书法，形成"天下法书归吾吴"之局面，对后世影响极大。

祝允明，字希哲，号枝山，长洲（今江苏苏州市）人。五岁能书大字，九岁能诗。弘治五年（1492年）中举后久试不第。正德九年（1514年）授为广东兴宁县知县，后为应天府（今南京市）通判。不久称病回乡。能诗文，工书法；真、行、草各体皆精，尤擅草书，被称为"明代草书第一人"。其书集众家之长，上追魏晋宋元，广涉博览，自成一家。小楷用笔浑厚，得力于钟王，浑朴厚重，又潇洒飘逸，富有新意。其草书，风骨烂漫，纵逸豪迈，享誉极高，称为吴门书坛的领袖人物，对晚明书法有着深远的影响。《明史》载曰：

……允明以弘治五年举于乡，久之不第，授广东兴宁知县。捕戮盗魁三十余，邑以无警。稍迁应天通判，谢病归。嘉靖五年卒。

允明生而枝指，故自号枝山，又号枝指生。五岁作径尺字，九岁能诗，稍长，博览群集，文章有奇气，当筵疾书，思若涌泉。尤工书法，名动海内。好酒色六博，善新声，求文及书者踵至，多赂妓掩得之。恶礼法士，亦不问生产，有所入，辄召客豪饮，费尽乃已，或分与持去，不留一钱。晚益困，每出，追呼索逋者相随于后，允明益自喜。所著有诗文集六十卷，他杂著百余卷。子续，正德中进士，仕至广西左布政使。①

祝允明，与唐寅、文徵明、徐祯卿并称"吴中四才子"，在绘画上与沈周、唐寅、仇英并称"吴门四家"，在书法上与文徵明、王宠、陈道复并称"吴中

---

① 《明史》卷286，列传174《文苑二》，第7352页。

四大家"。因此，祝允明名动海内。明人著作《书法离钩》评论祝允明之书曰："祝希哲京兆，少年楷法自元常、二王至吴兴，行草则大令、狂素、颠旭至李、米、苏、黄，靡不临写工绝；晚节变化，不可端倪，风骨烂漫，天真纵逸，足配吴兴。"①

《晴山堂石刻》中有祝允明《中翰徐公赞》，为小楷作品，典雅秀丽，气韵生动，自然流畅，既有晋唐楷书风范，又有行书笔意。

文徵明，初名璧，以字行，更字徵仲，别号衡山，长洲（今江苏苏州市）人。曾十次参加乡试均不中。嘉靖三年（1523年），被举荐为翰林院待诏，故人称"文待诏"。后辞官返乡，以诗文书画为生。文徵明学书刻苦，擅真、行、草、隶诸体，尤其以小楷、行书为精，人称"明代小楷第一"。《明史》载曰：

> 徵明幼不慧，稍长，颖异挺发。学文于吴宽，学书于李应祯，学画于沈周，皆父友也。又与祝允明、唐寅、徐祯卿辈相切劘，名日益著。其为人和而介。巡抚俞谏欲遗之金，指所衣蓝衫，谓曰："敝至此邪？"徵明佯不喻，曰："遭雨敝耳。"谏竟不敢言遗金事。宁王宸濠慕其名，贻书币聘之，辞病不赴。

> 正德末，巡抚李充嗣荐之，会徵明亦以岁贡生诣吏部试，奏授翰林院待诏。世宗立，预修《武宗实录》，侍经筵，岁时颁赐，与诸词臣齿。而是时专尚科目，徵明意不自得，连岁乞归。

> ……徵明乞归益力，乃获致仕。四方乞诗文书画者，接踵于道，而富贵人不易得片楮，尤不肯与王府及中人，曰："此法所禁也。"周、徽诸王以宝玩为赠，不启封而还之。外国使者道吴门，望里肃拜，以不获见为恨。文笔遍天下，门下士赝作者颇多，徵明亦不禁。嘉靖三十八年卒，年九十矣。长子彭，字寿承，国子博士。次子嘉，字休承，和州学正。并能诗，工书画篆刻，世其家。彭孙震孟，自有传。

> 吴中自吴宽、王鏊以文章领袖馆阁，一时名士沈周、祝允明辈与

① ［明］潘之淙：《书法离钩》卷7，浙江人民美术出版社2019年版，第97页。

并驰骋，文风极盛。徵明及蔡羽、黄省曾、袁衮、皇甫冲兄弟稍后
出。而徵明主风雅数十年，与之游者王宠、陆师道、陈道复、王谷
祥、彭年、周天球、钱谷之属，亦皆以词翰名于世。①

可见，文徵明书法，名动海内，甚至海外日本、朝鲜也藏其墨迹。故《明
史》也称其"主风雅数十年"，且在"王稚登传"中亦言："吴中自文徵明后，
风雅无定属。稚登尝及征明门，遥接其风，主词翰之席者三十余年。"② 他的
弟子之中，书法成就最大的有王宠等人。

《晴山堂石刻》中有文徵明《内翰徐公像赞》，为文氏相对来说"不太擅
长"的隶书，其书以行草入隶，书风稳重，秀劲丰润，韵味十足，别具风貌。
石刻中另有吴宽所撰《明故乡贡进士徐君（元献）墓志铭》，为文徵明重录，
采用的是他擅长的小楷书体，通篇作品法度谨严，典雅精致，气韵灵动。

吴宽，字原博，号匏庵，长洲（今江苏苏州市）人。明代成化八年（1472
年）状元，会试、廷试皆第一，授翰林修撰。孝宗即位，以旧学迁左庶子，预
修《宪宗实录》，进少詹事兼侍读学士，官至礼部尚书。年七十，数引疾，辄
慰留，竟卒于官。赠太子太保，谥文定。吴宽为人清正高洁，诗文书画皆精，
尤擅行书。其书源自苏轼，流丽劲健，意趣盎然。《明史》评之曰："宽行履高
洁，不为激矫，而自守以正。于书无不读，诗文有典则，兼工书法。有田数
顷，尝以周亲故之贫者。友人贺恩疾，迁至邸，旦夕视之。恩死，为衣素
一月。"③

南京艺术学院的研究生周琴在其硕士学位论文《吴宽书学思想探微》中，
通过深入分析吴宽书学思想，阐释其意义和价值，进而指出：

> 作为吴门书派先导之一的吴宽，在台阁书风风靡的时代，能不为
> 时风所囿，崇尚学古以纠时弊，借古以开今，是具有一定历史意义
> 的。他和同时期吴门其他一些书家徐有贞、李应祯、沈周、王鏊等人

---

① 《明史》卷287，列传175《文苑三》，第7362—7363页。
② 《明史》卷288，列传176《文苑四》，第7389页。
③ 《明史》卷184，列传72《吴宽传》，第4884—4885页。

在书学思想上绝去近人蹊径而追踪溯源，提倡师古，在书法实践上则以古代先贤为师法对象特别是开始对宋人的取法，在当时是具有引领性的。①

《晴山堂石刻》中有吴宽所撰《明故乡贡进士徐君（元献）墓志铭》，本文为小楷，工整秀丽，堪称书法佳作。

李东阳，字宾之，号西崖，茶陵人，以戍籍居京师。《明史》称其四岁能作径尺书，"景帝召试之，甚喜，抱置膝上，赐果钞。后两召讲《尚书》大义，称旨，命入京学。天顺八年，年十八，成进士，选庶吉士，授编修。累迁侍讲学士，充东宫讲官。"又曰：

> 东阳事父淳有孝行。初官翰林时，常饮酒至夜深，父不就寝，忍寒待其归，自此终身不夜饮于外。为文典雅流丽，朝廷大著作多出其手。工篆隶书，碑版篇翰流播四裔。奖成后进，推挽才彦，学士大夫出其门者，悉粲然有所成就。自明兴以来，宰臣以文章领袖缙绅者，杨士奇后，东阳而已。立朝五十年，清节不渝。既罢政居家，请诗文书篆者填塞户限，颇资以给朝夕。一日，夫人方进纸墨，东阳有倦色。夫人笑曰："今日设客，可使案无鱼菜耶？"乃欣然命笔，移时而罢，其风操如此。②

《明史》另传又言："世宗为世子时，献王尝言楚有三杰：刘大夏、李东阳及一清也，心识之。"③看来明世宗的生父献王认为李东阳是楚地三杰之一。又《程敏政传》中有曰："翰林中，学问赅博称敏政，文章古雅称李东阳，性行真纯称陈音，各为一时冠。"④以文章古雅称赞李东阳。

李东阳工篆隶，笔力劲健，小篆清劲浑厚，隶书胜于真、行、草。《晴山

---

① 周琴：《吴宽书学思想探微》，南京艺术学院硕士学位论文，2014 年 3 月，第 14 页。

② 《明史》卷 181，列传 69《李东阳传》，第 4824—4825 页。

③ 《明史》卷 198，列传 86《杨一清传》，第 5229 页。

④ 《明史》卷 286，列传 174《文苑二》，第 7343 页。

堂石刻》中有李东阳两幅作品:《寿中书舍人徐君(颐)六十序》和《明故中书舍人徐君(颐)墓志铭(文壁重录)》,一序一铭,字数较多。后者系文壁(文徵明)重录,从书法上来看,这应该算作文徵明的书法作品了。前篇序文,600多字,行书,流畅清秀,颇具二王行书风貌,为李东阳的书法精品。

(三)明代后期:董其昌、米万钟、张瑞图、黄道周

明朝后期,与封建正统思想相左的"异端"思想兴起,社会各个层面都经历着剧烈变化,不同思想流派与学派提出各自主张,提倡个性自由。在这种思想界大变革之际,南方地区产生了以董其昌为代表、以江南松江地区为核心的云间书派,追求一种超然而空灵的书法意境。另外,徐渭、张瑞图等书法家则以狂放而张扬的个性,体现其强烈的个性和创新。在书法领域的这些变化,标志晚明书坛在创新变革中迎来了书法高潮。董其昌等人的书法,还得到了后来清初帝王的青睐,他们对其后300年中国书法史产生了重要影响。

董其昌,字玄宰,号思翁、思白、香光居士,松江华亭(今属上海市)人。万历十七年(1588年)进士,历任翰林院编修、太常寺少卿、礼部侍郎、南京礼部尚书等。崇祯四年(1631年)起故官,掌詹事府事。居三年,崇祯七年屡疏乞休,诏加太子太保,准予致仕。董其昌才溢文敏,工诗文、通禅理、能书画、精鉴藏。《明史》评价曰:

> 其昌天才俊逸,少负重名。初,华亭自沈度、沈粲以后,南安知府张弼、詹事陆深、布政莫如忠及子是龙皆以善书称。其昌后出,超越诸家,始以宋米芾为宗。后自成一家,名闻外国。其画集宋、元诸家之长,行以己意,洒洒生动,非人力所及也。四方金石之刻,得其制作手书,以为二绝。造请无虚日,尺素短札,流布人间,争购宝之。精于品题,收藏家得片语只字以为重。性和易,通禅理,萧闲吐纳,终日无俗语。人儗之米芾、赵孟頫云。同时以善书名者,临邑邢侗、顺天米万钟、晋江张瑞图,时人谓邢、张、米、董,又曰南董、北米。然三人者,不逮其昌远甚。①

---

① 《明史》卷288,列传176《文苑四》,第7397页。

董其昌在书法上自成一派，是晚明四大家之一，而上述材料中认为晚明四大家中，另外三家远远不及董其昌。清人评董其昌书法曰："祝、文、董并称。董蕴藉醇正，高出余子。祝气骨过董，而落笔太易，运笔微硬，逊董一格。文书整齐，少嫌单弱，而温雅圆和，自属有养之品……董元宰、张得天直接书统，卓然大家。"①

董其昌少时，在松江府学会考中，曾因字拙而被降为第二，自此发愤临池："吾学书在十七岁时。先是吾家仲子伯长名传绪，与余同试于郡。郡守江西袁洪溪，以余书拙，置第二。自是始发愤临池矣。初师颜平原《多宝塔》，又改学虞永兴。以为唐书不如晋魏，遂仿《黄庭经》及钟元常《宣示表》《力命表》《还示帖》《丙舍帖》。凡三年，自谓逼古，不复以文徵仲、祝希哲置之眼角。乃于书家之神理，实未有入处，徒守格辙耳。比游嘉兴，得尽睹项子京家藏真迹，又见右军《官奴帖》于金陵，方悟从前妄自标许，譬如香严和尚，一经洞山问倒，愿一生做粥饭僧。余亦愿焚笔研矣。然自此渐有小得。今将二十七年，犹作随波逐浪书家，翰墨小道，其难如是，何况学道乎？"同样在《画禅室随笔》中"评法书"他自称："余十七岁时学书。初学颜鲁公《多宝塔》，稍去而之钟王，得其皮耳。更二十年，学宋人，乃得其解处。"又自评其书曰：

> 余性好书，而懒矜庄，鲜写至成篇者，虽无日不执笔，皆纵横断续，无伦次语耳。偶以册置案头，遂时为作各体，且多录古人雅致语，觉向来肆意，殊非用敬之道。然余不好书名，故书中稍有淡意，此亦自知之。若前人作书不苟且，亦不免为名使耳。
>
> 吾书无所不临仿，最得意在小楷书，而懒于拈笔。但以行草行世，亦都非作意书，第率尔酬应耳。若使当其合处，便不能追踪晋宋，断不在唐人后乘也。②

---

① ［清］梁巘：《承晋斋积闻录》，上海书画出版社 1984 年版，第 65 页。
② ［明］董其昌：《画禅室随笔》卷 1，历代艺术史料丛刊·书画编，华东师范大学出版社 2012 年版，第 7 页。

董其昌书法以行、草最为精妙，其书圆润劲秀、平淡古朴、流畅遒美，有"颜骨赵姿"之称。对晚明乃至后世书坛影响深远。

《晴山堂石刻》中收录董其昌的《明故徐豫庵隐君暨配王孺人合葬墓志铭》，行书清秀灵动、风骨俊逸，体现了董书的典型特色，可以称其为董其昌行书代表作之一。

米万钟，字仲诏，号友石，陕西安化（今属甘肃省）人，寓居燕京（今北京）。万历二十三年（1595年）进士。历官江西按察使。天启五年（1625年），魏忠贤党倪文焕劾之，遂削籍。崇祯初，起太仆少卿，卒官。好石成癖，一生收藏了大量奇石。明代著名书画家，行草得米芾法，其书与董其昌齐名，时有"南董北米"之誉。《晴山堂石刻》中收录米万钟《祝徐太君寿诗》一首，行草书朴茂丰劲，颇具米（芾）字风范。

张瑞图，字长公，号二水，又号果亭山人，福建晋江人。官至礼部尚书、大学士，投靠阉党，天启年间，魏忠贤生祠遍天下，其碑文多出自张瑞图之手。《明史》称其为"逆案中人也"。① 崇祯年间，张瑞图被流放三年，后赎为民，以诗书画自娱，居于乡里，为书法晚明四大家之一。张瑞图擅长行草书，其创新在于以侧锋翻折代替历代草书家的圆转取势的笔法，锋芒毕露，方折显著，侧重横势，布局具有很强的节奏感。清人评价这一时期书法曰："明季书学竞尚柔媚，至王（铎）、张（瑞图）二家力矫积习，独标气骨，虽未入神，自是不朽。"②

中国美术学院博士盛郁龙在其专门研究张瑞图书法的博士学位论文中，对于张瑞图形成独特个性书风即章草与今草的有机融合的原因进行分析。他认为，张瑞图章草与大草有机融合的个性书风是沿着元代以来章草、今草相融合的趋势，既破了前人草书以使转为形质的笔墨规律，又融合了元代以来楷书方笔书写章草的方法，形成了以章草笔势横向发展和今草上下连绵不断的大草书风，又以方折的用笔方式形成独具个性的笔墨程式，从而形成了强烈的个人风格。他的行书风格的主要成因还是来自楷书的结构与书写时笔势的上下连贯。

---

① 《明史》卷288，列传176《文苑四》，第7397页。

② ［清］梁巘：《承晋斋积闻录》，第66页。

可以说其早年的楷书、章草等书体的临摹学习为其日后的诸体融合打下了基本功，也可以说张瑞图以阳明学以及其后学的思想解放精神冲破了唐代以来以二王为核心的帖学道统，打开了书法取法的视野，又以佛家参悟的方法在书体上打破了楷书、章草、今草、行书等书体之间的壁垒，将其有机融合在一起，形成了章草、今草、楷书、行书等各种书体有机融合的一种融合体。他的书风可以说是明末政治上内忧外患、党争不断，思想上禅宗和阳明心学及其末流狂禅思想交叉影响下心灵扭曲而又开放的状态下的一个典型书风。①

《晴山堂石刻》中有张瑞图的《观秋圃晨机图诗》，这是他的一幅难得一见的小楷作品，结体出自钟繇，而意趣盎然。

黄道周，字幼平，号石斋，福建漳浦人。天启二年（1622年）进士。改庶吉士，授编修，为经筵展书官。《明史》称："道周以文章风节高天下，严冷方刚，不谐流俗。公卿多畏而忌之，乃藉不如郾语为口实。"他曾上疏30多次弹劾阉党，也因此屡遭贬谪。南明弘光朝时官至礼部尚书，南明败亡后，他继续坚持抗清斗争，被俘后于顺治三年（1646年）在南京从容就义。黄道周学问渊博，《明史》称："道周学贯古今，所至学者云集。铜山在孤岛中，有石室，道周自幼坐卧其中，故学者称为石斋先生。精天文历数皇极诸书，所著《易象正》《三易洞玑》及《太函经》，学者穷年不能通其说，而道周用以推验治乱。"②

黄道周工书画，其书法既能入古，又有创新，以小楷、行草著名，楷书尤精。《晴山堂石刻》中收录黄道周两篇书法作品，即《同徐振之泛舟洞庭即席分韵共赋》和《灯下依韵和徐振之》这两首诗。这两则书作均为小楷精品，刚劲中蕴含秀润，不落流俗；楷法遒劲，直逼钟（繇）、王（羲之）；结字较宽扁，用笔简洁明快。宋荦在《漫堂书画跋》里赞曰："意气密丽，如飞鸿舞鹤，令人叫绝。"现代书法大家沙孟海在其《近三百年的书学》这样评价黄道周：

---

① 盛郁龙：《张瑞图书法研究》，中国美术学院博士学位论文，2017年3月，第94—95页。

② 《明史》卷255，列传143《黄道周传》，第6601页。

　　明季书家，可以夺王铎之席的，只有黄道周。黄道周学问品格，皆第一流。他对于书法，要在二王以外另辟一条路径出来。他大约看厌了千余年来陈陈相因的字体，所以会发这个弘愿。我们看了郑杓的《书法流传图》，便见到羊欣、王僧虔以下的历代许多书家都是王羲之一本相传的。王羲之的字，直接受自卫家，间接是学钟繇的，图中对于钟繇系下，除却他的儿子和外甥外，更没有嫡传的人。黄道周便大胆地去远师钟繇，再参入索靖的草法。波磔多，停蓄少；方笔多，圆笔少。所以他的真书，如断崖峭壁，土花斑驳；他的草书，如急湍下流，被咽危石。前此书家，怕没有这个奇景罢。①

　　当然，黄道周一生以社稷为重，忙于政治和军务等，在书法上并没有投入更多的精力。

　　以上重点分析了见于《晴山堂石刻》之中的、明代不同时期具有影响力的著名书法家。其中包括明初宋克、沈度等，明中期"吴门书派"之祝允明、文徵明等，明后期董其昌、张瑞图等。对于这些卓有成就的书法大家，徐霞客或收藏其手迹，或与之交往，这样一方面，足见徐霞客本人的书法修养，另一方面徐霞客所搜集并请人镌刻的《晴山堂石刻》保存了诸多名家的文章、书法，功莫大焉。正因为如此，《晴山堂石刻》不仅是一部文集、资料集，更是一部极具价值的明代书法集。

三、《徐霞客游记》记载的书法碑刻

　　徐霞客不仅是杰出的地理学家、文学家、历史学家，在科学考察上取得卓越的成就，同时他在书法上也有很深的造诣。徐霞客出身于书香门第，并与倪瓒、杨维桢、宋濂、唐寅、祝允明等一大批书画家交往，使得他耳濡目染，具有较高的书法水平。徐霞客对历代碑刻与先贤手迹，尤其宋元名家手迹，均喜欢研究揣摩。《徐霞客游记》记载了徐霞客大量考察的各类碑刻，据估计，游

---

① 沙孟海：《近三百年的书学》，《沙孟海论书丛稿》，上海书画出版社1987年版，第36页。

记中涉及徐霞客考察碑刻活动的天数有 150 多天，考察碑刻的具体地点有 160 多处，徐霞客考察过的或有明确记录的碑刻作品有 220 多块。①

（一）书法名家交往

作为明代传统文人，徐霞客遍览各种典籍，具有深厚的传统文化功底，并与同时代许多文人交往，收藏、阅览各种书籍手札。从《楚游日记》记载徐霞客与静闻遇盗，衣物书籍等几乎被抢被毁一空，徐霞客捶胸顿足之情跃然纸上：

> 静闻见余辈赤身下水，彼念经笈在篷侧，遂留，舍命乞哀，贼为之置经。及破余竹撞，见撞中俱书，悉倾弃舟底。静闻复哀求拾取，仍置破撞中，盗亦不禁。撞中乃《一统志》诸书，及文湛持、黄石斋、钱牧斋与余诸手柬，并余自著日记诸游稿。惟与刘愚公书稿失去。继开余皮厢，见中有尺头，即阄置袋中携去。此厢中有眉公与丽江木公叙稿，及弘辨、安仁诸书、与苍梧道顾东曙辈家书共数十通，又有张公宗琏所著《南程续记》，乃宣德初张侯特使广东时手书，其族人珍藏二百余年，予苦求得之。外以庄定山、陈白沙字裹之，亦置书中。静闻不及知，亦不暇乞，俱为携去，不知弃置何所，真可惜也。又取余皮挂厢，中有家藏《晴山帖》六本、铁针、锡瓶、陈用卿壶，俱重物，盗入手不开，亟取袋中。破予大笥，取果饼俱投舡底，而曹能始《名胜志》三本、《云南志》四本及《游记》合刻十本，俱焚讫。其艾舱诸物，亦多焚弃。②

从这段文字中也可以看出徐霞客接触、交往的文人雅士甚多，霞客随身携带可供随时交流、阅读的书籍文稿，有方志、文集、笔记、石刻拓本，更有珍贵的手柬、书稿等。当然，此次遇盗，徐霞客所携书籍、手稿大多被抢或被焚毁，因此徐霞客叹曰："真可惜也。"

---

① 汪小玲：《徐霞客的古碑情》，《徐学研究》2012 年 12 月。
② 《徐霞客游记》，第 203—204 页。

在一次次出游科考过程中，徐霞客遍览名碑，广交书画名士，并且请人镌刻《晴山堂石刻》，其中有 80 多位书画名人的作品 90 多篇。名迹荟萃，精彩纷呈，堪称是一部绝佳的明代书法作品集。当然，徐霞客并没有将自己的大部分精力投入到书法艺术中，否则他在书法艺术上应该会取得更大的成就。今天，我们从徐霞客唯一传世的书法手迹《赠鸡足山僧妙行七律二首》可见其淡雅脱俗、端庄秀丽的书法特色。诗与序共 150 余字，字字珠玉，内容极富禅意。徐霞客的书法成就与他家学渊源、遍访古迹、结交书画名家分不开的。

徐霞客结交诸多明代书画名家。如文震孟，为明代大书画家文徵明的后裔，家藏墨宝丰富，这必然对徐霞客产生深刻的影响。徐霞客还与黄道周、钱谦益、陈继儒、高攀龙、缪昌期等交往，由此，他能够方便地览遍友人们的家藏墨迹，这无疑也会对徐霞客自身的书法艺术产生积极影响。

徐霞客与黄道周数次相见，黄道周曾以小楷书赠徐霞客一首七言诗，其书点画精到，章法奇巧，清雅空灵。徐霞客对之爱不释手，随身携带，甚至在此后的游历途中，徐霞客常常在余暇之际展读，心追手摹。陈继儒是对徐霞客书法产生较大影响的又一位明代著名学者、书画家。陈继儒的家藏十分丰富，徐霞客在陈家遍览其家藏秘本、手札、尺牍，尤其是唐宋以来名人手迹。①

在出游途中，徐霞客与闪智愿、严似祖、何凤鸣、刘陶石等人赏玩书画珍品，具有很高的书画鉴赏能力。在《粤西游日记》中，徐霞客记载初九日上午，"市扇欲书《登秀诗》赠绀谷、灵室二僧，扇无佳者"。初十日下午，"遂同静闻以所书诗扇及岳茗赍送绀谷"。②《粤西游日记》还记载了徐霞客与周文韬的艺术交往情况，为此徐霞客直到傍晚才返回住所：

> 初八日上午，周文韬复以黄君手束至……下午，文韬复来引见于后堂，执礼颇恭，恨相见晚……余因以囊中所存石斋翁石刻并湛持翁手书示之，彼引余瞻钦锡奖额，上书"钦命嘉奖"四字，乃崇祯八年十月十五日为加参将向武知州黄绍伦立。时额新装，悬于高楣，以重

---

① 蒋瑾琦：《略论徐霞客的书法艺术及其成因》，《书法艺术》1997 年第 4 期。
② 《徐霞客游记》，第 308—311 页。

席袭护，悉命除去，然后得见。久之返寓，日将晡矣。①

《滇游日记》又载，徐霞客对唐大来因赡养母亲而不受选贡及其书画造诣的赞扬，"唐大来（名泰）选贡，以养母缴引，诗画书俱得董玄宰三昧"。②《滇游日记》则记载闪太史出示董其昌书画，与徐霞客交流欣赏，"十九日闪太史手书候叙，既午乃赴之。留款西书舍小亭间，出董太史一卷一册相示，书画皆佳"。③ 董玄宰、董太史即董其昌，字玄宰，号思白、香光居士，华亭人，世称董香光、董文敏、董华亭。明朝后期大臣、书画家。晚明书法四家之一，影响一代书风。明人谢肇淛认为"国初能手，多黏俗笔"，"今书名之振世者，南则董太史玄宰，北则邢太仆子愿，其合作之笔，往往前无古人"。④ 极高地评价了晚明四家之董其昌、邢侗在明代书坛上的巨大影响。《滇游日记》还载史君书法功力、诗也不俗，故徐霞客与之数次交流探讨："十三日，史君为悉檀书巨扁，盖此君夙以临池书法擅名者，而诗亦不俗。复相与剧谈。"⑤

徐霞客与众多文人雅士、书画名家交往，而且在出游考察途中也结交各地名士，遍览个人收藏与碑刻古迹，从而使得他成为颇具造诣的文人书家。

（二）书法欣赏品评

徐霞客是一位具有深厚的书法修养的文人，因此他能够考察碑刻文字，欣赏与品评其书法特色与价值。

嵩山是著名的"文物之山"，其中有北魏时建的嵩岳寺塔等，有历代庙宇、碑刻多处。对此，徐霞客《游嵩山日记》载曰："太室东南一支，曰黄盖峰。峰下即岳庙，规制宏壮。庭中碑石蠹立，皆宋、辽以来者。"⑥ 徐霞客又载，二十二日出山，东行五里，抵嵩阳宫废址。三将军柏之西，"有旧殿石柱一，大半没于土，上多宋人题名，可辨者为范阳祖无择、上谷寇武仲及苏才翁数人

---

① 《徐霞客游记》，第 495 页。
② 《徐霞客游记》，第 763 页。
③ 《徐霞客游记》，第 1059—1060 页。
④ ［明］谢肇淛：《五杂俎》卷 7《人部三》，中华书局 1959 年版，第 185 页。
⑤ 《徐霞客游记》，第 1119 页。
⑥ 《徐霞客游记》，第 41 页。

而已。柏之西南，雄碑杰然，四面刻蛟螭甚精。右则为唐碑，裴迥撰文，徐浩八分书也"。① 八分书，隶书之一种，带有明显的波磔特征。徐浩，唐代著名书法家，擅长楷书、八分、行草书等。"又东二里，过崇福宫故址，又名万寿宫，为宋宰相提点处。又东为启母石，大如数间屋，侧有一平石如砥。又东八里，还饭岳庙，看宋、元碑……又五里，入会善寺，'茶榜'在其西小轩内，元刻也。后有一石碑仆墙下，为唐贞元《戒坛记》，汝州刺史陆长源撰文，河南陆郢书。又西为戒坛废址，石上刻镂极精工，俱断委草砾。"② 石上所刻极其精致工整，只是可惜都已残缺不齐，被扔在荒草碎石之中。

《游太和山日记》记载，徐霞客游太和山即武当山，从米芾所书"第一山"起："越桥为迎恩宫，西向。前有碑大书'第一山'三字，乃米襄阳笔，书法飞动，当亦第一。"③ 米襄阳即米芾，为北宋著名书画家，也是宋代行书"四家"之一。这里的"第一山"三个字，应该只是米芾字体的集字刻碑。"书法飞动"正是行书体米字的重要特点。

《浙游日记》描写双龙洞曰："中有两碑最古，一立者，镌'双龙洞'三字，一仆倒状者，镌'冰壶洞'三字，俱用燥笔作飞白，笔画枯槁而中多空白之形，而不著姓名，必非近代物也。"④ 燥笔，中国书画术语，指用笔含墨量甚少。与之相对的是用笔含墨量较多的润笔，写方笔画要用润笔。飞白即书法中之飞白体，是书法中的一种特殊笔法，其笔画之部分呈枯丝平行，转折处笔画突出，或笔画中丝丝露白。徐霞客特别留意于"非近代物"的古碑，对唐宋元之历代名碑尤其用心考察。

《江右游日记》记载徐霞客经张真人墓，观赵孟頫（松雪）书碑曰："碑乃元时敕赵松雪撰而书者，剜山为壁，环碑于中。"⑤ 赵松雪，即元代大书法家赵孟頫，字子昂，号松雪道人。赵孟頫博学多才，能诗善文，工书法，精绘画。在书法上，诸体皆擅，尤以楷书、行书著称，世称"赵体"，为楷书四大

---

① 《徐霞客游记》，第42—43页。
② 《徐霞客游记》，第43页。
③ 《徐霞客游记》，第51页。
④ 《徐霞客游记》，第105页。
⑤ 《徐霞客游记》，第121页。

家之一，对后世影响深远。

《楚游日记》记载徐霞客游览摩崖石刻之况："上山峡，望见水帘布石崖下。二里，造其处，乃瀑之泻于崖间者，可谓之'水帘'，不可谓之'洞'也。崖北石上大书'朱陵大沥洞天'，并'水帘洞'、'高山流水'诸字，皆宋、元人所书，不辨其款。"① 又载，徐霞客考察碑刻《七十二字碑》，认为此碑虽略古，但是字迹太模糊，无法辨认，字形和解释的文字也很不相同："……遂北登石鼓山。山在临蒸驿之后，武侯庙之东，湘江在其南，蒸江在其北，山由其间度脉，东突成峰，前为禹碑亭，大禹《七十二字碑》在焉。其刻较前所摹望日亭碑差古，而澧漫殊甚，字形与译文亦颇有异者。"②

《楚游日记》又记载徐霞客登上佛庐官阁，所见石间镌刻甚多，多宋、唐名迹，"急不暇读，以舟人促不已也"。③ 又载徐霞客考察一巨碑，即《永福禅寺记》，并认为此南宋之碑所用八分书，异常遒劲飞逸：

> 余意此必古碑，冒雨趋视之，乃此山昔为瑶人所据，当道剿而招抚之者。其右即为官廨，亦颓敝将倾，内有一碑已碎，而用木匡其四旁。巫读之，乃道州九疑山《永福禅寺记》，淳熙七年庚子道州司法参军长乐郑舜卿撰，知湖、梧州军州事河内向子廓书。书乃八分体，遒逸殊甚。即圣殿古碑，从永福移出者，然与陵殿无与，不过好事者惜其字画之妙，而移存之耳。然此廨将圮，不几为永福之续耶？④

《楚游日记》还记载徐霞客经过桐木郎桥所见古碑，为曾晞颜所书飞白体"广福桥"三字："桥东有古碑，大书飞白，为广福桥。其书甚遒劲，为宋桂阳军知临武县事曾晞颜所书。"⑤ 还记录了徐霞客抵祁阳，游甘泉寺，所见大字、小楷二绝："殿前楹有吾郡宋邹忠公（名浩，贬此地与蒋湋游）《甘泉铭碑》，

① 《徐霞客游记》，第 188 页。
② 《徐霞客游记》，第 195 页。
③ 《徐霞客游记》，第 215 页。
④ 《徐霞客游记》，第 233 页。
⑤ 《徐霞客游记》，第 246 页。

张南轩（名栻），从郡中蒋氏得之，跋而镌此。邹大书，而张小楷，笔势遒劲，可称二绝。"①

　　《粤西游日记》记载徐霞客冒雨至砦岩普润寺，看到寺中有宋守赵彦晖诗碑，宋李时亮记；在柳山，有柳仲涂书院，曹学佺书额，又有寸月亭，亦曹书。曹学佺，字能始，福建人，万历年间进士，工书法。《晴山堂石刻》中有他的草书题诗《题秋圃晨机图》。"亭前为清湘书院，有魏了翁碑……洞内左壁，有宋人马姓为秦景光大书'读书岩'三隶字。"② 二十多天后徐霞客游览靖江王府，沿江登山，至薰风亭，有曹学佺附书。"亭四旁多镌石留题，拂而读之，始知是为虞山，乃帝舜南游之地……其水自北坞南来，石梁当洞架其上，曰接龙桥。坐桥上，还眺〔洞〕门崖壁，更尽峥嵘之势。洞门左崖张西铭栻刻《韶音洞记》，字尚可摹。仍从洞内西出，乃缘蹬东上，有磨崖，碑刻朱紫阳所撰《舜祠记》，为张栻建祠作。乃吕好问所书，亦尚可摹，第崖高不便耳……门额书'北牖洞天'，亦为曹能始书。"③ "可摹"是徐霞客对碑刻书法的一种认可的评价，在游记中他多次这样评价古碑，当然直接摹拓或抄录更是饱含着他由衷的喜爱之情。《粤西游日记》还记录了徐霞客称赞张南轩的摩崖"五美四恶"，以遒劲完美评价之：

　　　　久之，仍西行入省春东洞内，穿入中洞，又从其西腋穿入西洞。洞多今人摩崖之刻。出洞而西，又得一洞，洞门北向，约高五丈，内稍下西转，虽渐昏黑，而崇宏之势愈甚，以无炬莫入，此古洞也。左崖大书"五美四恶"章，乃张南轩笔，遒劲完美，惜无知者，并洞亦莫辨其名，或以为会仙岩，或以为弹丸岩。④

　　张南轩，即张栻，字敬夫、钦夫、乐斋，号南轩，南宋理学家、教育家，为一代学宗。

---

① 《徐霞客游记》，第 264 页。
② 《徐霞客游记》，第 273—274 页。
③ 《徐霞客游记》，第 290—291 页。
④ 《徐霞客游记》，第 297 页。

《粤西游日记》又记载徐霞客访宝华寺，"其寺西向，寺门颇整"，而引起徐霞客注意的是题额"万山第一"。徐霞客评价这四个字"甚古劲"，他初看之下，"忆为建文君旧题"，但是"及趋视之，乃万历末年里人施怡所立"。"盖施怡建门而新其额，第书己名而并没建文之迹；后询之僧，而知果建文手迹也。"① 徐霞客第一感觉这四个字是建文帝手迹，后来寺僧也告知为建文帝手迹。但是从历史事实来看，尽管关于这位明朝第二个皇帝下落的传说很多，不过始终没有确凿的证据，所以这一直是个谜。

此外，《粤西游日记》还记载徐霞客经九龙潭，游九龙洞之情况：

> 仍出洞门，有一碑卧其前，中篆"紫华丹台"四大字，甚古。两旁题诗一绝，左行曰："百尺长兮手独提，金乌玉兔两东西。"右行止存一句曰："成言一了闲游戏，"及下句一"赤"字，以下则碑碎无可觅矣。其字乃行草，而极其遒活之妙，必宋人笔。惜其碑已碎，并失题者姓名，为可恨！②

徐霞客评价"紫华丹台"四个篆书大字曰："甚古。"两旁题诗因右行仅存一句而不完整，"碑碎无可觅矣"。徐霞客评价这首诗的行草书法曰："极其遒活之妙，必宋人笔。"可惜的是，碑碎无从完整赏析，同时也无从知道书家姓名。

当然，石刻古碑并非处处完美，针对乱刻乱题乃至破坏环境的做法，徐霞客则进行理性的批评。如，《滇游日记》记载，徐霞客游览云南鸡足山之华首门看到倪按院题写的"石状奇绝""石状大奇""石状又奇"等四处崖刻，针对这种苍白而毫无意义的石刻之语，徐霞客发出"山灵何罪"之叹，批评滥刻之可恶：

> 其高二十丈，其上穹覆者，又不知凡几，盖即绝顶观海门下危崖

---

① 《徐霞客游记》，第444页。
② 《徐霞客游记》，第587页。

也。门之下，倚壁为亭，两旁建小砖塔裹之，即经所称迦叶受衣入定处，待六十百千岁以付弥勒者也。天台王十岳士性宪副诗偈镌壁间，而倪按院大书"石状奇绝"四字，横镌而朱丹之。其效颦耶？颣面耶？在束身书"石状大奇"，在袈裟书"石状又奇"，在兜率峡口书"石状始奇"，凡四处，各换一字，山灵何罪而受此耶？①

《滇游日记》还记载徐霞客与刘陶石观赏杨慎《二十四气歌》书法作品之情形，对杨太史的书法特色进行赏析与评价："时衣已湿透，风雨不止，乃觅逆旅，沸汤为饭。入叩刘陶石。名一金，父以乡荐为涿州守，卒于任。前宿其来凤庄者。刘君出酒慰寒，遂宿其前楼。出杨太史《二十四气歌》相示，书法带赵吴兴，而有媚逸之致。"②

杨太史即杨慎，号升庵，明代著名学者、文学家。嘉靖三年（1524 年）因"大礼议"之争，触怒明世宗，被杖责罢官，谪戍云南永昌卫。在滇南时，曾率家奴助平寻甸安铨、武定凤朝文叛乱。后终老于永昌卫。杨慎在滇南三十年，著述之富，能文、词及散曲，造诣深厚。赵吴兴，即元代书法家赵孟頫，吴兴（今浙江省湖州市）人，故称之。赵孟頫书风遒媚飘逸，笔法圆熟，对明代书风影响很大。

（三）考证史实

《徐霞客游记》是一部重视实证与严谨考察的科学著作，从碑刻来看，徐霞客善于将碑刻内容与方志记载进行比较，相互印证，得出自己的研究结论。如，《浙游日记》记载，徐霞客从碑刻内容知所谓"六洞"："十一日平明起，僧已出。余过前殿，读黄贞父碑，始知所称'六洞'者，以金华之'三洞'与此中之'三洞'，总而得六也。"③

《楚游日记》记载，徐霞客经过柳子祠，"溪自南来，抵石东转"，石上刻有"钴鉧潭"三个大字，其旁有诗，俱已模糊不可读。继而徐霞客通过读碑认

---

① 《徐霞客游记》，第 829—830 页。
② 《徐霞客游记》，第 917 页。
③ 《徐霞客游记》，第 107 页。

识到芝山即西山："在钴鉧西数十步丛丘之上，为僧元会所建，为此中鼎刹。求西山亦无知者。后读《芝山碑》，谓芝山即西山，亦非也，芝山在北远矣，当即柳子祠后圆峰高顶，今之护珠庵者是。"①

《楚游日记》还记录了徐霞客由九疑山（又名苍梧山）考证书字岩的来历，认识到书字岩之即为玉琯，"始知在箫韶南者为舜陵，在玉琯岩之北者，为古舜祠"。详曰：

转而西共三里，入书字岩。岩不甚深，后有垂石夭矫，如龙翔凤翥。岩外镌"玉琯岩"三隶字，为宋人李挺祖笔。岩右镌"九疑山"三大字，为宋嘉定六年知道州军事莆田方信孺笔。其侧又隶刻汉蔡中郎《九疑山铭》，为宋淳祐六年郡守潼川李袭之属郡人李挺祖书。盖袭之既新其宫，因镌其铭于侧以存古迹。后人以崖有巨书，遂以"书字"名，而竟失其实。始知书字岩之即为玉琯，而此为九疑山之中也。始知在箫韶南者为舜陵，在玉琯岩之北者，为古舜祠。后人合祠于陵，亦如九疑司之退于太平营，沧桑之变如此。土人云：永福寺昔时甚盛，中有千余僧常住，田数千亩，是云永福即舜陵。称小陵云：义以玉琯、舜祠相迫，钦癸绎扰，疏请合祠于陵。今舜陵左碑，俱从永福移出。后玉琯古祠既废，意寺中得以专享，不久，寺竟芜没，可为废古之鉴。②

《楚游日记》又载，徐霞客通过宝林寺之前碑刻，知碑文所称北柱，即距寺二十里、方志所称之石柱："过宝林寺，读寺前《护龙桥碑》，始知宝林山脉由北柱来，乃悟向所望若树之峰正在寺北，亦在县北，寺去县十五里，此峰在寺后恰二十里，《志》所称石柱，即碑所称北柱无疑矣。"③

《粤西游日记》记载徐霞客考察独秀岩的经过，对太平岩的来历做出考证：

①　《徐霞客游记》，第212—213页。
②　《徐霞客游记》，第228—229页。
③　《徐霞客游记》，第242页。

其岩南向，不甚高，岩内刻诗缕画甚多。其西裂一隙，下坠有圆洼，亦不甚深，分两重而已。岩左崖镌《西岩记》，乃元至顺间记顺帝潜邸于此。手刻佛像，缕石布崖，俱极精巧，时字为苔掩，不能认也。洞上篆方石大书"太平岩"三字。夹道西碑言：西岩自元顺帝刻像，其内官镌记后，即为本朝藩封。其洞久塞，重坦闭之。嘉靖间，王见兽入其隙，逐而开之，始抉其闭而表扬焉，命曰太平岩。①

《粤西游日记》还记载，徐霞客通过石刻记文的内容印证方志之屏风岩即程公岩，而《壶天观铭序》未具撰名，但是徐霞客通过草书后记推断姓名在栖霞洞，必定就是范成大无疑了，当然这又需要到栖霞洞去做一番详细的考证了：

先，余一入洞，即采嫩松拭两崖，开藓剔翳，而古刻露焉。字尽得松膏之润，如摹拓者然，虽蚀亦渐可辨。右崖镌"程公岩"三大字。西有记文一通，则是岩为鄱阳程公〔崇宁帅桂时〕所开，而程子邻嗣为桂帅，大观四年。属侯彭老为记，梵仙赵岍书之者也。《志》言屏风岩一名程公，至此乃憬然无疑，而转讶负担指点之人所遇之奇也。乃更拭，其西又镌《壶天观铭序》，有"石湖居士名之曰空明之洞"之文，而后不著撰名，第复草书二行于后曰："淳熙乙未廿八日，酌别碧虚七人复过壶天观。"姓字在栖霞，必即范公无疑，又不可无栖霞一番详证矣。左崖镌张安国诗题，其字甚放逸。其西又镌《大宋磨崖碑》，为李彦弼大书深刻者。其书甚大而高，不及尽拭而读之。②

《粤西游日记》还记录了徐霞客考察宋代遗迹（苏东坡供奉香火的寺院）黄金洞之经过：

---

① 《徐霞客游记》，第299页。
② 《徐霞客游记》，第313页。

　　　南北两石屏并立而起，微路当其中，甚峻。洞峙南屏后，门亦东
　　向，而不甚宏。门左刻石一方，则宋人遗迹也，言此洞山回水绕，洞
　　名黄金，为东坡居士香火院。岩中东坡题额可拓，予急觅之。洞右有
　　旧镌，上有"黄金岩"三字可辨。其下方所书，则沏剥无余矣。始知
　　是洞为黄金，而前乃其东峰之洞。一黄金洞而既能得土人之所不知，
　　又能知土人之所误指，且又知其为名贤所遗；第东坡不闻至桂为可
　　疑耳。①

　　由此，徐霞客认识到之前所见为其东峰之洞，通过黄金洞就既能得知当地
人所不知道的东西，又能知道当地人误指之处，而且又知道它是古代名贤遗留
下来的。但是，徐霞客对于苏东坡是否到过桂林，认为值得怀疑。

　　《粤西游日记》又记载徐霞客考察琴潭岩、寻找"音讹"的证据："其门
南向，水汇其内，上浸洞口，而下甚满黑，深洞中宽衍，四旁皆为水际。其左
深入，嵌空岥岈，洞前左崖濒水之趾，有刻书焉，即方孚若笔也。因出洞前遍
征之，又得"琴潭"二大字，始信"陈抟"之果为音讹，而琴潭之终不以俗
没矣。"②"陈抟"是"琴潭"读音错误所致，为此徐霞客指出，琴潭之名最终
没有因为世俗之故而湮没。

　　《粤西游日记》又载："十六日……余不待午餐，出东门，过唐二贤祠，
由其内西转，为柳侯庙，《柳侯碑》在其前，乃苏子瞻书，韩文公诗。其后则
柳墓也。余按《一统志》柳州止有刘蒉墓而不及子厚，何也？容考之。"③徐
霞客考察柳侯庙，庙前有《柳侯碑》，为苏东坡书写，韩愈的诗；庙后就是柳
宗元的墓。但是，徐霞客查对《一统志》，方志上却没有记载柳宗元，此处徐
霞客暂时存疑，容日后考证。

　　《粤西游日记》又载徐霞客通过碑刻内容考察紫泉："二十七日……涯下
泊舟鳞次，涯上有堤，内环为塘，堤上石碑骈立，堤下卧石片片，横列涯间。

---

① 《徐霞客游记》，第324页。
② 《徐霞客游记》，第353页。
③ 《徐霞客游记》，第367—368页。

余视之有异，亟就碑读之，则紫泉也。"①

《粤西游日记》还有记载徐霞客考察白龙双洞，以及此东洞之洞门题刻，对于郭子庐所记陆仙翁与《百粤风土志》之仙翁是否是同一个人提出疑问：

> 是洞有题崖者，亦曰"白龙"，又曰"白龙双洞"，乃知洞原有二，前之所入乃西洞，此乃东洞也。西洞路平可行，此洞石嵌，无容着足，其深远皆不可测。洞门题刻颇多，然无宋人笔，虽多者皆永乐间题，有永乐四年庐陵郭子庐金宪《小记》云："此乃陆仙翁休服修炼处，石床、丹灶、仙桃、玉井犹存。"按《百粤风土志》，仙翁又名禹臣，唐时人，岂名与字之不同耶？②

《滇游日记》记载徐霞客考察虚明洞，徐霞客认为，"虚明"二字，非此洞不足以当之。③ 这里徐霞客赞扬碑刻书法与环境的和谐统一，称赞"虚明"之妙。接着徐霞客对几处碑刻进行考察品评，比如他指出杨太史（升庵）的刻石不佳，而冷然所题则"刻法精妙"，并且徐霞客对"一诗二标"提出疑问，难道谱明就是姜思睿的字号？对此，徐霞客限于条件没有进一步考证：

> "虚明"大书之下，又有刻"听泉"二字者，字甚古拙，为燕泉笔。燕泉，都宪何孟春号。何，郴州人，又自叙为吾邑人。又其侧，有"此处不可不饮"，为升庵笔，升庵，杨太史慎号。而刻不佳，不若中洞。门右有"此处不可不醉"，为冷然笔，刻法精妙，遂觉后来者居上。又"听泉"二字上，刻醒石诗一绝，标曰"姜思睿"，而醒石上亦刻之，标曰"谱明"。谱明不知何人，一诗二标，岂谱明即姜之字耶？④

---

① 《徐霞客游记》，第414页。
② 《徐霞客游记》，第590—591页。
③ 《徐霞客游记》，第776页。
④ 《徐霞客游记》，第776—777页。

此外,《滇游日记》记载徐霞客考察哀牢山, 对碑刻内容混乱质疑:

> 由寺后沿崖上, 一里转北, 行顶崖西, 半里转东, 行顶崖北, 一
> 里转南, 行顶崖东。顶崖者, 石屏高插峰头, 南北起两角而中平。玉
> 泉二孔在平脊上, 孔如二大屦并列, 中隔寸许, 水皆满而不溢, 其深
> 尺余, 所谓金井也。今有树碑其上者, 大书为"玉泉"。按玉泉在山
> 下大官庙前, 亦两孔, 而中出比目鱼, 此金井则在山顶, 有上下之
> 别, 而碑者顾溷之, 何也? 又一碑树北顶, 恶哀牢之名, 易为"安
> 乐"焉, 益无征矣。①

金井旁书碑"玉泉", 而玉泉则在山下大官庙前, 金井则在山顶。一上一
下, 截然不同, 然而立碑人却把它们混淆了。还有一块碑树在北面山顶, 不喜
欢哀牢之名, 改为"安乐", 更是无根无据了。

由此可见, 徐霞客对碑刻的考察并不局限于欣赏, 而是更多地以严谨的态
度进行研究, 徐霞客善于通过地方志, 结合碑刻内容进行比较, 做出切合实际
的实证研究。这正是徐霞客一贯坚持的科考态度与科学方法。

(四) 拓碑录碑留存

拓碑录碑是徐霞客考察与研究碑刻的方式。徐霞客在游记中抄录有大量的
碑刻内容, 涵盖题诗、记、联、铭等; 他在评价古碑的保存状况时, 常以"尚
可摹""完好可拓"等来评价。

拓碑需要工具与技术, 在大多情况下, 徐霞客通过寻找拓工来完成, 但是
找不到拓工的话就会留下遗憾。《浙游日记》有这种情况的记载:"时欲由三
洞返兰溪, 恐东有余胜, 遂望芙蓉而趋。自罗店东北五里, 得智者寺。寺在芙
蓉峰之西, 乃北山南麓之首刹也, 今已凋落。而殿中犹有一碑, 乃宋陆务观为
智者大师重建兹寺所撰, 而字即其手书。碑阴又镌务观与智者手牍数篇。碑楷
牍行, 俱有风致, 恨无拓工, 不能得一通为快。"② 陆务观即南宋爱国诗人陆

---

① 《徐霞客游记》, 第 1020—1021 页。
② 《徐霞客游记》, 第 102 页。

游，字务观，号放翁。碑阳为陆游楷书，碑阴是陆游与智者大师的几篇行书手牍。对此，徐霞客非常想拓碑留存，但是遗憾的是没有拓工。

《楚游日记》记载徐霞客欲拓唐碑《中兴颂》的曲折经历：

> 初十日，余念浯溪之胜，不可不一登，病亦少差，而舟人以候客未发，乃力疾起……浯溪由东而西入于湘，其流甚细。溪北三崖骈峙，西临湘江，而中崖最高，颜鲁公所书《中兴颂》高镌崖壁，其侧则石镜嵌焉。石长二尺，阔尺五，一面光黑如漆，以水喷之，近而崖边亭石，远而隔江村树，历历俱照彻其间。不知从何处来，从何时置，此岂亦元次山所遗，遂与颜书媲胜耶！……时余病怯行，卧崖边石上，待舟久之，恨磨崖碑拓架未彻而无拓者，为之怅怅！①

《中兴颂》即《大唐中兴颂》，是唐代杰出书法家颜真卿的代表作，此碑标志着"颜体"书法达到炉火纯青之境。对此，徐霞客虽然拖着病体，还是为磨崖碑拓架没有撤去但是却无拓碑者而遗憾不已。后来，徐霞客为拓《中兴摩崖颂》，忍饥挨饿寻觅拓工，但是找到的拓工却处处推诿、讹诈，拓工或言"日暮不及往"，或言"水大难渡"，或只是"索余重价，终不敢行"：

> （二十七日）时余欲觅工往浯溪拓《中兴摩崖颂》，工以日暮不及往，故探历诸寺……二十八日水涨舟泊，竟不成行。巫枵腹趋甘泉，觅拓碑者，其人已出。又从大街趋东门，从门外朱紫衔觅范姓，八角坊觅陈姓裱工，皆言水大难渡，以浯溪、阳江也。为余遍觅拓本，俱不得。复趋甘泉，则王姓拓工已归，索余重价，终不敢行，止就甘泉摹铭二纸。余先返舟中，留静闻候拓焉。②

《粤西游日记》记载徐霞客游广西桂林刘仙岩，见到岩壁有刘仙篆雷符和

---

① 《徐霞客游记》，第211页。
② 《徐霞客游记》，第265页。

寇忠愍（寇准）大书，亲自手摹，但是由于"石崖欹侧，石雨淋漓"，故此"抵暮而所摹无几"。另外，令静闻抄录张、刘二仙《金丹歌》，亦未竟。又崖间镌刘仙《养气汤方》及唐少卿《遇仙记》未录。所以在次日，徐霞客与静闻冒雨登岩，"各完未完之摹录"。对张、刘二仙，徐霞客评曰："刘仙名景，字仲远，乃平叔弟子，各有《金丹秘歌》镌崖内，又有《俞真人歌》在洞门崖上，半已剥落，而《养气汤方》甚妙，唐少卿书奇，俱附镌焉。"①

徐霞客游穿云岩，见到洞内的《桂林十二岩十二洞歌》，欲录之但是高不可及，后来他借助于道士的梯子，完成了录碑工作：

> 其岩在上岩东南绝壁下，洞口亦东南向。其洞高穹爽朗，后与左右分穿三窍，左窍旁透洞前，后与右其窍小而暗，不暗行也。洞内镌《桂林十二岩十二洞歌》，乃宋人笔。余喜其名，欲录之，而高不可及。道士取二梯倚崖间，缘缘分录，录完出洞。②

《粤西游日记》还记载从丁丑年（1637 年）五月初九开始，徐霞客考察广西桂林水月洞，记载他欲拓陆务观、范石湖遗刻（即《水月洞碑》）的艰难过程：初九日，徐霞客决定"当觅工拓之，不可失也"。十九日，"觅摹碑者，已他出"。徐霞客希望找到拓工，同往水月洞，拓陆务观、范石湖遗刻。至是失期。二十日，"令顾仆再往觅拓工。遂同抵水月观洞，示所欲拓，并以纸价付之，期以阳朔游还索取所拓"。二十八日，徐霞客从阳朔回来，"觅拓碑者，所拓犹无几，急促之"。二十九日，"余同顾仆再出宁远门促拓碑者。至是拓工始市纸携具为往拓计……碑拓尚迟，甚怅怅也"。三十日，"止令静闻一往水月洞观拓碑者"。六月初一日，"拓者迁延索物，余亦不能待，惟陆务观碑二副先拓者，尾张少二字，令彼再拓，而彼复拓一付，反并去此张，及促再补，彼愈因循，遂迟吾行"。初二日，"令顾仆促拓工"。初三日，"简顾仆所促拓工《水月洞碑》，始见陆碑尾张上每行失拓二字，乃同静闻亲携此尾往令重拓"。初四

---

① 《徐霞客游记》，第 304 页。
② 《徐霞客游记》，第 305 页。

日，"令顾仆再往拓工家索碑。及至，则所拓者止务观前书碑三张，而此尾独无，不特前番所拓者不补，而此番所拓并失之"。对此，徐霞客无可奈何地记曰："其人可笑如此。"并再令静闻往，曰："当须之明日。"初五日，"晨餐后即携具出南门，冀得所补碑，即往隐山探六洞之深奥处。及至，而碑犹未拓也。订余：'今日必往，毋烦亲待。'"初六日，"抵拓之家，则昨日所期仍未往拓，以墨沈墨汁翻澄支吾；再促同往，又以雨湿石润，不能着纸为解。窥其意，不过迁延需索耳。及征色发声，始再期明日往取，余乃返寓"。初七日，"令静闻、顾仆涉水而去索碑拓工家……薄暮，顾仆、静闻返命。问：'何以迟迟？'曰：'候同往拓。'问：'碑何在？'曰：'仍指索钱。'"拓碑拖延，质量又差，反而索价。对此，徐霞客感叹而又无可奈何道："此中人之狡而贪，一至于此！付之一笑而已。"初八日，不得已，徐霞客再次拿钱，"不及晨餐，令静闻、顾仆再以钱索碑……静闻及仆以碑至，拓法甚滥恶，然无如之何也"。①徐霞客怎么也没有想到，从初九日至次月初八日，为拓碑耽搁了整整一个月时间，然也未能如意，得到的拓片非常糟糕，但是也无可奈何。

《粤西游日记》又载，在屏风山，徐霞客欲录侯彭老的《程公岩记》和范成大的《壶天（观）铭序》，"西度石堰，共一里入程公岩"，录东崖记、铭二纸。但是，"崖高石侧，无从缘拭，抄录甚久，有数字终不能辨。时已过午，腹中枵然，乃出岩北趋王氏"。终于，徐霞客过一村庄，用衣服抵押借来梯子，"以衣质梯抵押，复肩至岩中，缘拭数字，尽录无遗"。然而，西崖的《张安国碑》，"以其草书多剥，有数字不辨焉"。徐霞客一路没有闲着，"余急于入城，第以胡槻诗下刘居显跋未录，居显，升之乃郎。攀凳拂拭，而庆宇复负而前趋。西一里，入道士岩东峡门，穿入洞中，拭左崖，再读跋，终以剥多置"。因为碑刻字迹侵蚀的厉害，多无法识读。当然，徐霞客追究的态度是极其严谨认真的，哪怕是仅仅"校得胡诗三四字"而已。②

除了拓摹之外，徐霞客还会直接购买碑刻拓片。如，《粤西游日记》记载，徐霞客在广西柳州购买苏东坡的《柳州罗池庙碑》："觅拓碑者家，市所拓苏

---

① 《徐霞客游记》，第309—351页。
② 《徐霞客游记》，第325页。

子瞻书韩辞二纸。"另外，徐霞客还见到柳宗元的《罗池题石》：

> 更觅他拓，见有柳书《罗池题石》一方，笔劲而刻古，虽后已剥
> 落，而先型宛然。余嘱再索几纸，其人欣然曰："此易耳。即为公发
> 硎。"出一石拓，乃新摹而才镌之者。问："旧碑何在？"曰："已碎
> 裂。今番不似前之剥而不全矣。"余甚惋惜，谢其新拓，只携旧者一
> 纸并韩辞二大纸去。①

可见，徐霞客对古碑特别钟情，所以"旧碑"已碎裂，他甚为惋惜。但
是，对于"新摹而镌"的"新碑"，因已非柳书原味了，因此他宁可不要。

《粤西游日记》还记载徐霞客在广西考察真仙洞、真仙岩，考察、拓碑的
过程，极为艰难，体现了他对碑刻文化的由衷热爱。"有拓碑者，以司道命来
拓《党籍碑》。午有邑佐同其乡人来宴。余摩拭诸碑不辄得，韩忠献王所书
《画鹘行》并黄山谷书二方，皆其后人宦此而勒之者。"②

接着，徐霞客在考察真仙岩之时，"搜览诸碑于巨石间，而梯为石滑，与
之俱坠，眉膝皆损焉"。为了考察碑刻，徐霞客历尽艰辛，身受创伤，但是他
依然不畏艰难险阻，栖身真仙岩，不怕蛇虎蚊虫：

> 真仙岩中明爽可栖，寂静无尘，惟泉声轰轰不绝，幽处有蛇，不
> 为害，而蚊蚋甚多，令人不能寐。廿八中夜，闻有声甚宏，若老人謦
> 咳然，久而不绝。早起询之，乃大虫鸣也。头大于身，夜潜穴中，然
> 惟此夕作声，余寂然。③

次日，徐霞客拖着受伤的身体，强攀崖拓未完之碑："以跌伤故，姑暂憩
岩中。而昨晚所捶山谷碑犹在石间，未上墨淖，恐为日烁，强攀崖拓之。甫竟
而参慧呼赴晨餐，余乃去而留碑候燥，亟餐而下，已为人揭去。"可惜的是，

---

① 《徐霞客游记》，第 369 页。
② 《徐霞客游记》，第 381 页。
③ 《徐霞客游记》，第 386 页。

吃早餐的工夫，"留碑候燥"的拓纸已被他人揭去。①

而之前这种情况也出现过，徐霞客拓《老君像碑》，"越宿候干，亦遂乌有"。所以，徐霞客曰："至是两番失之，不胜怅怅。"②

恰好此时有县衙差遣僧道来拓《元祐党籍》碑，于是徐霞客请他们帮忙拓韩忠献大碑。"拓者为吏所监督，欲候《党籍碑》完，方能为余拓韩忠献大碑，故栖迟以待。余先以余闲取一纸分拓此碑，而屡成虚费。然碑可再拓，而纸不可再得，惟坐候拓者，完忠献大碑而已。是日僧道期明日完道碑，初三日乃得为余拓，而韩碑大，两侧不能着脚，余先运木横架焉。"尽管也有一些周折，但是与之前几次相比，还算顺利拿到拓片。为此，徐霞客在初二、初三日只能"候拓"，"久之至，则县仍续发纸命拓，复既期初四焉"。"初五日，吴道与镜禅之徒始至，为拓韩碑。其碑甚大，而石斜列，余先列木横架，然犹分三层拓，以横架中碍，必拓一层解架，而后可再拓也。然所拓甚草率，而字大镌浅，半为漫漶，余为之剜污补空，竟日润色之，而终有数字不全。会拓者以余纸拓《元祐党籍》……"遗憾的是，徐霞客拿到的韩碑拓片还是不太满意，因拓得很草率，而且模糊不清，"字大镌浅，半为漫漶"。所以，徐霞客不得不"剜污补空，竟日润色之"，"润色韩碑抵暮"。③

《粤西游日记》又记载徐霞客自己动手拓碑，可见他用于拓碑的工具主要有拓月、钟敲、裹足的布帛等，没有锤子，以钟敲代替；没有缠绕拓包的毡，以裹足的布帛代之：

> 时日已中，灵景僧留饭，见佛座下有唐碑一通、宋幢一柱，刻镂甚古，就僧觅纸，僧仅以黄色者应。遂磨墨渖于石，取拓月于抽，以钟敲为锤，以裹足为毡，洗碑而敲拓之。各完两通，而日色已暮。④

《黔游日记》则记载徐霞客在贵州碧云洞考察，看到张涣、沈思充诗碑，

---

① 《徐霞客游记》，第 386 页。
② 《徐霞客游记》，第 386 页。
③ 《徐霞客游记》，第 386—390 页。
④ 《徐霞客游记》，第 430 页。

认为诗不甚佳，但是张涣的字"极遒活可爱"，给予很高的评价。但是游人以碑为台，作为供饮之具，日久必然"磨漶不保"，于是徐霞客马上进行笔录：

> 余既跻明窗，旋下观悬龙、蛇蜕，仍由碧桥下出，饭于洞门石上。石乃所镌诗碑，游人取以为台，以供饮馔。其诗乃张涣、沈思充者，诗不甚佳，而涣字极遒活可爱。镌碑欲垂久远，而为供饮之具，将磨漶不保矣，亟出纸笔录之。①

《滇游日记》记载徐霞客见右崖有石刻一方，"外为棘刺结成窠网，遥不能见"。徐霞客竟"践而入之，巾履俱为钩卸，又以布缚头护网"，始得读之。"乃知是庵为天启丙寅州人朱化孚所构……遂入曹溪寺。寺门东向，古刹也。余初欲入寺觅圣泉，见殿东西各有巨碑，为杨太史升庵所著，乃拂碑读之，知寺中有优昙花树诸胜，因觅纸录碑，遂不及问水……二十七日晨起，寒甚。余先晚止录一碑，乃殿左者，录未竟，僧为具餐，乃饭而竟之。有寺中读书二生，以此碑不能句来相问，余为解示。"② 徐霞客为了录碑，"不及问水"，不顾严寒。另外，还有记载徐霞客考察棋盘石及碧潭陈贤所题与陈贤诗碑。可惜陈贤诗碑"已剥斑剥脱落不可读"，徐霞客乃还寺，录昆明令汪从龙诗碑。③

《滇游日记》又载，在非常寒冷的情况下，徐霞客于晨餐后，"即录碑文于天长、善雨之间"。为此，他冻僵了手指，"有张宪副二碑最长，独不及录"。④又记载徐霞客除夕前日考察碑刻、抄录碑文，及至除夕当日，录碑才告完成：

> （二十九日）由其右过峡西北行，一里而入兰陀寺，寺南向。由正殿入其东楼，艮一师出迎。问殿前所卧石碑。曰："此先师所撰迦叶事迹记也。"昔竖华首门亭中，潘按君建绝顶观风台，当事者曳之

---

① 《徐霞客游记》，第673—674页。
② 《徐霞客游记》，第779页。
③ 《徐霞客游记》，第784页。
④ 《徐霞客游记》，第828页。

顶，将摩镌新记，艮一师闻而往止之，得免，以华首路峻不得下，因纤道置此。余欲录之，其碑两面镌字，而前半篇在下。艮一指壁间挂轴云："此即其文，从碑誊写而出者。"余因低悬其轴，以案就录之。艮一供斋，沈公亦至。斋后，余度文长不能竟，令顾仆下取卧具。沈公别去，余订以明日当往叩也。迨暮，录犹未竟，顾仆以卧具至，遂卧兰陀禅榻。顾仆传弘辨、安仁语曰："明日是除夕，幸尔主早返寺，毋令人悬望也。"余闻之，为凄然者久之。

三十日早起盥栉而莘野至，相见甚慰。同饭于兰陀。余乃录碑，完而莘野已去……①

此外，《滇游日记》另有记载徐霞客饭后录碑于西轩，直到"瞑色将合，携纸已罄"，录碑未竟，乃返悉檀。②又载，徐霞客游览三摩寺，录碑于阁下。③还记载，二十日晨起，欲录寺中古碑，但是天气实在太寒冷，徐霞客表示留待下山再录。④但是接下来徐霞客等来的并不是天气好转，于是他不得已，冒着严寒再录善雨亭中未竟之碑，"时罡风横厉，欲卷人掷向空中，余手粘足踞，幸不为舍身者，几希矣"。⑤为了录碑，徐霞客不畏艰难，甚至不顾性命之忧，这种对碑刻古迹的近乎疯狂的热爱令人敬佩。

综上可以看出，徐霞客不仅广交文人墨客与书法名家，遍览名碑与名家手迹，而且他能够在广搜博览的基础上进行欣赏与品评。徐霞客在考察过程中，尤重古碑，并且他的考察不是走马观花，只要条件许可，他会想尽办法进行拓碑或录碑。这些碑文资料的搜集，一方面可以方便自己的欣赏与研究，另一方面保存了重要碑刻资料，无疑具有重要意义。

徐霞客重视科学考察，在碑刻考察过程中也是如此。他擅长通过地方志所载与碑刻内容进行比较，相互印证或校核，结合自己的实地考察，考证相关史

---

① 《徐霞客游记》，第 832 页。
② 《徐霞客游记》，第 842 页。
③ 《徐霞客游记》，第 847 页。
④ 《徐霞客游记》，第 855 页。
⑤ 《徐霞客游记》，第 858 页。

实，厘正史载或传说的不实之处。霞客于碑刻考察与研究无所不用其心，踏遍山川艰辛地寻觅每一块碑刻，或拓或录或购，爬梳剔抉进行深入研究，这些无不体现了他对碑刻的狂热与痴迷，这也是对"求真求实，不畏艰险"的徐霞客精神做了最好的诠释。

第四章

明代宗教政策与徐霞客的宗教情结

明代对宗教采取既限制又利用的政策，这一政策在明初奠定，后为历代遵循。有明一代的宗教政策对其政治、经济和社会各个方面都有着深刻的影响，当然它也影响到中国的传统文化和知识分子。因之，明朝的文人士大夫群体怀有很深的宗教情结，他们参禅问道，流露在其著作和日常生活之中。徐霞客也是如此，我们从《徐霞客游记》可以看出，他不仅瞻仰佛道之教，广结僧道，而且擅长禅理，抒发所感所悟，儒释道思想也是徐霞客思想的主要来源。

一、明代宗教政策的演变及其社会影响

明代的宗教政策是在借鉴前代经验的基础上逐步建立并完善起来的。其前期的政策基本上是明初奠定的。明太祖不仅尊崇和利用佛教、道教和伊斯兰教，而且还建立起一整套的管理机构和制度，对之进行必要的控制。明成祖则在此基础上进一步完善，这些多为后代继承。明代中期以后，宗教政策出现了一些新现象：正德、嘉靖两朝偏离了明初宗教政策的轨道；民间宗教开始活跃，教派层出不穷，致使政府不得不多次重申严禁措施；万历中期，基督教（天主教）传入，并且由于传统的佛、道教日益衰微，天主教的传播越来越广，影响越来越大，这不能不引起明朝统治者的重视。对此疑虑重重的明政府，因之从怀疑而抵制或利用，成为其两种动摇不定的态度。就整个明代的宗教政策而言，不管是尊奉还是抑限，乃至严禁，其原则都是"严其禁约，毋使滋蔓"，①

---

① ［明］申时行等：《明会典》卷104，万历重修本，中华书局1988年版，第568页。

其根本目的乃是利用它以使民众达到"去心之邪念，以归正道"，① 从而最终实现利于其统治的理想之境。

（一）洪武时期宗教政策的奠基

明代前期的宗教主要有佛教、道教、伊斯兰教、白莲教等，对这些宗教的政策早在洪武年间即已奠定，永乐时期进一步完备。可以说，明初两代构筑了整个明代宗教政策的基石。

1. 明太祖对佛道教的利用和三教并用政策

作为正统宗教，佛教和道教均有悠久的历史。明代制定宗教政策时，往往将二者相提并论，两者政策也因之颇具一致性，成为明代宗教政策的最主要内容。明初的佛道政策主要表现在两个方面，即一方面，政府对佛道教的提倡和利用，另一方面，又对之加以限制。

明太祖对佛教和道教极力提倡。首先，他利用道教制造神话，宣称出生时"红光满室"；贫病时，常有神人护理，把道教作为他变为所谓"真命天子"的舆论工具。对征战有帮助的道士周颠仙，他亲撰《周颠仙传》，还亲为《道德经》作注，提倡道教。同时，由僧袍换成龙袍的朱元璋对佛教怀有深厚的情感，自称"游山必是叩僧禅"。② 据《明史》载："帝自践阼后，颇好释氏教，诏征东南戒德僧，数建法会于蒋山……召入禁中，赐坐与讲论。"③ 洪武初年，几乎每年都在南京召开法会，尤其洪武五年（1372 年）所建"广荐法会"，盛况空前。不仅命点校藏经，撰献佛乐章，而且太祖还御制广荐佛会榜文。④ 李仕鲁即因疏争而激怒太祖，立被杖死。⑤ 因而，谈迁亦言："虽广荐战殇，然遣一使足矣，何至枉车驾，其礼特至也。"⑥

其次，任用僧道为官，提倡三教并用。明太祖即位后，除僧（道）官以

---

① ［明］朱元璋：《明太祖文集》卷 15《心经序》，《文渊阁四库全书》集部 126，台湾商务印书馆，第 158 页。
② ［明］《明太祖文集》卷 20《钟山僧寺赓单仲右韵》诗之一，第 232 页。
③ 《明史》卷 139《李仕鲁传》，第 3988 页。
④ ［明］宋濂：《宋潜溪集》，转引朱国桢《涌幢小品》卷 28，中华书局 1959 年版，第 650—653 页。
⑤ 《明史》卷 139《李仕鲁传》，第 3989 页。
⑥ ［明］谈迁：《国榷》卷 5，中华书局 1958 年版，第 460 页。

外，还有大量僧道在朝中任职。道士如宋宗真、邓仲修、刘渊然等均受到优待。僧人"吴印、华克勤之属，皆拔擢至大官"。① 吴印两次上诉，只因山东按察副使张孟兼轻己，结果孟兼被杀，太祖还诏印曰："除尔害矣。"② 明太祖不仅自己崇佛信道，而且还为每个儿子选一高僧为护法，比如，第四子燕王朱棣身边出谋划策有僧道衍等。明太祖还写了《拔儒僧文》《拔儒僧入仕论》等文章，鼓励有实学的僧人从政，直接为封建王朝服务。

为了更好地使宗教为其统治服务，明太祖奉行儒、释、道三教并用政策。《明太祖文集》中的诏令、诗文绝大多数与儒佛道相关。该文集收有文章46篇，其中被编入《护法集》的诗文有36篇。文集中的《释道论》《三教论》等篇，集中反映了明太祖三教并用的思想主张。他认为三教的共同作用是对民众的教化："三教之立，虽持身荣俭之不同，其所济给之理一。然于斯世之愚人，于斯三教，有不可缺者。"③ 三教虽然缺一不可，但于三教，明太祖又首重儒教，因为"仲尼之道，祖尧舜，率三王，删诗制典，万世永赖"。④ 因而，他亲自撰文劝儒僧入仕，以"居官食禄，名播寰中"。⑤ 明太祖十分清楚儒家思想的统治作用，认为"凡有国家不可无"，⑥ 故即位前对当时名儒无不卑躬延引。即位次年，即"遣官释奠先师孔子"。⑦ 并于不久"诏天下通祀孔子"。⑧ 据《明太祖实录》等书记载，洪武二年（1369年）十月，明太祖曾谕"专好释氏"的高丽国王王颛曰："……历代之君，不问夷夏，惟修仁义礼乐以化民成俗，今王弃而不务，日以持斋守戒为事，欲以求福，失其要矣。"⑨ 可见，明太祖于三教首重儒教。

明太祖之所以认为"佛虽空，道虽玄"，却依然大加提倡，乃是因为它们

---

① 《明史》卷139《李仕鲁传》，第3988页。
② 《国榷》卷6，第553页。
③ 《明太祖文集》卷10《三教论》，第108页。
④ 《明太祖文集》卷10《三教论》，第108页。
⑤ 《明太祖文集》卷10《拔儒僧入仕论》，第114页。
⑥ 《明太祖文集》卷10《诵经论》，第105页。
⑦ 《明太祖实录》卷39，台湾"中央研究院"历史语言研究所校印，1962年影印本，第784页。
⑧ ［清］夏燮：《明通鉴》卷7，中华书局1959年版，第87页。
⑨ 《明太祖实录》卷46，第907页。

可以"感动化外蛮夷及中国假处山薮之愚民",使其"未知国法,先知虑生死之罪,以至于善者多而恶者少"。① 归根到底,佛道教可以"暗助王纲,益世无穷",② 即为稳定其统治的政治目的服务。此亦明太祖倡导三教并用政策的根本原因。明太祖的三教并用思想是整个明代三教政策的理论基础,对后代影响极大,为后世统治者所奉行。

2. 明太祖对佛道教的限制政策

明太祖在推崇佛教和道教的同时,还对它们做了许多限制性规定,以加强对僧道的管理,达到维护自己统治之目的。

其一,僧道管理机构与官制。洪武元年(1368年)初,明政府置善世院和玄教院分管佛教与道教。③ 洪武四年,"革僧道善世玄教二院"。④ 洪武十五年,制定了详细的僧(道)官制度。即,在京置僧录司、道录司,以掌天下僧道。在外府州县设僧纲道纪等司,分掌其事。僧录司设左右善世2人,为正六品;左右阐教2人,为从六品;左右讲经2人,正八品;左右觉义2人,从八品。道录司设左右正一2人,正六品;左右演法2人,从六品;左右至灵2人,正八品;左右玄义2人,从八品。府曰僧纲司、道纪司;州曰僧正司、道正司;县曰僧会司、道会司。僧纲司有都纲、副纲各1人;道纪司有都纪、副纪各1人。僧正司、道正司有僧正、道正各1人。僧会司、道会司有僧会、道会各1人。⑤ 该制度还明确了选举僧(道)官的原则:"俱选精通经典,戒行端洁者为之。"⑥ 并指出僧道管理机构的职责:"凡内外僧道,二司专一检束。天下僧道恪守戒律清规,违者从本司理之,有司不得与为。若犯与军民相干者,方许有司惩治。"⑦

其二,度牒与周知册。洪武五年(1372年),政府颁给僧道度牒,并废除

① 《明太祖文集》卷10《释道论》,第106页。
② 《明太祖文集》卷10《三教论》,第108页。
③ 《明太祖实录》卷29,第12页。
④ 《明太祖实录》卷70,第1312页。
⑤ 《明太祖实录》卷144,第2262页。
⑥ 《明太祖实录》卷144,第2262页。
⑦ 《明太祖实录》卷144,第2262页。

卖牒的免丁钱。① 度牒是国家颁发给僧道的身份凭证,其中载明度牒持有者的姓名、年龄、字行、出家时间、剃度师,以及所授度牒的时间、编号等。持有度牒的僧道即得到了国家的承认。度牒制始于唐代,历经宋、元。明太祖吸取前代经验,免费发牒的同时,再三强调严格获取度牒的条件。洪武六年即指出:"若请给度牒,必考试,精通经典者方许。"② 洪武二十年八月规定:"年二十以下来请度牒者,俱令于在京诸寺试事三年,考其廉洁无过者,始度为僧。"③ 洪武二十七年再次强调,必须习经三年后,"赴京考试,通经典者,始给度牒;不通者,杖为民"。④ 通过度牒制度,明政府可以有效控制僧道的发展。

为了更好地控制僧人,防范囚徒"易名姓为僧,游食四方,无以验其真伪",⑤ 洪武二十五年(1392年)底,明太祖命僧录司造周知册,颁于天下僧寺。册中将"在京及在外,府州县寺院僧名以次编之,其年甲、姓名、字行及始为僧年月与所授度牒字号,俱载于僧名之下"。周知册颁示天下僧寺,"凡游方行脚至者,以册验之,其不同者许获送有司,械至京治重罪。容隐者,罪如之"。⑥

其三,服色与礼仪。明太祖对僧道服饰有如下详细规定:"禅僧茶褐,常服青条玉色袈裟。讲僧玉色,常服深红条浅红袈裟。教僧皂,常服黑色条浅红袈裟。僧官皆如之,惟僧录司官袈裟绿纹及环皆饰以金。道士常服青,法服朝衣皆用赤色。道官亦如之,惟道录司官法服衣绿纹饰金。"⑦《明律》则作了僧道祭拜的规定:"凡僧尼道士女冠,并令拜父母,祭祀祖先,丧服等第,皆与常人同,违者杖一百,还俗。若僧道衣服,止许用壮绢布疋,不得用纻丝绫罗。违者笞五十,还俗。衣服入官,其袈裟道服,不在禁限。"⑧ 洪武十七年

---

① 《明太祖实录》卷 77,第 1415 页。
② 《明太祖实录》卷 86,第 1537 页。
③ 《明太祖实录》卷 184,第 2771 页。
④ 《明太祖实录》卷 231,第 3372 页。
⑤ 《明太祖实录》卷 223,第 3268 页。
⑥ 《明太祖实录》卷 223,第 3268 页。
⑦ 《明太祖实录》卷 150,第 2368 页。
⑧ 《大明律附例》,玄览堂丛书三集,1955 年南京图书馆装订,第 17 册卷 12,第 8 页。

（1384 年），"命天下有司祭祀，僧道官不与"。① 对僧道服色和礼仪的特定要求，加强了对僧道的管理。

其四，对佛道二教的清理。洪武六年（1373 年）十二月并僧道寺观，禁女子不得为尼。②《明太祖实录》载，是年，"令府州县止存大寺观一所，并其徒而处之，择有戒行者领其事。若请给度牒必考试，精通经典者方许。又以民家多女子为尼姑女冠，自今年四十以上者听，未及者不许。著为令"。③ 这是由于"释老二教，近代崇尚太过，徒众日盛，安坐而食，蠹财耗民，莫甚于此"。④ 鉴于"元末土田多为僧道及豪右隐占"，洪武十四年十一月，更进一步"核天下废寺田产没入官"；⑤ 洪武十五年三月，"令天下僧道田土不得买卖"。⑥

洪武二十四年（1391 年）六月，"命礼部清理释道二教"。规定："自今天下僧道凡各府州县寺观虽多，但存其宽大可容众者一所，并而居之，毋杂处于外，与民相混，违者治以重罪。亲故相隐者流，愿还俗者听。其佛经番译已定者，不许增减词语。道士设斋，亦不许拜奏青词，为孝子慈孙演诵，经典报祖父母者各遵颁降科仪，毋妄立条章，多索民财，及民有效瑜珈教称为善友，假张真人名，私造符箓者，治以重罪。"⑦ 不久，"诏天下僧道有并立庵堂寺观非旧额者，悉皆毁之"。⑧ 通过这些措施，明政府有效地限制了僧道的泛滥和寺院经济的发展。

其五，僧道行为之规范。主要包括以下诸方面。

首先，禁僧道犯罪、犯奸。洪武五年（1372 年）五月，诏曰："僧道斋醮，杂男女，恣饮食，有司严治之。"⑨《明律》对犯罪僧道做出这样的惩罚规定："僧道系京官，俱奏提问；在外，依律径自提问。受财枉法满贯，亦问充军，

---

① 《明太祖实录》卷 160，第 2485 页。
② 《明太祖实录》卷 86，第 1537 页。
③ 《明太祖实录》卷 86，第 1537 页。
④ 《明太祖实录》卷 86，第 1537 页。
⑤ 《明太祖实录》卷 140，第 2202 页。
⑥ 《国榷》卷 7，第 617 页。
⑦ 《明太祖实录》卷 209，第 3109 页。
⑧ 《明太祖实录》卷 210，第 3125 页。
⑨ 《明史》卷 2《本纪第二》，第 27 页。

及僧道有犯奸盗诈伪，逞私争讼，怙终故犯，并一应赃私罪名有玷清规，妨碍行止者，俱发还俗。若犯公事失错，因人连累，及过误致罪，于行止戒规无碍者，悉令运炭纳米等项，各还职为僧为道。"① 明政府还严禁僧道犯奸。它规定："凡居父母及夫丧，若僧尼道士女冠犯奸者，各加凡奸罪二等，相奸之人，以凡奸论。"而且明确指出，犯奸的僧道，"不分有无度牒"，"各于本寺观庵院门首，枷号一个月发落"。"僧道官，僧人道士，有犯挟妓饮酒者俱问发原籍为民。"② 当然，即使军官、军人，有"容止僧尼在家，与人奸宿者"，也一并受罚。③ 这从另一侧面反映了明政府对僧道犯罪采取措施之严厉。

其次，禁僧道不务祖风。明太祖在其《御制大诰》中规定："僧尼、道士、女冠，敢有不务祖风，混同世俗，交结官吏，为人受寄生放，有乖释道训愚之理，若非本面家风，犯者弃市。"④ 当然，僧道娶妻也属"不务祖风"之列，故《明律》规定："凡僧道娶妻妾者，杖八十还俗。女家同罪，离异。寺观住持知情与同罪，不知者不坐。"⑤ 洪武二十七年（1394年）命礼部榜示天下僧寺道观，其中一条规定："僧道有妻妾者，诸人许捶逐，相容隐者，罪之。愿还俗者，听。"⑥ 对"僧有妻者"甚至规定：许人捶辱，并索钞钱；"如无钞者，打死勿论"。⑦

再次，禁止私并庵院及私度僧道。这是明政府控制僧道数量的重要措施。《明律》规定："凡寺观庵院，除见在处所外，不许私自并建增置，违者杖一百还俗，僧道发边远充军。尼僧女冠入官为奴。若僧道不给度牒，私自簪剃者，杖八十。若由家长，家长当罪。寺观住持及受业私度者，与同罪。立还俗。"⑧ 其中还做了许多具体规定，并对汉人冒诈番人者"发边远充军"。

第四，禁止巫师邪术。为了保证佛道教的纯洁性，明初对白莲教等民间宗

---

① 《大明律附例》卷1，第15册，第51页。
② 《大明律附例》卷25，第19册，第4页。
③ 《大明律附例》卷1，第15册，第23页。
④ 《御制大诰》：《僧道不务祖风第三十》，《续修四库全书》第862册，《史部·政书类》，上海古籍出版社2002年版，第251页。
⑤ 《大明律附例》卷6，第16册，第8页。
⑥ 《明太祖实录》卷231，第3372页。
⑦ 葛寅亮：《金陵梵刹志》卷2，南京出版社2011年版，第747页。
⑧ 《大明律附例》卷4，第16册，第23页。

教一概取缔。这是由于统治者惧怕"左道乱政之术"动摇其统治地位。故对"烧香集众""扇惑人民"之徒治以重罪:"为首者绞,为从者,各杖一百,流三千里。"及至"装扮神像,鸣锣击鼓,迎神赛会者",也要"杖一百,罪坐为首之人","里长知而不首者,各笞四十"。①

由于许多秘密民间宗教是由佛教或道教衍变而来的,因此严防正统的佛教、道教沦为具有反抗性质的民间宗教,对此,明政府具有清醒的认识。民间宗教虽然多由佛教或道教发展而来,但它们大多数都具有反政府性质,在一定程度上是农民起义的滥觞;而佛道教则没有这种反抗因素,故明政府需要利用它们来维护自己的统治,但又不能过分地依赖它们,况且僧道人数也不能过分膨胀,否则,势必影响其统治的经济基础。所以又必须进行必要的限制。

3. 明太祖对民间宗教与伊斯兰教的态度

有关佛道政策之外,明太祖对民间宗教及伊斯兰教也有基本规定。

白莲教是明初主要的民间宗教,在元末农民大起义中发挥过重要作用。朱元璋曾利用它进行反元斗争,最终建立了明王朝。但是,明太祖登极后,即一改先前利用的态度,严禁白莲教活动和流传。因为他深知,白莲教可以成为威胁其封建政权稳固的巨大力量。因而,《明律》规定:"凡造谶纬妖书妖言,及传用惑众者,皆斩。若私有妖书隐藏不送官者,杖一百,徒三年。"② 由此可见,明朝统治者对民间宗教防范之严,镇压之厉。

伊斯兰教在元代有极大发展。《明史》称:"元时回回遍天下。"③ 穆斯林的政治地位极其优越,伊斯兰教礼拜寺非常普遍;并且特别设置有"回回国子学(监)"作为其教育机构。洪武初年,明太祖辅臣中穆斯林人数众多,如常遇春、胡大海、沐英、冯胜等。太祖即位之初,世传有《太祖御制百字赞》,赞颂伊斯兰教"仁覆天下,道贯古今"。④ 洪武二年(1369年),征回回历官郑阿里等11人至京,议历法,占天象,定为钦天监,掌察天文、定历数。⑤ 明

① 《大明律附例》卷11,第16册,第3页。
② 《大明律附例》卷18,第18册,第2页。
③ 《明史》卷332《西域四》,第8598页。
④ [清]刘智:《天方典礼》卷1,天津古籍出版社1988年版,第35页。
⑤ [明]郑晓《今言》卷1,中华书局1984年版,第30页。

太祖对伊斯兰教所持的怀柔政策，是为其夺取和巩固政权服务的。迨至洪武六年颁布《大明律》，对信奉伊斯兰教的回族实施了具有防范性的汉化政策。其中规定："凡蒙古、色目人，听与中国人（汉人）为婚姻，不许本类自相嫁娶，违者杖八十，男女入官为奴。"① 汉回婚姻不禁，加速了回族的汉化，有利于回族的发展。

综上，洪武期间，明太祖制定的基本宗教政策，即，对三大正统宗教佛教、道教和伊斯兰教既崇又抑的双重政策和对民间宗教的严禁政策，奠定了明代宗教政策的基本格调，具有垂范性，为后世所继承和遵循。

（二）洪武之后宗教政策的继承与调整

建文时期，明政府虽然曾"诏限僧道田人五亩，余赋于民"，② 然而因其在位时间太短而未及实施。永乐政府则遵循洪武年间僧道之制，并对僧道管理措施进一步完善。明成祖朱棣与其父一样，崇信佛道，尤其于佛教之崇甚于太祖。靖难之役，他依靠僧道衍（姚广孝）等人的帮助而获胜。待其夺取帝位后，道衍尤被委以重任，受封太子少师；西僧哈立麻为尚师，并屡受加封和赏赐；不久，明成祖亲自编撰《神僧传》《金刚经集注》等，以宣扬佛教。于道教，明成祖将建文时犯法的正一道首领张宇初免罪复用，又遵太祖成法，常常召见，并两次敕令他领修道书。因"靖难"成功，成祖于道教真武神尤其崇奉。③ 史载：永乐时，"京师聚集僧道万余人，日耗廪米百余石"。④ 为了便于僧道活动，朱棣还专门下旨，要礼部出榜晓谕："该行脚僧道，持斋受戒，凭他结坛说法。有人阻挡，发口外为民。"⑤

在崇信和宣扬佛道教的同时，明成祖还与明太祖一样，对之又进行必要的限制。永乐元年（1403 年）正月，即从礼部之请，"循例三年一给僧道度牒"。⑥

---

① 《大明律附例》卷 6，第 16 册，第 7 页。

② 《国榷》卷 11，第 827 页。

③ 真武，即北方七宿之玄武，宋真宗为避其所奉圣祖赵玄朗讳而改为此名。靖难起兵时，姚广孝请来"真武帝"的"天兵"相助，因得成祖崇奉。

④ 《明史》卷 164《列传第五十二》，《邹缉传》，第 4436 页。

⑤ ［明］释大闻辑：《释氏稽古略续集》卷 3，续修四库全书子部，上海古籍出版社 2002 年版，第 32 页。

⑥ 《明太宗实录》卷 16，第 294 页。

后改为五年一给度牒。① 永乐五年，直隶及浙江军民子弟私度为僧，冒请度牒者1800余人，成祖命"悉付兵部编军籍，发戍辽东、甘肃"，并重申"民年四十以上始听出家"之制。② 永乐六年六月，"命礼部移文中外，凡军民子弟仆奴自削发冒为僧者，并其父兄送京师，发五台山输作毕日，就北京为民，种田及房龙牧马，寺主僧容留者亦发北京为民种田"。③ 永乐十六年十月，政府又做了进一步的详细规定："上以天下僧道多不通经典而私簪剃，败辱教门，命礼部定通制，令后顾为僧道者，府不过四十人，州不过三十人，县不过二十人。限年十四以上二十以下，父母皆允，方许陈告有司，邻里保勘无碍，然后得投寺观。从师授业五年后，诸经习熟，然后赴僧录司道录司考试。果谙经典，始立法名，给与度牒；不通者罢还为民。若童子与父母不顾及有祖父母、父母无他子孙侍养者，皆不许出家。有年三十四十以上先曾出家而还俗及亡命黥刺者亦不许出家。若寺观住持不检察而容留者，罪之。"④ 这样，永乐时期的佛道政策得以进一步完备。

洪武年间奠基、永乐年间完备的以佛道为主要对象的宗教政策，是整个明代宗教政策的基础，为后代所继承和遵循。⑤

仁宣时期，明初两代的佛道政策得以继承。宣德元年（1426年）七月，明宣宗鉴于"僧道行童请给度牒甚多"，为查明其中潜隐有罪之人，令试僧道，"能通大经则给与度牒，在七月十九日以后及不通经者皆不给"。⑥ 因僧道泛滥，政府不得不重申洪武、永乐之际的宗教限制政策。宣德二年十二月，"限僧道度牒如永乐十六年例"。⑦ 宣德四年三月，"遵先朝令，仍严女妇出家之禁"。⑧ 宣德七年三月，"申洪武中僧人化缘之禁"。⑨

---

① 《明太宗实录》卷205，第2109页。
② 《明太宗实录》卷63，第904页。
③ 《明太宗实录》卷80，第1066页。
④ 《明太宗实录》卷205，第2109页。
⑤ 洪武、永乐年间，明政府还根据西藏政教合一特点，分封番僧，以达到笼络和管理的目的，亦为后代继承。
⑥ 《明宣宗实录》卷19，第516页。
⑦ 《国榷》卷20，第1337页。
⑧ 《明宣宗实录》卷55，第1314页。
⑨ 《国榷》卷22，第1429页。

宣德时期，明政府还加强了对僧道的管理与限制。宣德四年（1429年）八月所颁布的《勾军条例》规定："僧道坐事充军者，依洪熙元年二月事例，有故者不勾丁仍转达兵部开豁"，"故军户丁止一丁或为僧道者，其出家给度牒；如在未充军之前者，转达兵部覆实，开豁；如在已充军之后，仍发充军"。① 宣德八年正月，禁内使为僧，"敢有潜逃为僧者，皆杀不宥……若寺院藏匿，能自首首，宥其罪，官司不诘。捕及藏匿不首者，事觉，俱论死"。② 同年三月，清理僧道寄庄田，开籍供徭赋。寄庄乃寺观田地，动以千计，"止纳秋粮，别无科差，而收养军民子弟以为行童，及匿逃军逃民代为耕种，男女混杂无异俗"，这样导致"所在贫民无田可耕，且多差徭，而僧道丰富安坐而食"。因而广东按察司佥事鲁鼎奏请："会议取勘僧道寄庄之田及发寺观田，有人耕种者，开报佃人户籍，顷亩多则均分本处无田之民，以供徭税，其私置庄所隐逃军逃民男女杂居者，所在法司严捕治之。"③ 为了防止私自落发为僧、奸人恣肆的情况，从湖广荆州府荆门判官陈襄之请，"天下有司，关津但遇削发之人，捕送原籍治罪如律。果是僧，止居本处，不许出境，庶革奸弊"。④

永乐至仁宣时期的伊斯兰教和民间宗教，同样是继承了明太祖的政策。明成祖对郑和等一些回人的重用不亚于其父；永乐、宣德时期，边疆回回人的入贡仍是屡见不鲜。至于民间宗教，由于其常有的反政府性质，而终为历代所不容。永乐十年（1412年）明成祖谕天下，严禁民间"修斋诵经"，"无知愚民，妄称道人"等现象，"违者杀不赦"。⑤ 唐赛儿借白莲教举行的农民起义遭到明成祖残酷镇压即为一例，而且明政府为了抓到唐赛儿还不惜兴师动众。永乐十八年，"上以唐赛儿久不获，虑削发为尼，或混处女道士中。遂命法司凡北京山东境内尼及女道士悉逮至京诘"。⑥ 唐赛儿，山东白莲教首领，自称佛母，"作乱"被镇压，因其逃脱，故有此令，乃至被送京师者先后有几万人。宣德之际，以秘教起义更为常见。因而，《明宣宗实录》中关于"妖人作乱"的记

① 《明宣宗实录》卷57，第1357页。
② 《明宣宗实录》卷98，第2217页。
③ 《明宣宗实录》卷100，第2252页。
④ 《明宣宗实录》卷100，第2252页。
⑤ ［明］田艺蘅《留青日札》卷27，上海古籍出版社1985年版，第869页。
⑥ 《明太宗实录》卷223，第2203页。

载很多，宣宗认为，"自古小人造伪惑众，皆托释道以售奸"，故不可轻饶，"命行在都察院穷治之"。① 明初对民间宗教的政策基本为以后诸帝所继承。

明代中期宗教政策在前期基础之上有所调整。从英宗开始，历代宗、宪宗、孝宗，由于私创寺观泛滥，鬻牒之风盛行，僧道官传升制的实施，明初确立的对佛道教既崇又抑的双重政策渐遭破坏，措施渐趋失效。直至武宗佞佛、世宗排佛崇道，明初奠定的佛道政策不再被执行。隆庆、万历之初，佛道政策再次被调整，宗教政策执行中的弊端方有所革除。

明代中期，政府仍沿袭明初对伊斯兰教所持的宽容政策。景泰至成化年间，皇帝曾敕题"清真寺"和"礼拜寺"。武宗对伊斯兰教至为推崇，世宗曾令重修各处清真寺。而此期对民间宗教仍加严禁。例如，弘治十二年（1499年），"严左道惑众之禁"，对以"妖术惑人"的民间宗教"出榜禁约"，② 继承了明初的政策措施。

明代后期，宗教政策发生了显著的变化，即明政府加大了对民间宗教的禁止力度，并增加了对基督教的有关规定。之所以如此，乃是缘于正统宗教的相对衰落和非正统宗教的兴起。这一时期，明廷对佛教、道教和伊斯兰教等所谓的正统宗教继续执行明初的既定政策，但是，这几种宗教已日趋世俗化，并呈衰微之势。嘉靖以后，道教日趋衰微。虽然明神宗对其采取扶植和利用态度；崇祯帝更是屡召正一真人张应京，甚至亡国前一年还为其加封太子太保。③ 但这并未能阻止道教的衰颓之势。与道教不同的是，明中叶开始衰落的佛教，在万历以后却有了新发展。"自万历后，高僧辈出，云栖、紫柏、密云、湛然，各阐宗风，呈佛教复兴之象。"④ 活动于明末的四大高僧袾宏、真可、德清和智旭，会通诸宗，倡导三教圆融，禅教结合，佛教界出现了新气象。兼以明政府的扶植，致使万历中期，京师"香火之盛，赡养之腴，又十边储而三之。故十方缁流，咸辐辏于是"。⑤ 但是，佛教的演变趋势，使一定程度上的复兴难

---

① 《明宣宗实录》卷71，第1655页。
② 《明孝宗实录》卷147，第2587页。
③ 《国榷》卷99，第5993页。
④ 陈垣：《明季滇黔佛教考》卷1，中华书局1962年版，第14页。
⑤ 《明季滇黔佛教考》卷3，第282页。

以掩盖其衰落的必然性。伊斯兰教亦然。明代后期，各地不断重修清真寺，而且多有碑记，这表明政府依然"宽容"伊斯兰教，同时也说明伊斯兰教已处"教衰寺圮"之境。正统宗教的衰落为民间宗教和外来基督教的传播提供了广阔的空间。世俗化的佛道教脱离了正统宗教则成为广为民众信仰的民间宗教。政府继承明初对民间宗教的政策，但其实施的力度不得不显著加强。

另外，万历中期，西方基督教的传入也是一个突出的现象。由于它得到了越来越多人士的信仰，因而引起了统治者的重视。明代后期政府对基督教的政策是其宗教政策的重要内容。明政府对天主教的政策因怀疑和利用而动摇不定。先是宽容，任其发展，迨至与中国传统思想文化相抵牾日益明显时，在士大夫的推动下，实行禁止措施。但是，由于西方科技知识和天主教所具有的吸引力，即使"禁教"也不彻底，因而再次宽容并加以利用又成为现实。

（三）明代宗教政策的社会影响

明代的宗教政策对明代社会的各个方面都有深刻的影响，它不仅作用于社会政治和经济，从而成为影响社会稳定的重要因素，而且在国家统一和民族团结方面发挥着积极作用；同时，它又有益于中国传统文化的发展和各地区之间的经济文化交流。

1. 影响社会稳定的重要因素

在阶级社会里，宗教在许多重要方面都直接受到社会政治的影响和制约。另一方面，宗教对政治也具有十分重要的影响，并通过这种影响去为一定的社会经济生活服务。宗教政策或是对宗教所采取的政治支持，可以为宗教提供有利的发展条件；或是对宗教的政治压迫，可以威胁到宗教的生存。相应地，宗教政策对社会稳定也产生重要影响。概言之，宗教政策对社会稳定具有双重效应。明代的宗教政策对明代的政治、经济等社会各方面都具有调节作用。

首先，宗教政策在一定条件下有利于社会稳定，是使社会相对稳定的重要因素。宗教是统治阶段维护其统治秩序的精神支柱。在阶级社会里，任何一个政权都不可能避开宗教，不能忽视宗教政策。明初长期执行的宗教政策，对大多数宗教采取既提倡利用又限制禁约的政策。对宗教的提倡有利于其发展，并达到利用它来为统治者服务之目的；对宗教的限制，可以防止宗教势力过度膨胀，影响统治者统治的政治和经济基础。明太祖奠基的各项宗教政策，维护了宗教势力，促进了宗教的发展。但同时又有所抑限。既崇且抑，做到崇而不滥，倡而不佞，故未危及其政治统治。因而，明太祖于佛教，既有人言其崇奉"至极隆重"，① 又有人认为，"其规律之明，条例之严，古来所未有"。② 事实上，对宗教，不管是大肆崇奉，还是整顿清理，其目的只有一个，即利用宗教"助王纲""化愚民"，最终为巩固其统治的政治服务。"宗教是人民的鸦片。"③ 由于正统宗教，甚至有些民间宗教都包含着忍受苦难、安于现状，乃至迎合统治者的主张，因而明政府对宗教的提倡和利用，又使之成为麻痹人民群众、缓和阶级矛盾和维护反动统治的精神工具。因此，明代的宗教政策加强了对人民的思想控制，削弱了人民的反抗精神，从而维护了明王朝的封建统治。

其次，宗教政策可以导致宗教势力膨胀，影响政权稳定。明中期开始，明初制定的既崇且抑的双重宗教政策渐遭破坏，宗教势力不断膨胀，严重动摇了统治者的政治、经济基础。景泰年间，户部尚书金濂言"节用粮储"，内有一款云："僧道潜住京师，动以万计，虽不费官粮，而米价踊贵，实由其冗食所致。"④ 虽然不应把僧道冗食作为其时米贵的唯一原因，但确是重要原因之一。《今言》则载，马钧阳尝上疏言：成化二十二年（1486 年），僧道 50 余万人，这还不包括私自剃度者。以一僧一道食米 6 石论之，需米 260 余万石，"足当京师一岁之用"；况且，"创修寺观，遍于天下，自京师达之四方"，因而，"公私之财用于僧道过半"。⑤《明史》亦言，成化年间，佛至千余寺，"一寺立，而移民且数百家，费内币且数十万"。⑥ 武宗佞佛更甚，曾遣中官刘允迎乌斯藏僧，"携锦衣官百三十，卫卒及私仆隶数千人，刍粮、舟车费以百万计"，⑦

---

① ［明］沈德符：《万历野获编》卷 27《释教盛衰》，元明史料笔记丛刊，中华书局 1959 年版，第 679 页。
② 黄忏华《中国佛教史》第四章第五节，上海文艺出版社 1990 年版，第 343 页。
③ 《马克思恩格斯选集》第 1 卷，人民出版社 1995 年版，第 2 页。
④ ［明］余继登：《典故纪闻》卷 12，中华书局 1981 年版，第 212 页。
⑤ 《今言》卷 2，第 78 页。
⑥ 《明史》卷 182《王恕传》，第 4834 页。
⑦ 《明史》卷 190《毛纪传》，第 5046 页。

"赐其僧金印，犒赏以巨万计，内库黄金为之馨尽。敕允往返以十年为期，所携茶盐以数十万计"。① 由此可见，皇帝好佛，劳民伤财，竟至于此。世宗则奉道，"营建最繁，（嘉靖）十五年以前名为汰省，而经费六七百万，其后增十数倍，斋宫秘殿并时而兴，工场二三十处，役匠数万人……岁费二三百万"。致明王朝开国以来"百余年富庶治平之业，因此渐替"。② 孟森认为"明祚中衰，以正德、嘉靖为显著"，其主要原因乃帝王奉道奉佛，"逼取人民之膏血，以媚神佛，谓可求佛，无不得祸"。③ 神宗时，其母李太后好佛，所建梵刹，"动费巨万"。④ 历代帝王如此迷恋宗教，浪费钱财，明朝日趋衰微之势实难避免了。

在帝王崇佛奉道过程中，后妃与宦官对此起推波助澜的作用。英宗时，宦官王振当权，度僧建寺，致"僧尼蠹国"。⑤ 据《菽园杂记》记载，成化年间，除大兴隆、大隆福二寺，"余有赐额者，皆中官所建"，并描述"大臣多与僧官交欢"的情形。⑥ 世宗不仅"躬服其衣冠"，而且后妃宫嫔"皆羽衣黄冠"，与道士一起"诵法符咒，无间昼夜寒暑"。⑦ 万历时，神宗母李太后好佛，自称"九莲菩萨"。其时，因"释教大盛，（王）遴请汰其壮者归农，聚众修斋者坐左道罪"。然而，其结果，"诏已许，后妃宦官多言不便，事中止"。⑧ 可见，后妃、宦官与帝王一起成为影响宗教发展的封建政治势力，并由此影响到宗教政策的变化。而宗教政策反过来又通过宗教形式影响到社会的政治、经济基础，从而可以维持或破坏社会稳定，促进或阻碍社会经济发展。

2. 维系国家统一和民族团结，有利于经济文化交流

明朝政府在西南、西部和北部边疆执行适宜的民族宗教政策，维系了国家统一和民族团结，有利于不同地区之间的经济文化交流。明代中后期，政府大

---

① 《明史》卷331《西域传三》，第8574页。

② 《明史》卷18《世宗本纪二》，第250页。

③ 孟森：《明清史讲义》（上）第二编第四章，中华书局1981年版，第232页。

④ 《明史》卷114《后妃传》，第3536页。

⑤ 《明史》卷176《刘定之传》，第4692页。

⑥ ［明］陆容：《菽园杂记》卷5，中华书局1985年版，第59—60页。

⑦ ［明］张瀚：《松窗梦语》卷5，上海古籍出版社1986年版，第100页。

⑧ 《明史》卷220《王遴传》，第5791页。

多时候对基督教持宽容态度，促进了中西文化交流。

其一，对边疆的民族宗教政策有利于国家统一和民族团结。

宗教作为一种社会纽带，它具有加强民族团结和国家统一的重大作用。由于宗教信仰往往与风俗习惯有着密切的关系，因而，随着历史的发展，在一定地区和一定的民族范围内，各种宗教形成了各自的宗教文化圈，维系着人们之间的关系，在思想和生活习惯等方面具有牢固的聚合力。明代的宗教政策，尊重了各民族的宗教信仰和宗教感情，有益于民族团结、国家统一和民族文化的发展。

明初政府承认元朝时乌斯藏的帝师、国师，并相继分封三大法王和五王，从宗教政策上适应对西藏的管理。洪武五年（1372 年），乌斯藏帝师喃加巴藏卜被封为"炽盛佛宝国师"，同时受封者 60 人。帕木竹巴僧章阳沙加监藏仍受封灌顶国师；① 永乐四年（1406 年），其徒继封阐化王。② 此后，每代阐化王都由明朝政府册封。明政府陆续在西藏地区共封授了大宝法王、大乘法王、大慈法王、阐化王、辅教王、赞善王、护教王和阐教王等 8 个主要的王与法王。③ 明政府还制定了西藏的僧官制度。僧官分为法王、西天佛子、大国师、国师、禅师、都纲、喇嘛各等级。其中，法王是最高级僧侣，奉明廷封授，但他没有任命下级僧官之权。各级僧官均由明廷任免，接受其管理和封赏。总之，明初继续给喇嘛以优渥的待遇，并以此作为皇权中央管辖西藏地方的重要渠道，加强了西藏与内地的联系。

随着明政府在西藏地方统治的建立和巩固，西藏和内地的经济交流日益频繁。双方的贸易主要有两种形式。一种是茶马贸易。西藏主要用马换内地的茶。洪武时，明政府曾一次"运茶五十余万斤，获马万三千八百匹"。④ 但是这种由官府主持的贸易不能满足两族人民生活的需求，因而往往出现突破政府禁令的民间贸易。另一种是朝贡贸易。西藏的僧官等人定期到明朝进贡地方特产，如马匹、画佛、铜佛、铜塔、刀剑等，以换取绸缎、布帛、茶、钞等明政

① 《国榷》卷 5，第 467 页。
② 《国榷》卷 14，第 963 页。
③ ［清］龙文彬：《明会要》卷 78《外蕃二》，中华书局 1956 年版，第 1529—1532 页。
④ 《明史》卷 80《食货四》，第 1949 页。

府的回赐。由于回赐物品的价值往往超过进贡的物品，所以明政府对贡期和人数都有一定限制，"三岁一贡，贡使百五十人"。① 但朝贡的次数、人数越来越多。阐化王入贡，宣德、正统间不过三四十人，景泰时多至三百人，天顺间达二三千人，到成化时，往来者络绎不绝。嘉靖十五年（1536 年），大乘法王"偕辅教、阐教诸王来贡，使者至四千余人"。② 这些说明了当时西藏与明朝政府往来密切，贸易繁盛。整个明代双方贸易不断，丰富了汉、藏两族人民的经济生活。

明初建立的黄教（藏传佛教格鲁派），同样得到政府的有力支持。永乐十二年（1414 年），黄教建立者宗喀巴派其弟子释迦也失进京，受封"大慈法王"。③ 万历时，蒙古族的俺答汗崇信黄教，这使黄教在蒙古地区广为传播。明政府在蒙古地区执行民族宗教政策，继续保持了明朝北方形势的安定，和平时期，鞑靼和内地人的贸易交往不断。蒙古各部首领，每岁向明政府朝贡马匹等，明政府则根据马匹等级"给价有差"，然后"听以马价市缯布诸物"。④ 除朝贡贸易外，明政府还在管辖边境开设互市，定期交易，使汉、蒙商业贸易繁盛，促进了蒙古和内地经济的交流和发展。

其二，宗教性质的交往促进了内地与边疆地区经济文化交流和中西文化交流。

明代对宗教的提倡，使之成为密切各民族友好往来和增进各国家、各地区人民感情的媒介；对各民族、各国家间的思想文化成果的交流有着积极作用。

如前所论，明代对伊斯兰教极力褒扬，以怀柔为主、防范为辅的宗教政策，从法律上保护了穆斯林的宗教活动，尊重其风俗习惯。明初推行民族同化政策，大力推行汉化政策，使汉文教育较为普遍，汉语已为回族共同使用，回族姓氏亦逐渐改为汉姓。虽然民族同化政策含有防范动机，但这并未引起民族矛盾，这与清代分而治之、挑拨民族关系的措施和结果截然不同。故，明代的民族宗教政策，有利于民族团结和各民族的共同发展，有利于回族地区经济、

① 《明史》卷 331《西域三》之《赞善王传》，第 8583 页。
② 《明史》卷 331《西域三》之《大乘法王传》，第 8576 页。
③ 《明史》卷 331《西域三》之《大慈法王传》，第 8577 页。
④ 《明史》卷 327《外国八》之《鞑靼传》，第 8487 页。

文化的进步，促进了各民族的经济文化交流。

明朝后期，对天主教的宽容政策有利于传教士的东来；大批西方传教士在传教的同时，把许多先进的科学技术和思想文化引入中国，拓宽了中国人的视野，有益于中国传统文化的发展，促进了中西文化交流。利玛窦曾和徐光启等人一起从事天文历法研究。崇祯年间，徐光启和李之藻负责修订历法，先后聘请龙华民、邓玉函、罗雅谷和汤若望等传教士参加。经过数年努力，吸收了西洋历法优点的《崇祯历书》告成。西方的地理学著作和利玛窦编制的世界地图，拓宽了中国人的视野。明朝后期，西式火器在明军中使用。赵士桢著《神器谱》，孙元化著《西洋神机》等，表明西式火器制作技术及军事理论亦传入中国。此外，熊三拔著《泰西水法》，是第一部介绍西方农田水利的专著。数学上影响最大的则是《几何原本》的翻译。传教士还将中国儒家经典和历史著作传到欧洲。四书五经和中国史书的西传，在西方社会产生了深远影响。

总之，明代的宗教政策在维系国家统一和民族团结、促进经济文化交流等方面都发挥着积极的作用。

3. 促进中国传统文化的发展，并使之带有明显的宗教特征

宗教文化是人类文化的一部分。明代的各种宗教文化已发展成为中国传统文化的重要组成部分。儒佛道三家思想是中国传统文化的主要组成部分，它们既相互斗争，又相互渗透、相互融合，其结果，不仅使各家的思想得到不同程度的丰富和提高，而且促进了整个中国传统文化的丰富和提高。明代统治者倡导的三教并举政策，影响了众多的知识分子，他们潜心于宗教研究，并将其渗透到学术文化之中。当然，不仅佛教、道教对传统文化影响深远，而且伊斯兰教、天主教，乃至民间宗教中丰富多样的信仰对文化思想无不有着深刻而广泛的影响。这种融合了宗教因子的思想浸润到中国传统文化之中，从而构成了中国传统文化特征的新模式。换言之，明代的中国传统文化具有明显的宗教特征。

中国传统文化宗教特征的形成，一方面由于明代宗教政策之下的宗教盛行，影响了士大夫的处世心态；另一方面乃士大夫的宗教思想渗透到学术文化之中，给传统文化打上了宗教的烙印。

明代统治者对正统宗教的提倡和宽容，使宗教深入社会各个阶层。宗教在

明代社会生活中占有极其重要的地位，社会各个阶层，甚至崇尚儒学的士大夫们，信奉宗教者均大有人在。明代有许多士大夫喜好谈佛，明初翰林学士宋濂，对佛教深有研究，曾几次阅览《大藏经》，并撰有高僧塔铭等文字30余篇。明人焦竑在其《玉堂丛语》中载："国初，宋学士景濂精于释"，乃至太祖戏称其为"宋和尚"。① 明代中期以后，禅宗在士大夫中广为流传，在家居士研究佛教成为一种风气。明末学者顾炎武指出："南方士大夫，晚年多好学佛，北方士大夫，晚年多好学仙。"② 李贽、袁宏道、焦竑等都博览佛学典籍，并有专门佛学著作或著作中涉及佛道等内容。明代后期，士大夫中形成了一股崇尚禅宗的风气，"缙绅趋之如鹜"，③ "南北法席之盛，近代未有"。④ 董其昌、汤显祖等文人与禅僧唱酬往来，成为当时士大夫们的时尚。因之，近人陈垣指出："万历而后，禅风浸盛，士大夫无不谈禅，僧亦无不欲与士夫结纳。"⑤ 当然，居于社会下层的民众崇信佛教更加普遍，全国各地都有大量佛寺。道教的民间影响则更深，甚至融入人们的日常生活之中。自明世宗荒唐奉道之后，道教的发展更趋于民间化和世俗化。世宗崇道，除了对明代的政治和社会风气影响之外，还影响了道教的发展及中国民众对道教的信仰心理。明代中后期流行许多具有浓厚道教色彩的民间宗教，证明了道教影响力之巨大。道教在中国哲学思想领域内影响更深。明代理学家们融摄佛、道思想，大理学家王守仁的学说对社会影响颇大，其"致良知"说，便融入了不少道教内丹思想。明末四大高僧的著述中处处都有道教的印记。明代道教还对传统文学艺术等有着广泛而深刻的影响，古典小说中的明代三大名著《三国演义》《水浒传》《西游记》都兼涉到佛教和道教。道教的教理、教义、宗教伦理道德思想深入影响人们生活，其思想在明代社会各阶层中打上深深烙印，影响人们的心

---

① ［明］焦竑：《玉堂丛语》卷6《品藻》，元明史料笔记丛刊，中华书局1981年版，第198页。

② ［清］顾炎武《日知录》卷13《士大夫晚年之学》，《日知录集释》，上海古籍出版社1985年版，第1078页。

③ ［明］沈德符：《敝帚轩剩语》卷上，四库全书存目丛书，子部248册，第7页。

④ ［明］吕燕昭修，姚鼐纂：《新修江宁府志》卷51，中国地方志集成，江苏古籍出版社1991年版，第493页。

⑤ 《明季滇黔佛教考》卷3，第129页。

理和行为。在明代，各种名目的民间宗教在各地社会下层广泛传播，他们聚众谈经，宣传自己的主张。尤其是明代中后期，正德年间产生的罗教等大批新型民间宗教，把禅宗从士大夫阶层解放出来，以极为通俗的语言向下传播，改变了中国宗教史的面貌。万历时期，民间诸教派蜂起，大臣吕坤曾惊呼："白莲结社，遍及四方，教主传头，所在成聚，倘有招呼之首，此其归附之人。"①万历年间传入的天主教对明末的社会生活产生了较大影响，不少士大夫皈依天主教。著名的有徐光启、杨廷筠、李之藻，被称为中国早期天主教"三大柱石"。万历十一年（1583 年），利玛窦开始接受信徒，万历二十四年，已有 100多名。到万历三十八年利玛窦去世时，信徒已发展到 2500 名。万历末年，有13000 多名。崇祯九年（1636 年），有 38200 名。到清顺治七年（1650 年），竟增至 15 万人。② 天主教和西方科学技术的传入引起了中国知识分子的激烈争论，并由此引发了南京教案和攻击教堂行为；但是，不管明朝政府禁教与否，天主教势力仍日趋发展。传教士所带来的科技知识，使中国传统文化产生了激烈的震荡，成为中国科学文化近代化的催化剂。这一切都深刻地影响了当时人们，尤其是士大夫的心态。

二、明代文人的宗教信仰

在明代较为宽松的宗教政策之下，尤其是明太祖"三教并用"思想的影响之下，宗教乃至其他民间信仰深深影响到中国传统文化与文人士大夫集体。深受不同宗教影响的士大夫们自然或不自觉地将自己的宗教思想流露到其著作之中。

翻阅明人笔记，所载涉及佛道等宗教内容者极为常见，甚至怪异迷信等内容充斥其中。焦竑的《焦氏笔乘》、朱国桢《涌幢小品》、李乐《见闻杂记》等书均载有大量宗教材料，《四库全书总目》则认为明人顾起元所撰《客座赘语》，"多神怪琐屑之语"，"尤为无取矣"。③ 可见宗教影响之大。《明史》载，

---

① 《明史》卷 226《吕坤传》，第 5937 页。
② ［意］德礼贤：《中国天主教传教史》，商务印书馆 1940 年版，第 60、66 页。
③ ［清］永瑢等：《四库全书总目》卷 143，中华书局 1965 年版，第 1223 页。

万历中后期，"时士大夫多崇释氏教，士子作文每窃其绪言，鄙弃传注。前尚书余继登奏请约禁，然习尚如故"。① 陈垣亦言："禅悦，明季士大夫风气也。"②可见，"人趋异学，不出于庄则出入释"。③ 当然，信奉伊斯兰教或基督教的士大夫则分别给其各自的著作增添了不同的色彩。在文学上，除了三大名著富含宗教思想外，明代还有专门的志怪小说，如明代中后期出现的《东游记》《北游记》《封神演义》等。明代士大夫居然潜心于"神怪"作品的创作，可见宗教对他们影响之深。

明代文人的佛教信仰反映在大量的明人文集之中，这些文人以及他们的诗文又深刻影响了民众信仰群体。

以明末徽州休宁人金声为例，我们可以看出明代文人于佛教的用功程度。文学家、思想家金声，一生交游广泛，其中既有名士宿儒，又有禅师羽客。如道独禅师、天然和尚、法幢禅师等均是学养深厚、研修有得的高僧，金声还与挚友谭元春等在佛学方面往来书信，互相阐发佛理，谭元春曾致信金声讨教参禅念佛之法。金声精于佛学，崇尚"无心"境界，他认为，所谓"无心"即"心尽"。金声不仅自己潜心佛学，而且还鼓励朋友共同努力，他曾致信长兄谈及佛教感悟："此真学道人，弟所至欣羡者也。望兄仍时以佛法提撕，一切皆佛法，乃为来生大留种子耳。"④ 他还致信朋友熊开元、尹民兴，鼓励、指导其学佛参禅，可谓无微不至。如，他在给熊开元的两封信中这样劝勉："惟兄道力自进，心光自透……幸兄三思，佛说因果无有精粗，生死路头真可怕怖，勿为世谛所惑"，"惟望吾兄一日千里先为倡，弟亦重惜光阴，以日为劫，将图追步，不敢自废耳"。⑤

明代有大量的徽州文人文集，从现存的徽人文集来看，徽州文人的佛教信仰主要体现在与僧人交往、为僧人作序作传、为庙宇造像作文、探讨佛理、发

① 《明史》卷 216《冯琦传》，第 5705 页。
② 《明季滇黔佛教考》卷 3，第 129 页。
③ ［清］顾炎武：《日知录》卷 13《士大夫晚年之学》，《日知录集释》，上海古籍出版社1985 年版，第 1078 页。
④ ［明］金声：《金正希先生文集辑略》卷 5《与长兄》，四库禁毁书丛书，集部 50，北京出版社 2000 年版，第 560 页。
⑤ ［明］金声：《金正希先生文集辑略》卷 4《与熊鱼山》，第 514—515 页。

表感悟等方面。

明代休宁人程嘉燧，是著名的山水画家，其号松圆、偈庵，又号松圆老人、松圆道人、偈庵居士、偈庵老人、偈庵道人。晚年更是皈依佛教，释名海能。他曾写信劝友人郑闲孟拜师修佛，"兄是有信根人，趁此病苦，当勤精进……不论僧俗胜友导师，得其一言半偈，自求解脱，悬崖撒手，明了一大事，所谓朝闻夕死，正在于此，才不枉却平日些子聪明也"。① 他还作有《一树庵造像疏》《照微莲花峰下结庵疏》等，宣扬佛教信仰，其中，《一树庵造像疏》曰：

> 阿弥陀弘开誓愿于五浊世，接引众生善男女，专持佛名即一念间往生净土，须见光明之像，共成观想之因。自莲池和尚力倡念佛化导有情，值善门大师身坐道场兴隆末法，由是人始得闻希有难信之事，咸知供佛及僧所在，成就最胜功德之缘，皆如忆子见母。于时一树庵两沙门者飞锡雪山，同衣天井，并餐半粒……既有居士舍宅半山，岂无宰官书钱百万，普请大檀那众同发四无量心，金银赀财称力赢余相好光明等出现，是庄严非庄严，八部人天无如此庄严之胜；无福德是福德，四维上下莫如此福德之多。谨疏。②

金声则在给《与程伯名》书信中，提出对于佛学修炼的见解："岂四书六经语与佛法有差别耶？若功夫紧切，则所见时文无处不是说法"，这实际上是把儒学纳入佛学范畴之中，是此际文人类型的佛教居士修佛的重要特色。金声的《语录》辑录了他在日常修行过程中的感悟，如，"有念无念同归迷闷，明与不明总属两头""我等幸得人身，切莫打混过日，宜循佛说急自思量"等。③ 婺源人汪舜民是明朝大臣，曾作《送都纲普光还新安诗序》《送都纲存正序》，

---

① ［明］程嘉燧：《松圆偈庵集》卷下《与郑闲孟》，四库禁毁书丛书，补编67，北京出版社2000年版，第70页。
② ［明］程嘉燧：《松圆偈庵集》卷下《疏》，四库禁毁书丛书，补编67，第83页。
③ ［明］金声：《金正希先生文集辑略》卷9《语录上》《语录下》，第640、649页。

以朝臣的身份亲为僧官普光、存正作文。① 他甚至为《徽州府志》之《寺观》作小序，其文曰：

> 江南有寺观始于三国吴，而本府有寺观则始于晋，历唐及宋元而益炽洪，惟我太祖高皇帝稽古为治，于佛老虽不废其教而给度牒，天下郡邑僧道则有定额，未尝少滥。洪武二十四年又下归并之令，合数寺观各立一丛林且严私创庵院之律，故本府寺观皆仍前代之旧，未尝少有私创者，其名既登载于《大明一统志》，今省略之则无以见前代之滥而我朝之正矣。爰志寺观。②

余绍祉是明代婺源的文人隐士，其文集中载有许多佛学方面诗文，如，疏文有《白岳中和山募建经楼疏》《听松庵募修精庐疏》《天堂山圆通庵重建佛殿募疏》《祷观音疏》《天堂山散禅期礼忏疏》等，偈文有《释子寂如募灯偈》《高湖山观云偈》《谈禅九偈》《禅榻闲吟》等，像赞有《诸佛图赞》《观音像赞》《关侯像赞》《出山大士赞》《本师天童密云和尚像赞》等，另外还载有《访道目录》，表达自己"尽谢世缘"、一心向佛的决心：

> 崇祯十三年，岁在庚辰，予年四十有五矣，发稀齿豁，衰相种种，乃决意弃诸生，专志性学，结庐梅源，高阜处将，尽谢世缘，作一闭户先生，又思古人三上洞山，九到投子，此事岂容坐致。乃束装为吴越之游，访密云、雪峤诸尊宿……③

明代著名学者、休宁人程敏政的文集之中收有诸多反映僧道神灵的文章，如《祁门善和程氏重修报慈庵祠宇记》《休宁县方兴寺重修记》《重修南山庵记》《重建观音寺记》《忠孝道院记》《洞元观重修记》《重建龙宫寺记》《陈

---

① ［明］汪舜民：《静轩先生文集》卷5，续修四库全书，集部·别集类，第1331册，上海古籍出版社，第42、70页。
② ［明］汪舜民：《静轩先生文集》卷7，第64页。
③ ［明］余绍祉：《晚闻堂集》卷16，"四库未收书辑刊"，陆辑28册，第547页。

塘寺弥勒殿重修记》等,① 可见他对僧寺道观的修建较为关注,愿意为之作文。

除了佛教信仰外,徽州文人也信仰其他神灵。新安之神汪王就在其信仰或宣扬之列,"万岁山汪王庙,以言乎一方,则六州保土捍患明神也,以言乎朝庭,则阴助王师,亦开国佐命元勋之一部也"。② 明初朱升的《朱枫林集》中有《南山道院赋》《地里阴阳五行书序》等文章,明人李日华亦有"白岳神最灵,儿当躬往祈安"之语。③ 在四库全书存目丛书中有大量明人文集收录各种信仰习俗类文章,反映较为集中者,如吴子玉的《大鄣山人集》、李维桢的《大泌山房集》、方承训的《复初集》等。

明代文人金瑶则为"张仙"作《张仙新会议约引》,反映了存在于有、无之间的张仙信仰。其文如下:

> 张仙,不知何时人,世传为主生育之神。凡生子迟及艰子者,皆禋祀此神以祈子。其像少年挟弓矢,或谓为周宣王卿士张仲,非是。考姓氏,张姓出皇帝第五子青阳生挥观,弧星始制弓矢,帝命为弓正,主弧星祀,受姓张氏,弓即弧之别名。郊禖有授弓矢,以祓无子之礼,挟弓矢即授弓矢之遗意,又受姓张,张仙之为挥也。奚疑万历丙戌夏大水,水口诸佃人捕得一神像,识者指为张仙像。诸佃不敢亵,釀金黝垩冠裳之,栖以神座,未周年而一门八妇皆受孕,人皆以为异。于是族中少年未有子或有子未广者,共十五人,结为一会,以禋祀此神,立有规约,乞予弁一言。予按禋祀之说,其来远矣,郊禖发其端,而尼丘衍其派,其义遂蔓延于天下,后世迄今为尤盛,郊禖之礼,必非民间所得,而为后世遂援授弓矢之义,指青阳挥为禋祀之主以祈子,而命之曰张仙。曰张仙者,谓其灵异与仙同,非神号也。此神之主生育固未有据,而大众以生育归此神,则非一朝一夕之故

---

① [明] 程敏政:《篁墩文集》(一),卷 14—19,四库全书,集部 191 别集类,第 1252 册,第 246—342 页。

② [明] 金声:《金正希先生文集辑略》卷 8《劝输修汪王庙引》,第 626 页。

③ [明] 李日华:《礼白岳纪》,四库存目丛书,史部 128 册,第 109 页。

矣。众心之所归，则天命之所聚，诚积则凝，凝则神众，谓是神为生育之主，而谓上天生育之命不衰，于是神而惟所赋与乎？诸子但无贰尔心，此神挟弓矢，正以祓无子之祟，即无子且变而有子，而况应有子而迟乎？或曰，记称男子始生桑弧蓬矢以射四方，则弓矢男子所有事也，男子之生必需之遡弓矢，所自出之神以为祀正，所以祈男子亦通。昔苏明允尝祈此神而生二子伯轼而仲辙，皆才名冠世，此神不但主生男，而神之所生，又皆颖异超群，诸子能无贰尔心，则此神指令千载一日行，当犹如轼辙者出吾珰溪，而瀛之灵屹与眉山争峙矣，予虽老或犹及见之。①

这里，虽然不知张仙为何时之人，其至成为生育之神的缘由与神迹亦来自各种传说，但是族中无子或有子未广者十五人，结成一会，以张仙为信仰神灵，由此金瑶对之进行了详细的考证，并且希望信仰此神不仅可以生子而且可以生出"颖异超群"之子的传说能够在其家乡休宁珰溪实现。明代歙县人吴文奎亦载有吴氏张仙真人之事迹。②

明人汪循的文集之中有反映多种信仰的文章，如《瑞芝记》《忠烈庙碑记》《五祀考》《永嘉祈雨祷山川告文》《告城隍文》等，其中《母病祷灶神文》曰：

> 具官某敬以香茶清供再拜上祷于灶之神曰：礼疾病行祷者，臣子之于君父，各祷于其所当祭之神，士则五祀是也。他祀未修时当季夏灶方用事，神实司命，上通于天，谨以迫切至恺用伸祷告，有母方氏八十颓龄，近得一病……母苦如此，子情何堪，窃惟祷所以悔过迁善求神之祐，而母心行善慈无事悔迁，如命运坎坷，灾瘴逆侵，愿祈身

---

① ［明］金瑶：《金栗斋先生文集》卷4《张仙新会议约引》，续修四库全书，集部·别集类，第1342册，上海古籍出版社，第555页。
② ［明］吴文奎：《苏堂集》卷7《吴氏张仙真人会记》，四库存目丛书，集部第189册，第170页。

代，唯神其鉴之。①

程敏政则亲自编订了集中反映徽州民间祭祀科仪的文书《祈神奏格》，体现了徽州文人对礼俗的重视。其中载有一份《请张仙》科仪，所请诸神有九天掌生赐福广仁惠济张仙衍庆大真君、圣父嘉应侯、圣母慈庆夫人、圣后德惠夫人、圣嗣崇佑公、显佑公、圣媳淑夫人、福恭夫人、持弓挟弹二位仙童等，因为诸神"纯行孝友，德妙生成，掌天下之嗣，续握人间之孕育"。② 其文集之中有大量篇目涉及宗教信仰习俗，如《祀神考》《祭告五祀众神文》《奉安五祀诸神告文》《新居祭五祀文》等，其中《祀神考》一论定司命灶中雷族厉门五祀，二论定禖氏之祀，三论汉寿亭侯及远祖忠壮公唐越国汪公中丞张公之祀。③

由此可见，有明一代，政府对宗教采取既利用又抑限的政策，这不仅影响明代社会的各个层面，同时也影响了明代文人群体，使其具有浓厚的宗教情结，参禅悟道成为诸多文人的日常修为的重要内容。明代文人不仅积极投入佛教以及其他信仰之中，而且更有不少人写诗作文，这些著作或字里行间流露出文人对寺僧和佛学的重视与恭敬之心，或体现出作者对佛学或其他宗教的理解和修为，对信仰风俗起着一定的引领与传播作用。

三、徐霞客的宗教情结

明代初期奠定的"三教并用"政策不仅影响了明代中后期的基本国策，而且"三教合一"思想也影响了诸多明代文人士大夫。由此，有人认为，徐霞客的思想渊源主要来自三个方面：儒家的求真务实思想，佛家的出世思想，道家的崇尚自然思想。④

首先，作为中国传统的知识分子，徐霞客自然对儒家经典学术广泛涉猎，

---

① ［明］汪循：《仁峰文集》卷20《祭文》，四库全书存目丛书，集部第47册，第456页。

② ［明］程敏政：《祈神奏格》（抄本）乐卷《请张仙》。

③ ［明］程敏政：《篁墩文集》，四库禁毁书，集部191别集类，第1252册。

④ 《徐霞客评传》，第328页。

而求真务实正是儒家经典著作《论语》的基本要义。徐霞客对此深有领悟，所以他能够不唯书、不唯上，独立思考，从而发现历代被奉为圭臬的经典也有谬误。最终在求真务实精神指导下，他踏遍名山大川，献身于科学考察事业。其次，佛教是世界性三大宗教之一，早在东汉时期即已传入中国。博览群书的徐霞客对佛教经典有深入的研究。所以，在其旅游科考的各个阶段，徐霞客不仅拜访了佛教名山、诸多寺庙，而且他还与众多僧人交往，乃至为伴为友。《滇游日记》载曰："坐楼前池上征迦叶事，取《藏经》中与鸡山相涉者，摘一二段录之。始知《经》言'迦叶守衣入定，有四石山来合'，即其事也，亦未尝有鸡足名。又知迦叶亦有三，惟迦叶波名为摩诃迦叶。'摩诃'，大也，余皆小迦叶耳。"① 正因为佛教的出世思想深刻影响了徐霞客，所以熟知徐霞客的吴国华就曾说徐霞客有遍览华藏之"奇癖"。再次，崇尚自然的道教思想也对徐霞客产生很大影响。譬如，在《游庐山日记》里，徐霞客在记述大林寺、佛手岩等之外，还记载白鹿升仙台："升仙台三面壁立，四旁多乔松，高帝御制周颠仙庙碑在其顶，石亭覆之，制甚古。"② 明太祖为道人周颠仙御制的碑文，徐霞客甚为留意，认为此碑制作工艺和格式都很古雅考究。在《楚游日记》中，徐霞客对舜帝炼丹上升之事做出考证，引《山海经》《三洞录》《零陵郡忠》《何侯记》等史籍，"其说种种姑存之"。③ 徐霞客不以旅游探险为苦，"以性灵游"，往往流连于山水之间，达到超然的境界。

由此可见，徐霞客的思想渊源，除了受到传统儒家文化影响之外，我们也可以看出释道两家思想给他带来的深刻印记。徐霞客的宗教情结主要就是他对于佛教、道教的敬重和体验之情。

（一）瞻仰佛道二教的崇敬之情

徐霞客游历各地，每至一处，必游寺观。据《徐霞客游记》的统计，从1613年徐霞客游浙江天台山起，至1639年游云南鸡足山为止，徐霞客一共游历过寺、庵、庙335座，交往僧侣158位；游历过宫、观、阁47座，交往道士

① 《徐霞客游记》，第117页。
② 《徐霞客游记》，第25页。
③ 《徐霞客游记》，第233页。

19位。① 仅《游庐山日记》中所载寺庙道观就有西林寺、东林寺、天池寺、报国寺、精庐书斋、聚仙亭、文殊台、大林寺、白鹿升仙台、佛手岩、竹林寺、神龙宫等。

他在瞻仰各地寺观时，虔诚而崇敬，常常要整顿衣冠、更衣后礼佛。体现了他对佛教深深的敬畏之情。如，徐霞客在《游天台山日记》中写道：礼佛昙花亭，"过昙花，入上方广寺。循寺前溪，复至隔山大石上，坐观石梁。为下寺僧促饭，乃去。饭后，十五里，抵万年寺，登藏经阁。阁两重，有南北经两藏。寺前后多古杉，悉三人围，鹤巢于上，传声嘹呖，亦山中一清响也"。② 《滇游日记》则记载了徐霞客供佛礼忏、遍游寺庙佛堂之详细情况。③

徐霞客踏遍许多名山大川，其中有不少佛道教名山。位于山西之五台山，是我国四大佛教名山之一。徐霞客登山之后，也是要"入叩佛龛"，描述万佛阁，则曰："佛俱金碧旃檀，罗列辉映，不啻万尊。前有阁二重，俱三层，其周庐环阁亦三层，中架复道，往来空中。当此万山艰阻，非神力不能运此。"④ 崇拜之情溢于言表。

对得道僧保存下来的遗体，徐霞客历尽艰辛前去拜谒寻访。据《游武彝山日记》所载，徐霞客探访张仙遗蜕、徐仙遗蜕："旁路穷，有梯悬绝壁间，蹑而上，摇摇欲堕。梯穷得一岩，则张仙遗蜕也。岩在峰半，觅徐仙岩，皆石壁不可通；下梯寻别道，又不可得；蹑石则峭壁无阶，投莽则深密莫辨。"甚至差点丢了性命，"余裂衣不顾，趋就之，复不能前。日已西薄，遂以手悬棘，乱坠而下，得道已在万年宫右"。对此，道士告诉徐霞客："大王峰顶久不能到，惟张岩梯在。峰顶六梯及徐岩梯俱已朽坏。徐仙蜕已移入会真庙矣。"得知徐仙蜕在会真庙，徐霞客"二十三日登陆……命移舟十里，候于赤石街，余乃入会真观，谒武彝君及徐仙遗蜕"。⑤

武当山为道教名山，即霞客笔下的太和山，相传真武曾修炼于此。徐霞客

---

① 《徐霞客评传》，第409页。
② 《徐霞客游记》，第3页。
③ 《徐霞客游记》，第835—872页。
④ 《徐霞客游记》，第84—85页。
⑤ 《徐霞客游记》，第22—23页。

对此极为崇敬："日将晡，竭力造金顶，所谓天柱峰也。山顶众峰，皆如覆钟峙鼎，离离攒立；天柱中悬，独出众峰之表，四旁崭绝。峰顶平处，纵横止及寻丈。金殿峙其上，中奉玄帝及四将，炉案俱具，悉以金为之。督以一千户、一提点，需索香金，不啻御夺。余入叩匆匆，而门已阖，遂下宿太和宫。十四日更衣上金顶。瞻叩毕，天宇澄朗，下瞰诸峰，近者鹄峙，远者罗列，诚天真奥区也！遂从三天门之右小径下峡中。此径无级无索，乱峰离立，路穿其间，迥觉幽胜。三里余，抵蜡烛峰右，泉涓涓溢出路旁，下为蜡烛洞。循洞右行三里余，峰随山转，下见平丘中开，为上琼台观。其旁榔梅数株，大皆合抱，花色浮空映山，绚烂岩际。地既幽绝，景复殊异……复上三里余，直造蜡烛峰坳中。峰参差廉利，人影中度，兀兀欲动。既度，循崖宛转，连越数重。峰头土石，往往随地异色。既而闻梵颂声，则仰见峰顶遥遥上悬，已出朝天宫右矣。仍上八里，造南岩之南天门，趋谒正殿，右转入殿后，崇崖嵌空，如悬廊复道，蜿蜒山半，下临无际，是名南岩，亦名紫霄岩，为三十六岩之最，天柱峰正当其面……十五日，从南天门宫左趋雷公洞。洞在悬崖间……乃从北天门下，一径阴森，滴水、仙侣二岩，俱在路左，飞崖上突，泉滴沥于中，中可容室，皆祠真武……过白云、仙龟诸岩，共二十余里，循级直下洞底，则青羊桥也。洞即竹笆桥下流，两崖翁葱蔽日，清流延回，桥跨其上，不知流之所去。仰视碧落，宛若瓮口。度桥，直上攒天岭。五里，抵五龙宫，规制与紫霄南岩相伯仲。殿后登山里许，转入坞中，得自然庵。已还至殿右，折下坞中，二里，得凌虚岩。岩倚重峦，临绝壑，面对桃源洞诸山，嘉木尤深密，紫翠之色互映如图画，为希夷即唐末隐士陈抟，号希夷习静处。前有传经台，孤瞰壑中，可与飞昇作匹。还过殿左，登榔梅台，即下山至草店。"① 徐霞客这里描写的仙观玉宇，处处透出道教风味，显示出一种对名山仙道的崇敬与欢乐之情。

在《游嵩山日记》，徐霞客从正殿礼佛写起，继则游览少林寺、甘露台、初祖庵，探初祖洞，过藏经殿、千佛殿等，行文中透露出对佛教的敬重和对未知的探索：

---

① 《徐霞客游记》，第52—54页。

二十三日，云气俱尽。入正殿，礼佛毕，登南寨。南寨者，少室绝顶，高与太室等，而峰峦峭拔，负“九鼎莲花”之名。俯环其后者为九乳峰，蜿蜒东接太室，其阴则少林寺在焉。寺甚整丽，庭中新旧碑森列成行，俱完善。夹墀二松，高伟而整，如有尺度。少室横峙于前，仰不能见顶，游者如面墙而立，辄谓少室以远胜。余昨暮入寺，即问少室道，俱谓雪深道绝，必无往。凡登山以晴朗为佳。余登太室，云气弥漫，或以为仙灵见拒，不知此山魁梧，正须止露半面……二十四日，从寺西北行，过甘露台，又过初祖庵。北四里，上五乳峰，探初祖洞。洞深二丈，阔杀之，达摩九年面壁处也。洞门下临寺，面对少室。地无泉，故无栖者。下至初祖庵，庵中供达摩影石。石高不及三尺，白质黑章，俨然胡僧立像。中殿六祖手植柏，大已三人围，碑言自广东置钵中携至者。夹墀二松亚少林。少林松柏俱修伟，不似岳庙偃仆盘曲，此松亦然。下至甘露台，土阜矗起，上有藏经殿。下台历殿三重，碑碣散布，目不暇接。后为千佛殿，雄丽罕匹。①

《楚游日记》中记载一位老僧，号东窗，“年九十八，犹能与客同拜起”。②又载徐霞客休憩于斜洞中，以所携兰花九头花，共七枝，“栽洞中当门小峰间石台上以供佛”。③ 还有对徐霞客冒着大雨、“持盖为苏仙之游”的描述：

随郴溪西岸行，一里，度苏仙桥，随郴溪东岸行，东北二里，溪折西北去，乃由水经东上山。入山即有穹碑，书“天下第十八福地”。由此半里，即为乳仙宫。丛桂荫门，清流界道，有僧乘宗出迎客。余以足袜淋漓，恐污宫内，欲乘势先登山顶，与僧为明日期。僧以茶笋出饷，且曰：“白鹿洞即在宫后，可先一探。”余急从之。由宫左至宫

① 《徐霞客游记》，第43—46页。
② 《徐霞客游记》，第190页。
③ 《徐霞客游记》，第238页。

后，则新室三楹，掩门未启。即排以入，石洞正当楹后，崖高数丈，为楹掩，俱不可见，洞门高丈六，止从楹上透光入洞耳。洞东向，皆青石逆裂，二丈之内，即成峡而入，已转东向，渐洼伏黑阚，无容匍伏矣。成峡处其西石崖倒垂，不及地者尺五，有嵌裂透漏之状。正德五年，锡邑秦太保金时，以巡抚征龚福全，勒石于上。又西有一隙，侧身而进，已转南下，穿穴匍伏出岩前，则明窦也。复从楹内进洞，少憩，仍至前宫，别乘宗，由宫内右登岭，冒雨北上一里，即为中观。观门甚雅，中有书室，花竹翛然，乃王氏者，亦以足污未入。由观右登岭，冒雨东北上一里半，遂造其顶。有大路由东向迤入者，乃前门正道；有小路北上沉香石、飞升亭，为殿后路。余从小径上，带湿谒苏仙，僧俗谒仙者数十人，喧处于中，余向火炙衣，自适其适，不暇他问也。①

《楚游日记》还记载了徐霞客在千佛庵听经之况："有云南法师自如，升高座讲《法华》。时雨花缤纷，余随众听讲。遂饭于庵，而刘明宇竟复不至。因从庵后暗西域僧，并衡山昆卢洞大师普观，亦以听讲至者。"②

《粤西游日记》中记载了徐霞客入全州城，出西门至寺，登大殿，拜无量寿佛塔，并指出："无量寿佛成果于唐咸通间，《传灯录》未载，号全真，故州以全名。肉身自万历初段，丙戌又毁，后又毁。"③ 桂林之游，徐霞客对山神、佛像、菩萨，乃至禅榻、法藏等有生动形象的记录："其高处有山神，长尺许，飞坐悬崖；其深处有佛像，仅七寸，端居半壁菩萨之侧。禅榻一龛，正可趺跏而坐；观音座之前，法藏一轮，若欲圆转而行。"④ 此外，桂林之行，还记载了徐霞客对道教符方秘歌的兴趣：

余出匣中手摹雷符及寇书，而石崖歌则石雨淋漓，抵暮而所摹无

① 《徐霞客游记》，第253—254页。
② 《徐霞客游记》，第260页。
③ 《徐霞客游记》，第274页。
④ 《徐霞客游记》，第295页。

几。又令静闻抄录张、刘二仙《金丹歌》，亦未竟。又崖间镌刘仙《养气汤方》及唐少卿《遇仙记》，未录，遂宿观。道士出粥以饷。中夜大雨，势若倒峡。

　　刘仙名景，字仲远，乃平叔弟子，各有《金丹秘歌》镌崖内，又有《俞真人歌》在洞门崖上，半已剥落，而《养气汤方》甚妙，唐少卿书奇，俱附镌焉。①

　　徐霞客尊佛重道还体现在他求神问佛上。《粤西游日记》就有他"阄于佛前"的记载。② 对于静闻"必窆骨鸡足山"，徐霞客因路远迢迢而犹豫不决，于是再次"阄于佛前"，从而下定决心："且问带骸多阻，余心忡忡，乃为二阄请于天宁寺佛前，得带去者。余乃冒雨趋崇善，以银界僧宝檀，令备蔬为明日起窆之具。"③

　　《粤西游日记》中还记载徐霞客，"积薪佛座前作长明灯，以驱积阴之气，乃架匡展簟而卧"。④《滇游日记》中记载徐霞客行未几，右足忽痛不止。他找不到原因，则曰："此灵泉而以濯足，山灵罪我矣。请以佛氏忏法解之。如果神之所为，祈十步内痛止。""及十步而痛忽止。"⑤ 另外，还有对灵泉的记载，对佛教之神的感慨："观其灵泉，不出于峡而出于脊，不出崖外而出崖中，不出于穴孔而出于穴顶，其悬也，似有所从来而不见，其坠也，似不假灌输而不竭，有是哉，佛教之神也于是乎征矣。"⑥

（二）结识僧道的厚谊之情

　　徐霞客在长期的旅游探险过程中，接触到很多的僧道。徐霞客与这一群体广泛结识、交往，其中当然有方便食宿、方便出游等原因，但是不仅仅如此，徐霞客还将他们视为朋友、知己，甚至结下了深情厚谊，乃至生死与共之交。

---

① 《徐霞客游记》，第304页。
② 《徐霞客游记》，第497页。
③ 《徐霞客游记》，第531页。
④ 《徐霞客游记》，第576页。
⑤ 《徐霞客游记》，第696—697页。
⑥ 《徐霞客游记》，第1115页。

徐霞客在游历天台山时，描述在国清与僧人云峰相见，"如遇故知"，共同商量"探奇次第"，而云峰也给出建设性建言："名胜无如两岩，虽远，可以骑行。先两岩而后步至桃源，抵桐柏，则翠城、赤城，可一览收矣。"①

在游雁荡山时，徐霞客投宿云静庵，有道人清隐，"卧床数十年，尚能与客谈笑"。② 体现了徐霞客对清隐道人的敬佩之情。

公元 1616 年正月，徐霞客遍游白岳山（齐云山），与志同道合的道士汪伯化，"冒雪蹑水"，不畏艰难，终于尽览山色美景，"二十八日……同伯化蹑屐，二里，复抵文昌阁。览地天一色，虽阻游五井，更益奇观"。次日所见更是"青天一色，半月来所未睹"。③

《游庐山日记》记载了徐霞客一路上有僧人迎接、指路、导游，乃至食宿：

> 二十日晨雾尽收……因再为石门游，三里，度昨所过险处，至则容成方持贝叶出迎，喜甚，导余历览诸峰。上至神龙宫右，折而下，入神龙宫。奔涧鸣雷，松竹荫映，山峡中奥寂境也。循旧路抵天池下，从岐径东南行十里，升降于层峰幽涧；无径不竹，无阴不松，则金竹坪也。诸峰隐护，幽倍天池，旷则逊之。
>
> 从山坞西南行，循桃花峰东转，过晒谷石，越岭南下，复上则汉阳峰也。先是遇一僧，谓峰顶无可托宿，宜投慧灯僧舍，因指以路。未至峰顶二里，落照盈山，遂如僧言，东向越岭，转而西南，即汉阳峰之阳也。一径循山，重嶂幽寂，非复人世。里许，蓊然竹丛中得一龛，有僧短发覆额，破衲赤足者，即慧灯也，方挑水磨腐。竹内僧三四人，衣履揖客，皆慕灯远来者。复有赤脚短发僧从崖间下，问之，乃云南鸡足山僧。灯有徒，结茅于内，其僧历悬崖访之，方返耳。余即拉一僧为导，攀援半里，至其所。石壁峭削，悬梯以度，一茅如慧灯龛。僧本山下民家，亦以慕灯居此。至是而上仰汉阳，下俯绝壁，与世复隔矣。暝色已合，归宿灯龛。灯煮腐相饷，前指路僧亦至。灯

---

① 《徐霞客游记》，第 3 页。
② 《徐霞客游记》，第 8 页。
③ 《徐霞客游记》，第 11 页。

半一腐，必自己出，必遍及其徒。徒亦自至，来僧其一也。①

在《江右游日记》里，徐霞客这样描述贯心上人对自己的关怀之情："时雨势弥甚，衣履沾透，贯心上人急解衣代更，爇火就炙，心知众峰之奇，不能拔云驱雾矣。是日竟日夜雨，为作《五缘诗》。"②

当然，徐霞客不只是受助于僧道，他亦为僧道出谋划策："时庐新构，三面俱半壁，而寂不见人。"徐霞客等了许久，一人运土至，询之，曰："僧以后壁未全，将甃而塞之也。"问僧何在，曰："业从山下跻级登矣！"因坐候其至，为之画曰："汝虑北风吹神像，何不以木为龛坐，护置室中，而空其后壁，正可透引山色。造物之悬设此峰，与尔之绾架此屋，皆此意也。必甃而塞之，失此初心矣。"徐霞客的谋划深得僧人赞同，"僧领之，引余观所谓玉泉者"。③《滇游日记》中更有后来的徐霞客鸡山修志之举。

《江右游日记》还记录了徐霞客与静闻至曹山，结识宜黄人即名僧观心，通儒释之渊微，兼诗文之玄著。徐霞客与之一见如故，性情契合："余一至，即有针芥之合。"因而："设供篝灯，谈至丙夜，犹不肯就寝，曰：'恨相见之晚也。'"④

《楚游日记》记载了徐霞客与瑞光、融止及其师兄等、觉空、乘宗相遇之缘，尤其是他与融止的相遇相知，乘宗的热情相待，徐霞客感到无以为报，"惟劝其为吴游，冀他日备云水一供耳"：

　　觅静闻，暮得之绿竹庵天母殿瑞光师处。亟投之，就火炙衣，而衡山古太坪僧融止已在焉。先是，予过古太坪，上古龙池，于山半问路静室，而融止及其师兄应庵双替。苦留余。余急辞去，至是已先会静闻，知余踪迹。盖融止扶应庵将南返桂林七星岩，故道出于此，而复与之遇，亦一缘也。绿竹庵在衡北门外华严、松萝诸庵之间。八庵

① 《徐霞客游记》，第26—27页。
② 《徐霞客游记》，第115页。
③ 《徐霞客游记》，第142—143页。
④ 《徐霞客游记》，第144页。

连络，俱幽静明洁，呗呗相闻，乃藩府焚修焚香修道之地。盖桂王以亲藩乐善，故孜孜于禅教云。

……过中观，入谒仙，觅僧遍如，不在。入王氏书室，折蔷薇一枝，下至乳源宫，供仙案间。乘宗仍留茶点，且以仙桃石馈余，余无以酬，惟劝其为吴游，冀他日备云水一供耳。①

更为巧合的是，徐霞客到了桂林再次与融止相遇："甫投体叩佛，忽一僧前呼，则融止也。先是，与融止一遇于衡山太古坪，再遇于衡州绿竹庵，融止先归桂林，相期会于七星。比余至，逢人辄问，并无识者。过七星，谓已无从物色。至此忽外遇之，遂停宿其岩。"②

《楚游日记》还记载了徐霞客与竺震上人的交谊，以及竺震上人对徐霞客的慷慨资助："先是，竺震与静闻游，候余至，以香秫程资馈，余受秫而返资。竺震匍匐再三，期一往顾。初余以十八发，固辞之。至是改期，乃往。先过千佛庵，听讲毕，随竺震至花药，饭于小阁，以待静闻，憩啖甚久，薄暮入城。竺震以相送至寓，以昨所返资果固掷而去。既昏，则静闻同祥甫赍王所助游资来，共十四金。"③

《粤西游日记》记载观音庵两僧，奉主僧之命前来迎接徐霞客并为之导游入洞："一曰禅一，一曰映玉，乃奉主僧满室命以茶来迎，且导余入洞者。"④《滇游日记》则记载徐霞客游西峡，对苦修之僧大乘、总持，充满敬意，认为他们是"空山中两胜侣"：

余先入旧寺，见正殿亦整，其后遂危崖迥峭、藤木倒垂于其上，而殿前两柏甚巨，夹立参天。寺中止一僧，乃寄锡殿中者，一见即为余蒸火炊饭。余乃更衣叩佛，即乘间东登朝阳……还饭旧寺，即欲登顶为行计，见炊饭僧殷勤整馂，虽瓶无余粟，豆无余蔬，殊有割指啖

① 《徐霞客游记》，第238—254页。
② 《徐霞客游记》，第298页。
③ 《徐霞客游记》，第260页。
④ 《徐霞客游记》，第595页。

客之意，心异之。及饭，则已箸不沾蔬，而止以蔬奉客，始知即为淡斋师也。先是横山屯老妪为余言："山中有一僧，损口苦体，以供大众。有予衣者，辄复予人。有饷食者，己不盐不油，惟恐众口弗适。"余初至此讯之，师不对，余肉眼不知即师也。师号大乘，年甫四十，幼为川人，长于姚安，寄锡于此，已期年矣。发愿淡斋供众，欲于此静修三年，百日始一下山。其形短小，而目有疯痒之疾。苦行勤修，世所未有。余见之，方不忍去，而饭未毕，大雨如注，其势不已，师留止宿，余遂停憩焉。是夜寒甚，余宿前楹，师独留正殿，无具无衾，彻夜禅那入定不休。

十三日，达旦雨不止，大乘师复留憩。余见其瓶粟将尽，为炊粥为晨餐，师复即另爨为饭。上午雨止，恐余行，复强余餐。忽有一头陀入视，即昨朝阳入庵时曳杖而出者，见余曰："君尚在此，何不过我？我犹可为君一日供，不必啖此也。"遂挟余过朝阳，共煨火具餐。师号总持，马龙人，为曲靖东山寺住持，避嚣于此，亦非此庵主僧也。此庵主僧曰瑞空，昨与旧寺主僧俱入郡，瑞空归而旧寺僧并不知返，盖皆蠢蠢，世法佛法，一无少解者。大乘精进而无余资，总持静修而能撙节，亦空山中两胜侣也。①

《滇游日记》记载一位吴姓道者迎接徐霞客入坐茅屋之中："一道者方凿崖填路，迎余入坐茅中。其茅仅逾方丈，明窗净壁，中无供像，亦无爨具，盖初落成而犹未栖息其间者。道人吴姓，即西村海口人，向以贾游于外，今归而结净于此，可谓得所托矣。"② 还记载徐霞客与体空等相见情形："体空方出迎，而公趾辈自上望见，趋而至曰：'薄醴已备，可不必参禅。'遂拉之去。抵殿东厢，则筑居亦为拉出矣。遂就燕饮。"③ 另有记载徐霞客在鸡足山更有相应相求之交："余见阁东有台颇幽，独探之。一老僧方濯足其上，余心知为师

_____

① 《徐霞客游记》，第731—732页。
② 《徐霞客游记》，第772页。
③ 《徐霞客游记》，第790页。

也，拱而待之。师即跃而起，把臂呼：'同声相应，同气相求。'且诠解之。"①在鸡足山，还有与徐霞客彻夜交谈寺庙缘起与高僧遗迹的兰宗："薄暮，兰宗复来，与谈山中诸兰若缘起，并古德遗迹，日暮不能竟。"② 又载曰：

> 初余自慧光寺来，其僧翠峰谓余曰："僧少待一同衣，当即追随后尘。"比至万佛堂，翠峰果同一僧至，乃川僧一苇，自京师参访至此，能讲演宗旨。闻此有了凡师，亦川僧，淹贯内典，自立师行后，住静东峡，为此山名宿，故同翠峰来访之。时了凡因殿毁，慕闪太史约庵，先铸铜佛于旧基，以为兴复之倡，暂从静室中移栖万佛前楼，余遂与一苇同谒之。③

徐霞客还与僧一苇、了凡相聚甚欢，友情深厚，更有与影空"一见把臂"之交："与别已半载，一见把臂，乃饭而去。"兰宗也是徐霞客的"把臂之交"："兰宗遥从竹间望余，至即把臂留宿。"④

有意思的是，《粤西游日记》记载徐霞客所遇一僧，初则辞色傲慢，辞以无米无薪，继而交谈之后，"语遂合"，最终有饭有菜，还可以用火烤干衣服："初至，以余擅启其闭，辞色甚倨。余告以远来遇雨，不得不入以待铺. 初辞以无米且无薪，余先窥其盎有夙储，不直折之而穿，强其必炊。既炊，余就与语，语遂合，不特炊米供饭，且瀹耳为蔬，更觅薪炙衣焉。其僧好作禅语，楚人。既饭，酬以钱，复不纳。"⑤

（三）抒发感悟禅理的超然之情

禅在汉代随着佛教传入而进入，在唐宋时期达到高峰，禅庄合流，最终吸收佛教，融合道教，形成禅宗派别。对此，钱穆在《中国文化史导论》指出，武则天时期，"一切文学艺术正在含葩待放，而禅宗却如早春寒梅，一支绝娇

---

① 《徐霞客游记》，第 824 页。
② 《徐霞客游记》，第 837 页。
③ 《徐霞客游记》，第 951 页。
④ 《徐霞客游记》，第 1115—1116 页。
⑤ 《徐霞客游记》，第 392 页。

艳的花朵，先在冰天雪地中开出"。① 禅宗思想影响了中国一千余年，明清之际，文人士大夫多喜欢参禅。② 所以陈垣有言："禅悦，明季士大夫风气也。"③ 与徐霞客同时代的书画家董其昌在其著作中列出"禅悦"条，其中载："余始参竹篦子话，久未有契。一日，于舟中卧念香严击竹因缘，以手敲舟中张布帆竹，瞥然有省，自此不疑，从上老和尚舌头，千经万论，触眼穿透。是乙酉年五月，舟过武塘时也。其年秋，自金陵下第归，忽现一念，三世境界，意议不行。凡两日半而复，乃知大学所云，心不在焉。视而不见，听而不闻，正是悟境。不可作迷解也。"又载曰："达观禅师初至云间。余时为诸生，与会于积庆方丈。越三日，观师过访，稽首请余为思大禅师大乘止观序曰：王廷尉妙于文章，陆宗伯深于禅理。合之双美，离之两伤。道人于子，有厚望耳。余自此始沉酣内典，参究宗乘，复得密藏激扬，稍有所契……"④

徐霞客当然亦是如此。《浙游日记》所载，徐霞客在去衢州途中，这样描述山水画般的沿途风景："江清月皎，水天一空，觉此时万虑俱净，一身与村树人烟俱熔，彻成水晶一块，直是肤里无间，渣滓不留，满前皆飞跃也。"⑤ 此际，万虑俱净，人物俱熔，静净至极。

《滇游日记》记载一苇与了凡参禅："一苇与了凡以同乡故，欲住静山中，了凡与之为禅语。余旁参之，觉凡公禅学宏贯，而心境未融，苇公参悟精勤，而宗旨未彻，然山穷水尽中亦不易得也。"⑥ 这里，徐霞客不仅能够"旁参之"，而且明了一苇与了凡的优缺点，若非精通禅理他是做不到的。徐霞客留存的诗作中有不少富含禅意、颇具禅趣、反映其禅学修为的诗句，如："餐冰饱雪千年炼，还共拈花一笑供。"（鸡山十景十七首之一《传衣古松》）⑦ "明月一帘心般若，慈云四壁影婆娑。笑中谁是拈华意，会却拈华笑亦多。"（赠鸡

---

① 钱穆：《中国文化史导论》修订本，商务印书馆1994年版，第166页。
② 《明史》卷216《冯琦传》，第5705页。
③ 《明季滇黔佛教考》卷3，第129页。
④ ［明］董其昌著，屠友详校注：《画禅室随笔》卷4，国学书库·书画论丛，江苏教育出版社2005年版，第235—237页。
⑤ 《徐霞客游记》，第109页。
⑥ 《徐霞客游记》，第951页。
⑦ 《徐霞客游记》，第1158页。

足山僧妙行七律二首之一)①

徐霞客"以性灵游",这本身就具有禅宗和道学的超然之情。如,《游雁宕山日记》记载,道人清隐的徒弟送徐霞客至峰顶,徐霞客这样描述所见景色:"四望白云,迷漫一色,平铺峰下。诸峰朵朵,仅露一顶,日光映之,如冰壶瑶界,不辨海陆。然海中玉环一抹,若可俯而拾也。北瞰山坳壁立,内石笋森森,参差不一。三面翠崖环绕,更胜灵岩。但谷幽境绝,惟闻水声潺潺,莫辨何地。"② 从这里可以看出,徐霞客之文辞语境超脱,俨然禅玄合一的超然之态。正如其诗:"片时脱尽尘凡梦,鹤骨森寒对玉壶。"(题小香山梅花堂诗五首之一)③ 又如其诗:"蓦地兜罗成世界,一身却在玉毫巅。"(鸡山十景十七首之一《云观》)④

《滇游日记》中,徐霞客描述由悉檀寺入狮林之景色曰:"寺前杏花初放,各折一枝携之上;既下,则寺前桃亦缤纷,前之杏色愈浅而繁,后之桃靥更新而艳,五日之间,芳菲乃尔。睹春色之来天地,益感浮云之变古今也。"接着,徐霞客描述次日在观瀑亭所见曰:"然踞亭俯仰,绝顶浮岚,中悬九天,绝崖隤雪,下嵌九地,兼之霁色澄映,花光浮动,觉此身非复人间,天台石梁,庶几又向昙花亭上来也。"⑤ 在这里,徐霞客观杏花初放、桃花缤纷,睹春色降临,感浮云之变古今;观瀑中悬九天,下嵌九地,感叹"此身非复人间"。这是一种生命的惊悸,是发出灿烂的生命的光芒之禅意。

而与此类似的,《游太和山日记》描述山谷川原,气候之异,述麦畦、杏花、柳色、垂杨、积雪,变化多端,及至最后,"桃雨柳烟,所在都有"。物候一念,一切涵有,禅趣盎然:"山谷川原,候同气异。余出嵩、少,始见麦畦青;至陕州,杏始花,柳色依依向人;入潼关,则驿路既平,垂杨夹道,梨李参差矣;及转入泓峪,而层冰积雪,犹满涧谷,真春风所不度也。过坞底岔,

① 《徐霞客游记》,第1159页。
② 《徐霞客游记》,第9页。
③ 《徐霞客游记》,第1149页。
④ 《徐霞客游记》,第1155页。
⑤ 《徐霞客游记》,第840—841页。

复见杏花；出龙驹寨，桃雨柳烟，所在都有。"①

《游庐山日记》则有这样的记述：

> 五里，攀一尖峰，绝顶为文殊台。孤峰拔起，四望无倚，顶有文殊塔。对崖削立万仞，瀑布轰轰下坠，与台仅隔一涧，自巅至底，一目殆无不尽。不登此台，不悉此瀑之胜。下台，循山冈西北溯溪，即瀑布上流也。一径忽入，山回谷抱，则黄岩寺据双剑峰下。越涧再上，得黄石岩。岩石飞突，平覆如砥。岩侧茅阁方丈，幽雅出尘。阁外修竹数竿，拂群峰而上，与山花霜叶，映配峰际。鄱湖一点，正当窗牖。纵步溪石间，观断崖夹壁之胜。②

"孤峰拔起，四望无倚。"这种孤峰兀立的特质，正是禅的精神。这与《游雁宕山日记后》之"孤峰插天"的意境相似："随溪西下一里，有溪自西来合，即凌云、宝冠诸水也，二水合而南入海。乃更溯西来之溪，宿于凌云寺。寺在含珠峰下，孤峰插天，忽裂而为二，自顶至踵，仅离咫尺，中含一圆石如珠，尤奇绝。"③《江右游日记》所载"是峰孤悬"亦是此意："由溪北从东小径西上，五里而至会仙峰……是峰孤悬，四眺无所不见。"④《闽游日记后》之"孤灯"所蕴含意境相类："还至大士殿，昏黑不可出。道人命徒碎木燃火，送之溪旁，孤灯穿绿坞，几若阴房磷火。"⑤《粤西游日记》之"孤舟"同样是描述宁静而孤独的禅理："又二里，泊于捺利。在江西岸，属新宁。江空岸寂，孤泊无邻，终夜悄然。"⑥ 宁静的江岸，深沉的安宁，清新而澄明，这种"野逸之境"，也是孤寂的禅静之态。这种孤寂包括孤峰、孤灯、孤舟，也见于徐霞客诗句"秋空静无极，兀兀片云孤"之"孤云"。（赋得孤云独往

---

① 《徐霞客游记》，第 55 页。
② 《徐霞客游记》，第 29 页。
③ 《徐霞客游记》，第 76 页。
④ 《徐霞客游记》，第 147 页。
⑤ 《徐霞客游记》，第 66 页。
⑥ 《徐霞客游记》，第 461 页。

还五首之一）①

　　况孤峰之顶有文殊塔，对面峭壁则一道瀑布飞流直下。甚至，岩侧茅阁也是"幽雅出尘"，阁外的数竿修竹，"拂群峰而上"，并且修竹与山花霜叶，在群峰之间交相辉映。这与《浙游日记》中，记载游武功山途中所见傍急流修竹而建的僧舍有异曲同工之意："五里为紫竹林，僧寮倚危湍修竹间，幽爽兼得，亦精蓝之妙境也。"②

　　"鄱湖一点，正当窗牖。"大中透小，小中见大，从很小的空间感受到永恒，这就是禅的精神。

　　明代文人对宗教，尤其是禅宗一派有着特别的情感，徐霞客虽然没有投入更多精力于其中，但是他作为中国传统的知识分子，对佛道之教有很深的情结。徐霞客"以性灵游"，寻奇探险，遍游祖国山川河流，深怀崇敬之情瞻仰佛道二教，以厚谊之情结识僧道人士，以超然之情抒发所见所感。这些无不体现于鸿篇巨制《游记》之中。

---

　　①　《徐霞客游记》，第 1152 页。
　　②　《徐霞客游记》，第 164 页。

第五章

明代后期的社会与徐氏家变

处于封建社会晚期的明清之际，无论政治、经济，还是思想文化上，它都处于一个剧烈变化的时期。这一变化是从明代中后期开始的，政治上，权力派系斗争激烈，社会矛盾错综复杂，直至政局的变动；经济上的重大表现则是江南部分地区出现了资本主义萌芽性质的手工工场；在思想文化上，明代后期至明清转型之际，产生了挑战传统思想的思想家，并且随着传教士的东来，中西文化产生了交流与碰撞。本章在此大背景之下，选取角度，解析明代后期的社会矛盾、党争与狱案，社会信仰与习俗，以及明清政局变动情形下的徐氏家变。

一、明代后期的社会、党争与狱案

明代后期，社会矛盾尖锐，党争不断，狱案不时出现。其中，具有全局性影响的党争，如"国本"之争、东林党与阉党之争等。"大案"则不仅有影响政局的晚明三大案，还有具有全国性影响的地方性的徽州三案。

（一）明代后期的社会与党争

明朝万历中期以后，土地集中，政治腐败，宦官专权，党争不断，明朝进入最黑暗时期。明朝万历十四年（1586 年）以后皇帝的长期怠政，包括不上朝不商讨国事、不亲行时享太庙、不搞经筵日讲、不及时处理朝臣的奏疏，其结果导致明朝政治日坏，尤其是官吏的任免处于半停顿状态之中，在职的官吏不能正常升迁，空缺的职位不能及时得到补充，于是，一方面是"人滞于官"，另一方面是"官曹空虚"。①

明朝后期土地集中现象十分严重，王公贵族和地主豪绅疯狂兼并土地。潞王在河南占地 4 万顷之多；万历二十四年（1596 年），明神宗诏赐福王庄田 4 万顷，后因土地不足而不得不减半赐给。② 明末天启时，宗室贵戚所拥有庄田已达 50 万顷。另外，官僚豪绅也侵占大量土地，如明熹宗时，宦官魏忠贤所占庄田在百万亩以上，其子侄所赐田地也达 3400 多顷。

同时，明朝后期权力派系争斗激烈，宦官专权现象严重。明朝后期的党争实质就是官僚之间内部的权力争夺。其中，影响深远的有"国本"之争、三王并封之争、福王就国之争、李三才入阁之争、东林党和阉党之争，以及晚明三大案（梃击案、红丸案、移宫案）。

1. "国本"之争、三王并封之争、福王就国之争、李三才入阁之争

"国本"之争，发生于明代万历年间。明神宗有王贵妃所生长子常洛、郑贵妃所生三子常洵。因神宗宠爱郑贵妃，有意立常洵为太子，但是神宗担心朝臣们反对，因而太子确立一事一直拖延未决。万历十四年（1586 年）起，朝臣一再敦促皇帝早定"国本"，陈以厉害，反复力争。直至万历二十九年（1601 年），明神宗才不得不立长子常洛为太子。历时 16 年之久的"国本"之争终于落幕。"国本"之争可以分为两个阶段，第一阶段从皇三子出生到三王并封之争，朝臣们一再要求明神宗早日确定皇长子为太子地位的谏诤，而明神宗的拖延战术没能平息群臣的不满。三王并封最终以明神宗被迫收回诏令而结束。这一阶段持续时间很长，对当时的政局产生了很大的影响。第二阶段从皇长子出阁讲学到储位确定，这个阶段，廷臣们要求早日确定皇长子的太子地位的呼声越来越高，明神宗本人则迫于形势，虽然一方面不能轻易放弃初衷，但是另一方面又不得不步步后退，最终答应册立皇长子为太子。在长达十几年的"国本"之争中，明神宗这种感情用事的做法，不符合封建王朝传统的长子继承制，不利于封建统治秩序的稳定。③

三王并封之争，是"国本"之争中阶段性事件，明神宗与文武百官之间为

---

① 汤纲、南炳文：《明史》，上海人民出版社 2003 年版，第 647—665 页。

② 《明史》卷 120《诸王五》，第 3649—3650 页。

③ 汤纲、南炳文：《明史》，第 668—678 页。

册立皇太子而引起的争端。面对朝臣不断地上书施压，要求神宗早日确立长子常洛为太子，明神宗极为反感，对这些上书的大臣或杖责或撤职或发配。但最终明神宗迫于压力，下诏将长子常洛、三子常洵、五子常浩同时分王，史称"三王并封"。对此，朝臣们并不同意，最终明神宗被迫收回"三王并封"。但是，这场旷日持久的"国本"之争并未结束，直到万历二十九年（1601年）明神宗下诏册封长子常洛为太子，"国本"之争初告段落。《万历野获编》有"三王并封"条，陈述朝臣们为"三王并封"而争，最终"并三王之封亦寝"，其主要得力于首辅王锡爵"再三力请"：

> 国本之争，自己酉至癸巳几十年。朝端竞沸如蜩螗，终不得请，甚至廷杖，空署罢逐，而不能止。至癸巳春，太仓相公（指首辅王锡爵）自省观来京，时虚首揆待者逾年矣。至则预戒言路，勿及建储事，阁中自当一力担当。忽有密旨至太仓私第，次日即得待嫡之旨，引《祖训》为证，今且并封三王。涂御史（杰）、朱寺丞（维京）首争之，俱遣戍。于是争者满朝，而礼部陈主事（泰来）直攻太仓，语太峻，遂一切留中不下，太仓自认条旨之误，于是并三王之封亦寝，涂、朱免戍为民。并封旨下时，人多不谅太仓。至其冬，再三力请，其密揭至二十余上，始命元子出阁讲学。虽未正储皇之位，而人心遂大定矣……①

福王就国之争，乃"国本"之争的后续。万历二十九年，明神宗不得已，只能册封长子常洛为太子，但是同时封三子常洵为福王。然而，神宗并没有马上让福王常洵去他的封地洛阳，后又以所授福王土地不足4万顷为由，让他继续留在宫中。时为内阁大学士的叶向高上疏反对。直到万历四十三年（1615年），明神宗才让福王赴其封地洛阳，所授庄田也减半。此即"福王就国之争"，至此"国本"之争完全结束。

"国本"之争影响深远，大约从万历三十五年（1607年）开始，朝臣中的

① ［明］沈德符：《万历野获编》卷4，第103—104页。

两派斗争进一步激化，其重要标志是各自形成了不同名目的党。尤其是东林党及宣昆齐楚浙各党形成，相互之间进行了一系列激烈的斗争。

李三才入阁之争，发生于万历三十七年（1609 年）至三十八年（1610 年），是因李三才升迁之事而引发的争议。李三才，顺天人。万历二十七年，李三才以右佥都御史总督漕运，并巡抚凤阳等府。做官有政绩，曾先后多次上疏反对矿监、税监，其呼吁得到东林人士的支持，顾宪成等欲推荐李三才入阁为相，屡次被提名出任都御史掌管都察院，结果遭到浙党等各派人士的攻击。李三才入阁事件由此成为当时党争的中心。浙党对李三才恨之入骨，争论数月不止。最终，李三才上疏请辞。

李三才入阁之争，加深了明代士大夫两派党争的对立情绪。正如《明史》论及朋党之争所言：

> 朋党之成也，始于矜名，而成于恶异。名盛则附之者众。附者众，则不必皆贤而胥引之，乐其与己同也。名高则毁之者亦众。毁者不必不贤而怒而斥之，恶其与己异也。同异之见岐于中，而附者毁者争胜而不已，则党日众，而为祸炽矣。魏允贞、王国、余懋衡皆以卓荦闳伟之概，为众望所归。李三才英遇豪俊，倾动士大夫，皆负重名。当世党论之盛，数人者实为之魁，则好同恶异之心胜也……①

2. 东林党与阉党之争

明代万历年间，明神宗怠政，朝廷之中党派林立，争斗激烈。万历三十八年（1610 年），有宣党、昆党之争。万历四十年（1612 年），形成齐、楚、浙三党与东林党对峙的局面。齐、楚、浙三党相互呼应，攻击东林，排斥异己。

所谓东林党，本无所谓"党"。其所依托之东林书院，本是顾宪成与高攀龙设立的一个讲学场所。常州府无锡县人顾宪成，万历八年进士，万历二十二年（1594 年）被削职为民。万历三十二年（1604 年），他修复宋代杨时讲学的东林书院，与高攀龙等聚众讲学，名噪一时。

---

① 《明史》卷 232《列传第一百二十》，第 6067 页。

天启年间，宦官魏忠贤和一批追随者形成"阉党"。魏忠贤本是司礼秉笔太监，兼提督东厂。天启五年（1625年）至天启七年，魏忠贤大权在握，为所欲为，明朝进入政治最黑暗的局面。阉党一伙，遍布死党，排斥异己，擅权专政，无恶不作；肆无忌惮的残酷打击异己势力，迫害正直人士，实行恐怖统治。东林党人杨涟因上疏劾魏忠贤二十四大罪状，与左光斗、魏大中等诸多东林人士被捕，均被酷刑拷打，史书所载，惨不忍读。同时，魏忠贤的爪牙还编成《缙绅便览》《点将录》等书，将与阉党作对的所有人士均称为东林党。无数正直之人遭到迫害、流放。直到崇祯初年，明思宗拨乱反正，阉党集团最终土崩瓦解。

需要注意的是，东林党只是传统意义上的称呼。其实，东林书院或东林学派或东林人士不等于东林党。东林书院只是讲学场所，并非政治团体。因此，樊树志曾有论文和著作专门论述这一问题，提出"东林非党论"，认为东林不是政党，东林人士也不会以朋党之"党"自称"东林党"。东林党是其政敌强加的。①

尽管魏忠贤倒了，但是崇祯年间朋党之争依旧不止。此际的复社与门户之争更为复杂，东林派与漏网的阉党分子的门户之争，处于长期的或明或暗的断断续续状态之中，复社与阉党残余阮大铖的争斗则更为激烈曲折。复社也因之被称为"小东林"。复社，崇祯二年（1629年），苏州太仓学者张溥领导下成立。表面上，复社与东林一脉相承，主张也相似，复社中也有部分东林成员。但是，实际上复社的成分极为复杂，内部各个小社争斗不断。复社人多势众，活动积极，其影响越来越大，复社人士除了研讨文章学问之外，也关心政治。因此，他们不可避免地卷入了当时的士大夫门户之争中去。其中，复社与阮大铖之间的争斗更为引人瞩目。阉党逆案之阮大铖，曾先后建中江社、群社，与复社相对抗。复社则掀起了对阮大铖针锋相对的斗争，复社众多名士云聚南京，声讨阮大铖，公开揭露其罪行，致使阮大铖不敢露面。大明王朝结束之后，南明弘光小朝廷则起用阮大铖，他出任南明兵部右侍郎，小人得志，倒行逆施，开始打击报复当年揭露其罪行的复社成员。可以说，明代的党争错综复

---

①　樊树志：《国史十六讲》，中华书局2006年版，第218—222页。

杂，党派林立，甚至被带到了南明，直至弘光朝廷灭亡为止。由此可见，崇祯时期的士大夫门户之争，加深了统治阶级内部矛盾，加速晚明政治腐败。

3. 晚明三大案

晚明三大案即梃击案、红丸案、移宫案，是万历后期至明熹宗初期先后发生的宫廷大案，对晚明政局的走向与影响很大。

万历四十三年（1615 年），有人手持木棍闯入太子常洛所居慈庆宫，击伤宫卫，有谋杀太子之嫌。是为梃击案。时人怀疑郑贵妃想谋杀太子，但是皇帝不愿深究，最后以疯癫奸徒罪将行凶者处死，又秘密处死两个太监，以此了案。有学者认为，此案是在福王代替朱常洛为皇位继承人的可能性基本不复存在的情况下由宫廷中拥戴福王的势力（郑贵妃及其母家为核心）策划的。[1]

泰昌元年（1602 年），光宗常洛即位，不及一月，病重。郑贵妃派人进药，鸿胪寺丞李可灼也进红丸两粒，光宗服药而薨。是为红丸案。案发后，有人怀疑郑贵妃使人下毒，于是开展了一系列查凶之举，党争不断，连坐而死者众多。

光宗死于红丸案之后，同年，熹宗即位。曾侍奉光宗的宠妃李选侍留在乾清宫，与熹宗共处。时魏忠贤、郑贵妃与李选侍往来密切，他们想以此把持朝政，遭到朝臣们反对，杨涟、左光斗等逼迫李选侍移出乾清宫。此即移宫案。

三案影响直至崇祯年间，如侍讲倪元璐于崇祯元年其年四月上疏，请毁《三朝要典》，言："梃击、红丸、移宫三议，哄于清流，而《三朝要典》一书，成于逆竖。其议可兼行，其书必当速毁。盖当事起议兴，盈廷互讼。主梃击者力护东宫，争梃击者计安神祖。主红丸者仗义之言，争红丸者原情之论。主移宫者弭变于几先，争移宫者持平于事后。数者各有其是，不可偏非。总在逆珰未用之先，虽甚水火，不害埙篪，此一局也。既而杨涟二十四罪之疏发，魏广微此辈门户之说兴，于是逆珰杀人则借三案，群小求富贵则借三案。经此二借，而三案全非矣。故凡推慈归孝于先皇，正其颂德称功于义父，又一局也。网已密而犹疑有遗鳞，势已重而或忧其翻局。崔、魏诸奸始创立私编，标题《要典》，以之批根今日，则众正之党碑；以之免死他年，即上公之铁券。

---

[1] 汤纲、南炳文：《明史》，第 706—707 页。

又一局也。由此而观，三案者，天下之公议；《要典》者，魏氏之私书。三案
自三案，《要典》自《要典》也。今为金石不刊之论者，诚未深思。臣谓翻即
纷嚣，改亦多事，惟有毁之而已。"① 三案已经完全成为党争的工具，阉党魏
忠贤利用它打击东林党人，后来崇祯皇帝依靠东林党人查办了魏党集团，又为
三案翻案。甚至到了南明，三案之争也从未停歇。三案之争，已不是真相是非
之争，而是无休止的派系斗争。王朝不亡，派系之争不已。

4. 党争的危害

明朝由盛而衰的转折点无疑是在万历年间，且是在张居正去世之后。黄仁
宇在《万历十五年》的第三章《世间已无张居正》指出，张居正的不在人间，
使我们这个庞大的帝国失去重心，步伐不稳，最终失足而坠入深渊。万历年
间，延续十几年的"国本"之争，真的伤到了明朝的"国本"。在立储这个问
题上，万历皇帝找不到充分的理由以公开自己的意图，他只能找出种种借口来
拖延。第一个借口是常洛年纪太小，经不起各种典礼的折磨；第二个借口则是
立储大计属于皇帝的职权，不容许任何人加以干扰逼迫。在和廷臣往来争辩之
际，他又突然别出心裁，同日册封三个儿子为王而不册封太子。臣僚们不接受
这个办法，他又找出了第三个借口，即皇后年纪尚轻，仍有生育的可能；如果
皇后生下儿子，那就是当然的太子而用不着任何争议了。这种种借口既表明了
他缺乏信用，也暴露了他没有气魄，因而官员们的抗议也绝不会就此偃旗
息鼓。

以皇帝的身份向臣僚作长期的消极怠工，万历皇帝在历史上是一个空前绝
后的例子。其动机是出于一种报复的意念，因为他的文官不容许他废长立幼，
以皇三子常洵代替皇长子常洛为太子。另外一个原因，则是在张居正事件以
后，他明白了别人也和他一样，具有阴、阳两重性，既有道德伦理，就有私心
贪欲。于是，他既不强迫臣僚接受他的主张，也不反对臣僚的意见，而是对这
一切漠然置之。皇帝决心以顽强的意志和臣僚们做持久的对抗，各种法定的礼
仪照常举行，但是皇帝已经不再出席，高级职位空缺，他并不派人递补；臣僚
们抗议的奏章，他留中不加批示。

---

① 《明史》卷265《列传第一百五十三》，第6839页。

更为严重的是，即使万历之后，皇位问题早已解决，而关于当年延搁立嗣的责任之争，反而更加复杂。每当提及往事，就有许多廷臣被卷入。万历皇帝几十年的统治，至此已经造成了文官集团中不可收拾的局面。① 对此，《明史》在《魏忠贤传》中曰：

> 初，神宗在位久，怠于政事，章奏多不省。廷臣渐立门户，以危言激论相尚，国本之争，指斥营禁。宰辅大臣为言者所弹击，辄引疾避去。吏部郎顾宪成讲学东林书院，海内士大夫多附之，"东林"之名自是始。既而"梃击""红丸""移宫"三案起，盈廷如聚讼。与东林忤者，众目之为邪党。天启初，废斥殆尽，识者已忧其过激变生。及忠贤势成，其党果谋倚之以倾东林……②

明史专家孟森这样论述明代中后期的门户（这里指党争）之祸："门户之祸，起自万历。人主心厌言官，一切不理；言官知讥切政府必不掇祸，而可耸外间之听，以示威于政府，政府亦无制裁言官之术，则视其声势最盛者而依倚之。于是言官各立门户以相角，门户中取得胜势，而政权即随之，此朋党所由炽也。"③《明史》之《神宗本纪》则曰：

> 神宗冲龄践阼，江陵秉政，综核名实，国势几于富强。继乃因循牵制，晏处深宫，纲纪废弛，君臣否隔。于是小人好权趋利者驰骛追逐，与名节之士为仇雠，门户纷然角立。驯至憸、愍，邪党滋蔓。在廷正类无深识远虑以折其机牙，而不胜忿激，交相攻讦。以致人主蓄疑，贤奸杂用，溃败决裂，不可振救。故论者谓明之亡，实亡于神宗，岂不谅欤。光宗潜德久彰，海内属望，而嗣服一月，天不假年，措施未展，三案构争，党祸益炽，可哀也夫！④

---

① 黄仁宇：《万历十五年》，第70—94页。
② 《明史》卷305《宦官二》，第7817页。
③ 孟森：《明朝简史》，台海出版社2018年版，第246页。
④ 《明史》卷22《本纪第二十一》，第294—295页。

这与孟森所论是一致的，明代万历时期开始的党争是明王朝由盛而衰的转折，故有"明之亡，实亡于神宗"之论。

（二）晚明徽州三大案

晚明徽州三案，或称徽州三大狱，均发生于明代天启年间。从天启四年至天启六年（1624—1626 年），三年期间依次发生汪文言案、吴怀贤案、吴养春案，乃魏忠贤宦官集团一手制造的徽州三大冤案。

1. 汪文言案和吴怀贤案

汪文言案，或称汪文言封疆通贿之狱。汪文言，歙县人。出身下层，曾为县吏。为人智巧侠气，慷慨仗义，后成为太监王安的门客，并结识东林党骨干杨涟等。魏忠贤控制朝政后，开始利用锦衣卫组织打击东林党人。天启初年，王安被魏忠贤谋害，汪文言失去了靠山。天启四年，阉党之徒给事中阮大铖与给事中章允儒，使同官傅櫆弹劾汪文言与魏大中、左光斗互相勾结，谋取私利，以此向东林党人发难。而汪文言也被东林党人营救出狱。天启五年（1625年），阉党御史梁梦环弹劾，汪文言再次入狱。这次入狱的直接原因，是辽东经略熊廷弼"通贿"案。

熊廷弼，曾于天启二年（1622 年）任封疆大臣、辽东经略，因辽东战事不利而入狱。东林党人包括汪文言曾多方奔走，设法营救熊廷弼。汪文言被捕后，阉党锦衣卫指挥使许显纯对他用尽酷刑，企图迫令其引供杨涟等。但是汪文言宁死不屈，坚持正义。天启五年（1625 年），无计可施的许显纯，竟然一面拷打汪文言，一面在汪文言面前伪造其诬陷杨涟贪贿口供，文言垂死大呼曰："尔莫妄书，异时吾当与尔面质！"汪文言遂被害死于狱中。最终，魏忠贤以杨涟等东林党人接受熊廷弼贿赂为由，将杨涟、左光斗、袁化中、魏大中、周朝瑞、顾大章"六君子"悉数关押进锦衣卫的镇抚司大狱，与入狱的汪文言"一并究问追赃"。汪文言及"六君子"惨遭毒害、家破人亡。

吴怀贤案，或称吴怀贤圈注杨涟疏案。此案在有些史书上记载有误，往往将吴怀贤与吴养春混为一谈。对此，曾任安徽大学校长的程演生著有《天启黄山大狱记》，进行相关辨析与考证。

该案在《明史》的《熹宗本纪》《宦官魏忠贤传》和《万璟传》中均有记

载，但极为简要；而明人陈建的《皇明通纪》和李逊之的《三朝野记》二书所记则较为翔实可靠。

吴怀贤是徽州休宁人。天启四年（1624 年）参与纂修实录，由国子监生授内阁中书舍人。天启五年（1625 年）十月，获罪被逮，下镇抚司狱。据程演生所辑《三朝野记》等书材料，吴怀贤之所以取罪于魏珰是因为他"每阅邸报，见论珰疏，辄批其旁曰：'当照任守忠例，即时安置'（指《宋史·任守忠传》所载：守忠妄乱，韩琦即时遣戍之事）等语。尤其是天启四年六月，东林党人、左副都御史杨涟，弹劾魏忠贤二十四大罪，奏疏传下，吴怀贤击节痛快，逐加圈点批注云。适其族工部吴昌期以忤珰罢官，怀贤书称之，有'事极必反，反正不远'语。语颇流闻。同官傅应星，珰甥也，据以入告"。魏珰大怒："径差校尉百余人，至寓绑缚。并及其子道昇，妾邱氏，送东厂，非刑拷问。串入东林一案，坐以妄谈朝改，下诏狱，旬余竟死杖下。"同时，又"株及家人，追赃被掠而死者数十人"。① 从这里我们可以看出，吴怀贤一身正气，对阉党一伙不放在眼里，招致其怨恨。因而，程演生认为："此案本末，不外吴怀贤痛心魏珰，倾向东林，以圈注杨涟参忠贤二十四大罪疏，及与吴昌期书语，平时又复词色愤慨无忌，而至取罪于魏珰。"②

2. 程演生对吴怀贤案和吴养春案的辨析

《天启黄山大狱记》是民国时期程演生博综群书考辩明末天启年间发生的吴养春侵占黄山一狱的史学专著。全书包括自序、正文（十个部分）和"《天启黄山大狱记》书后"。"《天启黄山大狱记》书后"著录了《皇明两从信录》所载黄山大狱的重要奏疏，用以补充正文所缺，使该案更加详尽明晰。

程演生写作《天启黄山大狱记》的目的是为了考证黄山之狱，以纠正旧史的错误记载。在开篇的自序中，作者首先列出明熹宗天启年间在徽州发生的三大狱，即"一为天启四年十二月歙县汪文言封疆通贿之狱；二为五年十月休宁吴怀贤圈注杨疏之狱；三为六年闰六月歙县吴养春侵占黄山之狱"。接着，他认为，对于汪文言之狱，"略识明末党祸者，类能言之，不更赘述"；而后两大

---

① 李桢：《东林党籍考》之《吴怀贤列传条二十一》，人民出版社 1957 年版，第 8 页。
② 程演生：《天启黄山大狱记》，《明清史料汇编》第七集第二册，文海出版社 1968 年版，第 9 页。

狱则不然，"吴怀贤养春之狱，史家往往有连类书之，几乎并为一谈者"。作者在正文的第一部分，即以《先拨志始》和《明纪》二书为例，说明旧史将二狱混淆并记的情况。两书不仅混淆两案人物，甚至混记两案案情，其误荒谬绝伦。所以，程演生感到有必要详加纠正史家之误，辨明吴怀贤案与吴养春案之差异，尤其是厘清吴养春侵占黄山一案的真实源流，乃是作者的基本目的。程演生在阅读有关方志过程中，发现对徽州地区如此重要的事件，《徽州府志》竟只字不载，而其他所见方志则记载或不详或疏漏，因而他更感到有写作此书、详加考辨之必要。此外，程演生写作本书还有出于揭露魏珰罪恶的目的。因为黄山大狱是以魏忠贤为首的宦官集团所一手策划、制造的大案，其惨烈程度令人发指，故作者著书除用以辨明两案本末外，"且以著魏珰为祸之烈。谄附者之可羞也"。①

首先，程演生在本书正文的第一部分，指出了旧史对二狱的混淆。他以《先拨志始》和《明纪》二书的混记为例，记述并分析了"旧史记载吴怀贤吴养春二狱之舛误者"。文秉在其《先拨志始》中说，吴孔嘉"素与族人吴养春吴怀贤有仇。二人富甲江南，所为多不法，孔嘉令人诣厂首其事。二人俱被逮，拷死，诏狱，家产籍官"。文氏"不明两案之原委，而误以吴怀贤亦为吴孔嘉所仇。致与吴养春之狱混为一谈"，这是因为他"不知其为两案，而案情又绝不相同。继复漫以'所为多不法'一语为谳词。此不徒有诬怀贤养春，且反为主狱者开脱矣"。陈鹤的《明纪》一书记载更为离奇："编修吴孔嘉，与其族人吴怀贤有仇"，"孔嘉诱怀贤奴，告其主隐占黄山，并及前语。（指吴怀'事极必反，反正不远'语）忠贤大怒……矫旨逮下镇抚司狱，考掠至死"。这里陈氏写吴怀贤获罪，"词连吴孔嘉"，又"妄书黄山之事，此不仅张冠李戴，乃直移吴养春案加之吴怀贤一身，以两人并为一人，以一身而兼两案，可谓荒谬绝伦者也"。这样一类的记载当然有违史实，所以程演生为使"事实晓然，庶不为旧史所混乱"，而将吴怀贤一狱"特书于本篇之前"。②

接着，程演生在简要介绍了吴怀贤案的情况后，他指出：吴怀贤一狱与吴

---

① 程演生：《天启黄山大狱记》，第40页。
② 程演生：《天启黄山大狱记》，第3—4页。

孔嘉"固不相涉""更与吴养春侵占黄山一案绝不牵连""此时、事、人三者皆异"。①

其次,程演生分析了黄山大狱的真正原因。《天启黄山大狱记》从正文第三部分开始,包括"《天启黄山大狱记》书后",都是记述黄山大狱案的内容。对于黄山之狱中吴养春致祸的原因,程演生指出,史家历来有两种说法:其一,《明史·宦官魏忠贤传》《启祯两朝剥复录》《三朝野记》和《癸巳存稿》等书认为吴孔嘉"因复父仇而陷之者"。其二,《明史纪事本末》和《三朝野记》又认为"兄弟因分财构讼以告发者"。

程演生认为,"吴养春一案之构成,其原因本非简单,其被祸亦非偶然……然因复父仇以陷之者,为其族人吴孔嘉则天下所共认也"。接着,作者征引《黄山志定本》等书介绍吴孔嘉生平后指出:"陷养春以报父仇,《黄山志定本》所记,当确然可据。志言孔嘉为诸生时,避家难,居祥符寺,书死字于壁上帐中皆遍,怨毒之中于其心深矣。又奚待他日在京师,吴荣夜语其父,为养春所害,然后始幡然意悔,而复父仇哉?"② 但是,这只是表面的、偶然的原因,黄山大狱的发生还有其内在的、必然的原因。

吴养春是徽州歙县溪南人,"家世豪富,甲于江南"。万历年间,日本侵犯朝鲜,明朝出兵援朝。吴养春祖父(一说其父)曾输银 30 万两助饷,兄弟六人,包括养春,一时因以得官。财多势大自会有人嫉。"养春祖守礼以盐起家,至养春父派分五支。养春有黄山地二千四百亩。"③ 因而神宗时吴氏兄弟构讼,就已有"一半入官之题"。然而,此时的吴养春"耀富贪贵,罔识知止周施之戒。其欲免为世所嫉忌,魏忠贤所注目,殆不可矣"。所以旧案重提就不可避免了,程演生认为这也是吴养春致祸原因之一,"致祸之由,此亦或一端也"。④

魏忠贤正是看中了吴养春的财富,所以当黄山旧案一提,他便决心罗治其狱,以便大捞一把。而且,此际正有好借口,"前后奉旨变卖黄山、拆毁书院,

---

① 程演生:《天启黄山大狱记》,第 10 页。
② 程演生:《天启黄山大狱记》,第 33、36 页。
③ [清]吴吉祜:《丰南志》卷 10,《中国地方志集成》乡镇专辑第 17 册,江苏古籍出版社 1992 年版,第 581 页。
④ 程演生:《天启黄山大狱记》,第 14 页。

咸以协助三殿大工为词。盖天启五六年间，正建立皇极中极建极三殿，需财浩繁，魏珰于搜括之余，并欲籍邀封荫云"。①

而且吴养春有点"不识时务"：正值魏珰剪除东林之后，矫旨毁天下书院之际，他却创设崇文书院，深触其忌。"此种举措。极关党局，宜其招祸也。"所以，作者所引的《启祯两朝剥复录》以为"黄山一案，逆珰欲借之以杀三吴名士"。②

最后，简要评价《天启黄山大狱记》一书。

其一，《天启黄山大狱记》在一定程度上为我们提供了考察晚明政治状况的资料，尤其书中揭露了魏珰"为祸之烈"。明代虽然君主专制空前加强，皇权独揽前所不及，但是大权旁落情况又常常出现，尤其到了明代后期更为严重。这是因为明代后期政治日趋腐败，统治者内部党派纷争不断所造成的（著名的明代三案即梃击案、红丸案、移宫案，此际相继发生）。迨至明熹宗之际，魏忠贤宦官集团形成后，遍置死党迫害东林，开始了明朝历史上最黑暗的统治。

程演生在该书的自序中指出，"考三狱案情，虽各有本末，然皆不离党局。其发难定狱者，则大珰魏忠贤实主持之"。③ 仅从迫害东林到制造徽州三大狱，就可见魏珰势力何等嚣张，一手遮天，无恶不作。吴怀贤仅因言语触犯魏珰而为之不容，令"速处治死"。结果被逮后，"严刑捶掠，体无完肤"，"非刑炮烙，仅旬余日，而怀贤毙杖下矣"。并殃及妻女幼子，乃至"举家散亡，行道伤嗟"。魏珰之贪之残表现在黄山大狱案的整个过程中则更为突出。魏忠贤为了搜括家世豪富的吴养春，不断地肆意株连与追赃。不仅吴养春家破人亡，而且先后受牵连之亲邻富户竟有数百家之多。魏珰的爪牙吕下问和许志吉等是"贪贿严追，残害徽民"的主要祸首。徽州民变就是魏珰集团残酷株累的情况下发生的。难怪"百姓一闻厂卫二字，恐遭续投之网，魂摇莫措"。④ 由此可

① 程演生：《天启黄山大狱记》，第 21 页。
② 程演生：《天启黄山大狱记》，第 11—12、21 页。
③ 程演生：《天启黄山大狱记》，第 1 页。
④ ［清］佘华瑞：《岩镇志草》，《中国地方志集成》乡镇专辑第 27 册，江苏古籍出版社 1992 年版，第 126 页。

见魏珰势力之广，流毒之深，危害之大。甚至吴孔嘉也"结交大珰魏忠贤，名罹逆案"。所以，该书作者不仅"以辨明贤奸两案本末"，而且"以著魏珰为祸之烈"。

其二，本书有助于我们了解明代的徽商与封建政治势力的关系，从而理解徽商的软弱性、依附性特点。徽州商帮在明代中期有了较快发展，拥有雄厚财产的徽商已不在少数。但为时不久，明代后期徽商的发展开始遭受较大挫折，实力大为削弱，主要原因之一乃是封建国家的横征暴敛，矿监税使的大肆搜刮。他们乱造狱案，广为株连，致使许多徽商倾家荡产。黄山大狱就是在这种背景下由魏珰一手制造的打击徽商的大案。它反映了明代的徽商与封建政治势力之间有着密切的关系，这是由于封建政治势力既可以在一定程度上维护徽商的利益，又可以对徽商进行敲诈勒索乃至打击。这就决定了徽商虽然总是依附于封建势力，但当他们遭受打击时又存在着软弱的斗争。黄山大狱案提供了徽商与封建政治势力之间存在着矛盾和斗争的例证。同时从中又可看出徽商具有软弱性和依附性特点。吴养春被逮之初，以钱乞怜于魏珰；在其家破人亡之后，最终还是官员上疏，皇帝下旨平反，仍靠自上而下解决。在自发性的徽州民变中也难以看见以领导者出现的徽商的踪影。因此，"愚民鼓噪"在倪元珙的慰谕之下，才会"随即解散"，民变得以很快平息下去。

但是，徽商的软弱性和依附性并不能改变其被欺压、被打击的命运。徽商吴养春等数百富户成为被魏珰瞄准的目标后，遭到严重摧残，蒙受了巨大灾难。他们的软弱退让换来的是倾家荡产。只是到了"民不堪命"之际，才迫不得已而"群起鼓噪"，奋起抗争，爆发了并无组织的民变。然而，徽商所反抗的只是封建势力中最凶残、贪婪的部分——魏珰集团，而不是整个封建政治势力。所以，吴养春等才能在后来得到平反。从而，徽商与封建政治势力的矛盾再次得到了暂时的调和。

徽商这种于依附之中的软弱斗争是由其地位和特点决定的。他们在政治上没有地位，因而相当懦弱。他们在经济上的地位又要靠依附于封建特权势力而支撑，因而其基础极为脆弱。所以，偶尔发生的抗争也是软弱的、自发的、无组织的。正如《徽商研究》所言："低下的社会地位，动摇的经济地位、懦弱的政治品格，使商人难以形成一支独立的政治力量，更难以把握自己的命运。

它只有逢迎、依附、仰攀封建政治势力，才能在忍气吞声中求得发展。"①

3. 吴养春案即黄山大狱

黄山大狱，或称吴养春案，是明末天启年间发生在歙县、波及整个徽州的大狱。如前所述，吴养春是徽州歙县溪南富商，豪富甲于江南。因其祖父（或说其父）在万历年间曾输银助饷，养春等兄弟六人得官。后曾发生吴氏兄弟构讼之案，然而事后吴养春依旧耀富扬贵，终为人所嫉。所以，当黄山旧案一提，魏忠贤便决心穷治其狱，乘机搜刮聚敛。于是，吴养春等八人被逮送北京，遭严刑拷打。"养春父子三人俱死狱中。当事急时，祸且延于淮扬、天津、祥符、德兴、仁和、钱塘各县云。"②结果，吴氏一家倾家荡产，家破人亡。不仅如此，魏珰还先后派吕下问、许志吉至徽州追赃贪酷暴恣，其间还激起了徽州民变。直到魏忠贤倒台，黄山大狱才告结束。

关于黄山大案，康熙《徽州府志》不见记载。乾隆《歙县志》只有《名宦》的倪元珙传："知县倪元珙，号三兰，浙江上虞人。初令祁门，调繁歙邑。逆珰魏忠贤悬坐黄山赃银子九十余万两，特差工部郎吕下问，限月酷追，遍毒徽民。众怒汹汹，揭竿而起。元珙徒步，挥涕慰谕。吕得遁去……"③

乾隆《黄山志定本》卷二《人物上》有吴养春传，涉及黄山大狱也寥寥数语："……养春罹丙寅之难，父子三人相继殒于狱。崇祯御极，还其原官，诸冤抑皆昭雪焉。"④

光绪《安徽省通志》之《职官》有石万程传，但是其中错误百出："徽州知府石万程，字轸余，湘潭人，天启进士。知徽州府。值缇骑十六人以槛车征

① 张海鹏、王廷元：《徽商研究》，安徽人民出版社1995年版，第334页。对此，有学者有不同的看法，认为徽州民变，恰恰商人阶层已经发展到了一定的规模。一方面，只有形成了自我保护意识之后，才可能出现这样自发的群众行动；另一方面，也只有地方经济富足到一定水平，才不轻易出现"揭竿而起"局面。"杀部安民"表明，本地居民针对的主要是驱逐"部院"（即吕下问）以达到"安民"之目的，并不意味着希望出现社会动荡，更不用说是武装抵抗。因此，将其视作"奴变"是不合适的。（王兴亮：《明末徽州大狱与党争》，《江苏科技大学学报》社会科学版2015年第6期）。

② ［清］吴吉祜：《丰南志》卷10，第581页。

③ ［清］张佩芳修，刘大櫆纂：乾隆《歙县志》卷4，《中国方志丛书》华中地方232号，成文出版社有限公司印行，第266页。

④ ［清］闵麟嗣：《黄山志定本》，清乾隆三十二年（1767年）方祈宣刻本。

中书吴养性，养性大侠，徽人德之，集众至万人，将焚锦衣寓。万程百方设法，事得解。后以争黄山矿税去官。"①

《岩镇志草》中有《尸祝三大夫纪事》和《白役激变一案按院奏疏》《黄山大案奏疏》等。通过这些资料，我们可以清楚了解黄山大狱的原因、概况和结果。《尸祝三大夫纪事》载：

> 歙西溪南吴养春，世雄一乡。逆仆吴荣作奸犯科，业置重典，旋幸脱网，影附权珰之门。养春有族人与仇者阴吴荣发万历时欺隐黄山旧案。权臣借名助工，特差工部营膳司主事吕下问，以天启六年十二月领专敕，住歙查究黄山山场木植银叁拾余万两，外有赃银陆拾余万两。抚按行府县追解。吕下问刑苛网密，株连蔓延，吴之族党亲邻无不罹其凶毒者。坐勒土商吴献吉山价银壹万两。献吉逃匿。其家属供有至亲监生潘谟，家岩镇。吕即命差快黄文拘催。时潘谟肆业南雍。黄文所带白捕巴社良、程观贵习知邻室潘家彦富厚，狐假部差之威，思蚕食之。适家彦远出未回，室尽妇人。外户已闭矣，两白捕劈门突入，妇人惊喊邻里，众愤不平，丛聚救护。两白捕各持利刃自门内跳跃而出。当门有青石方丈，两白捕急走而滑，皆仆于地。群怒，就地争击之死。即毁其尸。此一变也。时天启七年二月之晦，其地则东岳庙之右也，乡城之人无不切齿部差者乘机而起，大书杀部安民四字，遍布通衢……②

当事人广西道御史倪元珙的《黄山大案奏疏》也对之有详尽记载，吴养春就逮时，"一村落间，钦犯八名，立刻就缚。百姓震惊，几酿不测"，权珰肆意株连、勒索，"刑苛网密，凡吴氏亲邻族党无不株连"。③终致徽州民变。吕下问被免职后，魏珰使许志吉继续办理黄山大案，许氏荼毒乡里，不遗余力，比起吕下问有过之而无不及，"百姓一闻镇抚姓名，虑为再投之井，惊窜而归"。

---

① ［清］沈葆桢主修，何绍基等纂：《光绪安徽省通志》。
② ［清］佘华瑞：《岩镇志草》，第121—122页。
③ ［清］吴吉祜：《丰南志》卷10，第580页。

倪元珙在奏疏中还深刻揭露吕、许等人的罪行："吕下问激变之罪毋容借杵㨔以自文，许志吉究追之赃毋得延岁月以滋累。"①

天启六年（1626 年），编修吴孔嘉（吴养春的同宗）唆使养春仆人吴荣上告其主，吴荣"诉于东厂，诬其私占黄山，历年获租六十余万两，忠贤遂矫旨逮养春"。魏忠贤当然深知穷治其狱的好处，因此他决不会放过富甲一方的吴养春。欲加之罪，何患无辞。吴养春的罪名"于侵占黄山外，尚有创建崇文书院一节"。魏忠贤在奏疏中列举尤详："私创崇文书院"，后又改为书馆，"招聚朋党"；"用贿朦蔽"，将贩盐本银留在天津，"以备有事打点，京中使费取用"；"父子倚财为恶，将亲弟养泽谋死，又将七岁孤子嗣鹏酖死，希图鲸吞家资数万"。随即，魏忠贤矫旨将"欺君抗旨""为恶多端"的吴养春父子"扭解来京，一并究问"，"所有卖木赃银数多，并抚按严拿家属经营人等，监候，追赃解进"。②

吴养春被逮送北京后，在狱中遭严刑拷打而死。全家八人入狱，"后释归者，吴用誉、吴逢元、吴邦宰三人，余俱毙狱。养春妻汪氏投环死"。③ 不仅吴养春倾家荡产，家破人亡，北镇抚司还继续奉旨追赃："吴养春赃银六十余万两，著抚按追解。山场木植银三十余万两，著工部即差官估价。"株累之程梦庚"银十三万六千两，本司立限严追"。④

工部主事吕下问是魏忠贤派到徽州处理黄山专案的官员。吕下问秉承魏忠贤旨意，严追赃款，"通邑富户科派之，于三十万外更增二万余"。又大兴株累勒索，"限月酷追，遍毒徽民"。先后有数百富户罗织于此案之中，"株连蔓延，吴之族党亲邻无不罹其凶毒者"。⑤ 吕下问的残暴行为终于激起了徽州民众的反抗。

天启七年（1627 年）二月底，吕下问"坐勒土商吴献吉山价银一万两"。献吉逃匿，吕下问即命差快黄文拘催，两白捕窜至岩寺献吉至亲潘谟家。"时

---

① ［清］佘华瑞：《岩镇志草》，第 125—127 页。
② 程演生：《天启黄山大狱记》，第 11—15 页。
③ ［清］吴吉祜：《丰南志》卷 10，第 580 页。
④ 程演生：《天启黄山大狱记》，第 16、19 页。
⑤ ［清］佘华瑞：《岩镇志草》，第 121 页。

潘谟己外出，文所带白捕知潘谟邻室潘家彦富厚，思蚕食之。适家彦亦远出未回，室尽妇人，两白捕擘门入，妇人惊号。众愤不平，殴两捕死，毁其尸……乡城之人，无不切齿部差者，乘机而起，大书'杀部安民'四字，遍布通衢。"三月初一日，民众万余人冲入吕下问公署，吕己"仓惶破后壁宵遁"，于是愤怒的民众"毁门火其宫"。① 最后，歙县令倪元珙"徒步，挥涕慰谕"，民众方散。此即"徽州民变"。

徽州民变乃吕下问"凌逼之凶"所一手造成的，"其导火线实吕下问差黄安妄拘票内无名之潘家彦也"。所以，程演生认为，吕下问"以贪酷暴恣，激成徽民变乱"。② 他所引录的《三朝野记》中也有"民不堪命，群起鼓噪"之语。《岩镇志草》则直接将此事件称作"白役激变"。当事人倪元珙在后来的《黄山大案奏疏》中也认为"吕下问激变之罪毋容借忤珰以自文"。③

徽州民变迫使魏忠贤不得不将吕下问免职，而改派另一爪牙徽州歙县人许志吉（万历大学士许国之孙）来徽州继续办案。许志吉仍以搜刮富户为急务，"其贪贿严追，残害徽民，不减下问"，甚至对吴养春竟不惜下井投石。所以，程演生认为许志吉"残害徽民尤酷"，"荼毒乡里，不遗余力"。④ 不仅如此，许志吉还以"土官"自居，横行不法，"派买木价，增减不均"，⑤ 乃至百姓闻镇抚姓名则惊窜而归，已如前述。

直至天启七年（1627年）八月，熹宗崩，崇祯即位，魏忠贤倒台，许志吉遂遭失败，"至是新安之民，如释水火"。倪元拱擢升御史后，"首疏痛陈黄山一案颠末，请尽悬赃，徽祸乃解"。⑥ 至此，历时一年有余的黄山大狱终于宣告结束。它横扫了徽州一带富商，使其遭到沉重一击。

二、江南地区的社会信仰与习俗

明清之际，江南社会在政治、经济上有着深刻的变化，出现改朝换代带来

---

① ［清］吴吉祜：《丰南志》卷10，第581页。
② 程演生：《天启黄山大狱记》，第28—29页。
③ ［清］佘华瑞：《岩镇志草》，第127页。
④ 程演生：《天启黄山大狱记》，第29页。
⑤ ［清］佘华瑞：《岩镇志草》，第127页。
⑥ 顺治《歙志》卷四。

的大变局、资本主义萌芽性质的手工工场等，同时社会信仰与习俗复杂多样，其中既有传统文化的烙印，又有新的思想的印记。这里以徽州为例，阐述江南社会信仰与习俗丰富多样，并对徽州佛教风俗进行相关考证。

（一）徽州社会信仰习俗的复杂多样性

明清之际，徽州信仰，即反映徽州一府六县民众生活的神灵信仰心理与活动，其内涵极为丰富，内容与形式纷繁复杂，不仅有祖先崇拜、英雄信仰等人物神灵的信仰，而且还有宗教神灵信仰、自然信仰以及迷信习俗等。

首先，祖先崇拜是徽州人的传统，对祖先的祭祀规定是各宗族的基本准则，此乃"追远报本、和睦宗族之盛典也"。① 其主要表现为祠堂遍布，祭祀仪规严格；重视修谱，借此歌功颂德；祭祖之形式多种多样等。在徽州，祖先本身就是一种神灵，人们普遍认为祖先可以显灵，经常祭拜能够庇护子孙、福泽绵延，否则会遭遇不测。因此，有祁门宗谱以"祖训"言曰："祭祀所以报本也。凡我庶民立春清明季秋冬至皆可尽一念之识，苟失祭祀则是忘祖宗，忘祖宗则不孝，不孝则家道乖戾，岂可乎？"②《休宁范氏族谱》中列出祭祀有时祭、统宗祠祭、林塘宗祠祭、忌祭、墓祭等，如，时祭、忌祭等曰：

> 时祭（岁暮同）：用四仲月二分二至日，主人夫妇诣寝庙，启椟出主，跪焚香，告曰：某孙以某月有事于高曾祖考妣，敢请神主出就正寝，恭伸奠献，俯伏，兴，奉主就位……
>
> 忌祭：凡遇考妣以上死之日，俱设祭如时祭仪，主人以下素服，如近故则读祝后举哀，是日不饮酒食肉，不听乐，夕寝于外。所谓终身之丧，忌日之谓是也。（祝文云）岁序流易，讳日复临，追远感时，昊天罔极（如祖考妣，改用不胜永慕），谨以牲醴用伸奠献，尚飨……
>
> 墓祭：时俗俱用清明节或前一二日。（祝文云）岁序流易，雨露

---

① ［清］吴元榕辑：《吴氏永慕集》之《向杲孟阳公叙历代祭祀》，上海图书馆古籍部藏，第 82 页。
② 《锦营郑氏宗谱》卷之末《祖训》，上海图书馆藏。

既濡，瞻扫封茔，不胜感慕。谨以牲醴祇荐岁事飨。附祀后土祝文：
某躬修岁事于某亲之墓，惟是保佑，实赖神休［麻］，敬以酒馔，谨
陈奠献，尚飨。①

至于汪华和程灵洗二祖的祭祀与崇拜，则超出了两族各自的祖先信仰，而
成为徽州普遍信仰的地方神灵。遍及各地的宗族祠堂是徽人祖先崇拜的直接物
证，徽州各族经常进行对祖先的祭祀，除了祖先的诞日、忌日外，还有春祭、
秋祭、中元祭祀等。徽州的祖先崇拜有一套完整的祭礼、祭仪等程式规定，各
宗族对祖先的祭祀极为隆重，而且所费巨大，其根本原因在于后世子孙尽孝道
以求福的礼法要求和宗族维护其家族秩序的手段两个方面。

其次，英雄人物等人物神灵的信仰，这在徽州相当普遍，是徽州民间信仰
最具地方特色的一类。徽州是一个崇拜英雄的地区，由崇拜进而神化加以信
仰，在徽州极为常见。徽州人普遍崇拜的英雄人物主要有有功于民的乡土神汪
华、程灵洗等，战神张巡、许远等，忠义之神关帝，文化之神文昌帝君及理学
集大成者朱熹等。如，有一则《癸酉圣帝君诞文》曰：

　　谨以清酌庶馐香楮束帛之仪百拜天伏魔大帝、关圣帝君夫子之神
前而庆祝曰：于维帝君三国一人，丹心无二，美髯绝伦，功扶汉室，
志在麟经，威慑夷夏，气塞乾坤，烛燃天闽，敛扫江氛，视曹若鬼，
弗受寿亭，以孙为狗，乃却婚姻，威武不屈，忠义常伸，行权秉节，
伟武经文，至大至刚，乃圣乃神，褒封历代，享祀千春，巍巍荡荡，
民无能名，凡有血气，莫不万亲，时维日久永，律届蕤宾，共逢圣
日，共祝冈陵，虔进三爵，聊表一忱，伏祈默佑，百福并泰，口口世
泰，永乐升平，维于帝君，三国一人，千古一人。②

另外，对刘猛将军和五猖神以及其他行业神的信仰同样较为常见。华佗是

---

① 《休宁范氏族谱》，上海图书馆藏，第486页。
② 程鸿记抄录：《本村演目连对联》（祁门十七都环砂程氏文书），刘伯山主编《徽州文
书》第1辑，第9册，广西师范大学出版社2005年版，第243页。

医家信仰的行业神，同时它在普通民众中亦不乏信仰者。除此之外，还有对汪华之子七相公、八相公、九相公的信仰，对其他神灵如财神、禄神、福神、寿神以及周王、李王、钟馗、天花娘娘等的信仰。徽州民间所信仰之人物神灵名目繁多由此可见，其中有些神灵名称全凭附会与虚拟而来。

再次，宗教神灵和自然神灵的信仰在徽州也极为丰富。虽然一般认为徽州的宗教活动因礼学的限制而不甚突出，但是一方面反映徽州宗教活动和信仰的庙观建筑甚多，另一方面徽州普通民众的佛道教信仰十分常见。① 宗教神灵，如玉皇大帝、三清、如来、观音等，名目并不在少数。自然信仰则包括列入国家祭祀大典的先农坛、社稷坛、厉坛等天地神灵以及山川雷雨风云等自然神灵的信仰，还包括非官方的自然神灵，如玄天上帝、土地神、城隍、月神、水火神等的信仰。尤其是作为徽州"福德正神"的土地神，备受普通民众和商人的广泛崇奉，"徽州土地老儿肥，朔望开荤受祷祈；接祝生辰二月二，炒香麻豆换新衣"②，这首竹枝词极力描摹每年二月二日的土地神诞辰之日，徽州民众祭祀与迎接之盛况。

此外，徽州迷信之风极为盛行。徽州府县志皆言本地风俗"泥于阴阳"，徽州的迷信有算命、风水等，甚至发展成为一种职业，相命之人众多，相命之书种类繁多，流传至今仍有不少。③ 《歙县纪俗诗》在摘录竹枝词之后按曰："歙人性善機祥，每事必征于神鬼，曰发兆，而求嗣者尤切。"④ 堪舆风水在徽州亦甚流行，所谓"风水之说，徽人尤重之"，为寻一块风水之地入葬，而使先人长期不得入土；为争一块风水宝地，不惜诉诸旷日持久的诉讼官司，难怪

① 复旦大学图书馆古籍部藏《苏田里村程氏本宗谱》所载"行述"曰：程文彩"敬信鬼神，动必祈祷"。

② [清] 吴梅颠：《徽城竹枝词》，转自《徽州文献与〈徽人著述叙录〉的编撰》，安徽大学徽学研究中心《徽学》2000年卷，安徽大学出版社2001年版，第381页。

③ 风水、相命在徽州文书中很常见，如文书抄本《清末民初峻磊山人为程先生推书》（黟县五都四图程氏文书），刘伯山主编：《徽州文书》第1辑第3册，广西师范大学出版社2005年版，第298页。另外，《故纸堆》（北京图书馆出版社2003年版，第134—135页）收有民国十四年（1925年）歙西的命相文件，安徽省图书馆藏有《看痘吉凶总诀》《祝由科存》等，歙县档案馆藏有1959年重修编的《命学须知》等。

④ 《歙县纪俗诗》，载《安徽竹枝词》，黄山书社1993年版，第84页。

有人感叹："其平时构争结讼，强半为此。"① 徽州的民宅、宗族的祠堂乃至村落都依风水而建。此外，徽州还有巫术信仰，驱瘟、驱傩、画符治病均反映了徽州巫术信仰之普遍存在。歙县有两首相关竹枝词，其一曰："伤寒病热谚曰王，卜筮禳灾费药汤。偏信巫咸凭祷祝，不知到底属荒唐。"其二曰："妄言生死活阎罗，邪教诬民看鬼婆。大块银钱谁买命？愚顽遭骗奈如何！"② 从中可见巫术之盛。

丰富多样的民间信仰影响到徽州民众的日常生活习俗，徽州许多方志都会有贯串一年始终的各种信仰习俗之记载。在文书抄本《祈神奏格》的各类宗教科仪中可以得到更为集中的反映，元旦要拜天地、接门丞土地、安门丞土地、拜香火，元宵放烛，春祈祭社，秋报祭社，腊月廿四祭灶，除夜谢天地、谢香火、送门丞土地、谢猖神、谢土地神、谢众神、谢猪栏土地、谢井神、谢碓神、谢仓神，等等；祭祖与扫墓一年四季也习以为常：元旦拜祖先，新正送祖先，新正拜坟，四仲月祀祖先，扫墓请山神，清明扫墓，清明祀祖先，中元祀祖先，做年祀祖先，高曾祖（妣）忌日祀先，考妣忌日祀先，每常祀祖先，生日祀祖先，生子祀祖先，冠礼祀祖先、拜香火，婚礼拜祖先、拜香火，嫁女辞祖先，腊月廿四接祖先，除夜祀祖先，等等；此外，求嗣要请神烛、安神烛，斋戒要请观音、请三官、请上帝，生日要请上帝、拜香火，催生请神，生子也要请神，开铺、禁山、安禾苗、祈雨、兴工、上梁、动土等均要请神安神。③如，其中《朔望献佛饭》曰：

伏以进炉香喷寸忱巳大于空中玉烛光辉诸圣端临御座上有心归载

---

① ［清］赵吉士：《寄园寄所寄》卷11，四库全书存目丛书，子部第155册。另外，刘道胜在其专著《明清徽州宗族文书研究》（安徽人民出版社2008年版，第371页）中引用安徽大学徽学研究中心所藏《婺源詹氏文书》，指出"善于堪舆，兼开店业"以谋生的现象。

② 乾隆佚名抄本：《歙西竹枝词》，安徽省博物馆藏，转自汪庆元：《徽学研究要籍叙录》，《徽学》第2卷。

③ ［明］程敏政原编：《祈神奏格》，该文书共6卷，上海图书馆古籍部有明抄本1册，内容只有目录所列的三分之一；另有一部善本书3册。此外，王振忠教授藏有清刊本一部，其末卷内容亦有残缺。此处所引据王振忠《徽州社会文化史探微——新发现的16—20世纪民间档案文书研究》，上海社会科学院出版社2002年版，第170—171页。

无愿不从，今据乡贯奉佛信士某通家眷等涓今某年某月朔望日之辰，谨备斋饭信仪特伸拜请家堂香火南无大慈悲救苦难灵感观世音菩萨、三元天地水府三官三品大帝、北极镇天真武玉虚师相玄天仁威上帝、宅主镇隅大德普庵祖师、天宫主照合家本命元辰星君、今年太岁至德尊神年王月将气候灵官、东厨司命炎帝灶君、本管大社社稷明公尊神、住居土地兴旺福德尊神、左门丞右户尉神荼郁垒神君、招财进宝童子和合利市仙官、值日奏事功曹使者，一切圣慈悉仗真香受沾供养言念某等生居尘世，多沐洪恩，起居无时永绝官非之挠，进退可度全消瘴疬之灾，非为宛转之能，实赖慈悲之力，兹逢朔望日特献清斋人情之所皈依佛圣必蒙加护。

伏愿慈光普照，瑞气骈臻，主卫一家人财，日增月盛，锡滋百福家室，老安少怀，朔而望，望而朔，永保箕裘于百世，佛即心心即佛，愿垂福禄于千秋，凡居人世之间皆承我佛之庇，所有信仪火化，伏惟圣慈鉴纳。

由此可见，徽州民间信仰已成为日常生活的一部分，特别是明中叶以后，原有的活动变得更加日常化，仪式更为丰富多彩，同时，新的神灵偶像和新的民间信仰活动不断被创造出来。① 从《祈神奏格》与众多的徽州文书，我们可以看到，徽州民众信仰神灵、拜请诸神种类繁多，似乎无所不包。《绩溪庙子山王氏谱》关于岁时之风俗曰：

阴历（以下均同）正月元旦天未明，长者起沐陈香案，上置桌盒鸡子清茶，再焚香燃边爆，向天井朝天四跪拜（读若具）八拜又毕，赴厨下灶前跪拜，谓之接灶天。既明，长者率同幼者（男子）赴同族各家对其祖先焚香三注，四跪毕，再向生人平拜，对行长者跪，长者亦答跪以贺新年，谓之拜年。

① 赵世瑜：《狂欢与日常——明清以来的庙会与民间社会》，生活·读书·新知三联书店出版社 2002 年版，第 23 页。

元宵邻村（李家）有游镫者（今亦无），本村则无此。

二月二日谓土地神生日，家家裹粽子，谓之土地粽。

二月十九日谓观音生日，妇女多有结伴赴本都古塘烧香者。

七月三十日谓为地藏王生日，妇女多有结伴赴五都金山烧香者
（相传金山为地藏王打坐处）。

十二月二十四日谓之过二十四（即过小年），午蒸包蒸馃食之，
晚饭锅食较端午中秋为丰，亦敬祖先后食之，整刷先人容像，悬挂中
堂，焚香点烛，自本日起，每日早焚香晚点烛，谓之早装香晚点镫。
至次年新正十八日始除。入夜八九时以盘盛豆茶少许赴灶前，焚香点
烛撒掷空中，跪拜送灶神，谓之送灶……①

不仅如此，从信仰的地域范围来看，徽州一府六县范围内，民间信仰普遍
盛行。如弘治《徽州府志》载，徽州民众"泥于阴阳拘忌废事且昵鬼神，重
费无所惮"，②嘉靖《徽州府志》亦言："徽之人俗鬼而好祀。"③诸多的县志
乃至村志在"风俗"中列有各种祭祀、迎神等信仰习俗，其中，既涉及祖先及
其他人物信仰，又涉及自然信仰与其他神灵信仰。例如，休宁县《橙阳散志》
卷六《礼仪志》在"祭祀"中记录有社祭、迎神、祭张七相公等，在卷七
《风俗志》的"灯事""游神""还烛""保安"中则录有与社公、汪公、痘
神、观音等相关的信仰习俗与迎神活动。④可见民间信仰的活动与习俗遍及徽
州城乡。当然，徽州不同地方的信仰也存在一定的差异，有时还随季节有所变
化。如，在九月，"祁婺之乡占雨，休歙之地占晴，九日占微雨"，而十月立冬
之时，"山家卜晴雨，十一月短日至缺贺年，卜谷实"。⑤可见，徽州民众的信
仰活动可以随着环境、季节等的改变而变化，反映了民间信仰的实用性与功利

① 《绩溪庙子山王氏谱》卷九《宅里略二》，上海图书馆藏。

② 弘治《徽州府志》卷1《风俗》，天一阁藏明代方志选刊，第21册，第10—11页。

③ 嘉靖《徽州府志》卷10《祀典》，北图古籍珍本丛书，史部·地理类第29册，第227
页。

④ 《橙阳散志》卷6、7，中国地方志集成，乡镇志专辑第27册，第644—647页。

⑤ ［明］吴子玉：《大鄣山人集》（吴瑞穀集）卷31《志略部》，《风俗志》，四库全书存
目丛书，集部第141册，第609页。

性特色。

另外，徽州的民间信仰还反映在祭祀与信仰性质的会社组织中，明清至民国之际，徽州会社众多，其中既有祭祀祖先的会，如清明会、冬至祀会，又有祭祀其他神灵的会，如关帝会、观音会、世忠会等；另外，还有宗教性质的会，如佛会、香会、上帝会等。这些会社组织的信仰习俗及信仰活动是徽州民间信仰的重要方面。以绩溪县为例，清迄民国时期主要有花朝会、保安会、三元会、火把会、太子会、观音会、五猖会、土地会、城隍会、社会等十几种庙会，终年不断，闰年尤盛。① 作为适应一定社会群体的祭祀、互助、娱乐等需要而结成的组织，徽州的会社名目繁多，既可适应村落或宗族或部分群体的祭祀需要，又可满足他们的经济乃至文化活动需求。如，《崇祯十年至康熙祝圣会簿》载：

> 住居十三都三图，里长吴天庆，保长汪宗公及士农工商各户人等议为祝圣会事。切以田禾丰熟，人丁茂盛，全仗神灵护佑，是以各村各乡立会敬神祭祀，巡游田间，邀神欢媚之意。今本都本图上至上庄，下至下岭，俱属越国汪公、九相公、胡元帅名下所辖，向虽立会祭祀，未举出游之典。今议，奉神出游春祈祝会，必需人力扶持，钱财给用。议得，士商之家，出钱修坐辇、执事各件用度，农工之家出力，上、下村司帝辇、相辇，上庄司帅轿。各执各事，共祝年谷丰登，人民乐业。人喜神欢，自然福禄永赖。如有不敬事肃奉者，神必降祸其家。口此立议，各宜遵照。口口年，岁在壬子春……②

由祭祀性质的祝圣会，形成了具有经济和娱乐功能的会社组织，从此处和全部会簿内容来看，会社之中不仅有祭祀活动，而且还规定了涉及的村庄、各村的职责、各种规定、责任划分等。

不仅如此，会社还组织游神、迎赛、演戏等与信仰有关的活动，目连戏与

---

① 绩溪县地方志编纂委员会编：《绩溪县志》第35章《风俗·宗教·庙会》，安徽省地方志丛书，黄山书社1998年版，第1054页。

② 《崇祯十年至康熙祝圣会簿》，南京大学历史系藏。

傩戏反映了民间信仰习俗的诸多方面，譬如，从目连戏的内容与演出活动，我们可以看出其中的佛教信仰、五猖神信仰、水府尊神屈原的信仰以及灾害信仰习俗。明代歙人文集中有《赛神曲》曰：

> 秋日坎坎日击鼓，椎牛赛神杂百舞。亭亭翠盖骄青云，冉冉朱旗联夕曛。百灵连跰下帝都，芙蓉作冠霞作襦。五花骢马珠头络，六龙飞辇流苏错。朝群西渚暮东冈，九华步障陈椒浆。繁讴急管嬉未央，千秋万岁神乐康。美人处处遥相望，翠羽明珠照路旁。遗钿坠珥纷如雨，欲归未归愁断肠。神来缥缈五云开，神去秋冥枫树衰。降福于民何有哉？踯躅空山一怅望，萧萧风雨夜徘徊。①

从信仰群体来看，徽州不同群体都有自己的信仰，或有共同的信仰，或有不同的信仰。首先，信奉理学的士人阶层，对朱子极为推崇和信奉。当然，徽州乡土神乃至佛教神灵的信仰在徽州文人中也较为流行。明代休宁文人程敏政曾作《祀神考》，其中考订以示后人的有五祀（门、行、户、灶、中雷）、禖氏之祀（张仙之神）、汉寿亭侯及远祖忠壮公、唐越国汪公、中丞张公之祀等。② 徽州还有不少文人结交僧众、一心向佛，"平生每爱逢僧话，带月何妨叩梵门"。③ 明代文学家、思想家休宁人金声，一生与诸多名士禅师交往，留下许多佛学感悟。明代山水画家休宁人程嘉燧，号松圆道人、偈庵居士等，晚年更是皈依佛教。其次，各地的徽商多将朱熹或关帝作为信仰神灵，供奉于各地的徽商会馆之中。对徽商而言，关公既是他们崇奉的财神又是他们的职业保护神，这是因为一方面关公作为财神能为徽商带来经济利益，另一方面，徽商能从正义和公信化身的关公身上吸取他们所需要的东西，符合徽商的信仰要求。当然，徽商还普遍信仰土地神以及汪公、张公等徽州乡土神，以此作为他

---

① ［明］黄焕：《罗颖楼初稿》，安徽省博物馆藏。
② ［明］程敏政：《篁墩文集》（一）卷11《祀神考》，文渊阁四库全书，第1252册，集部第191册别集类，第200—201页。
③ ［明］朱同：《覆瓿集》卷2，文渊阁四库全书，第1227册，集部第166册别集类，第664页。

们的保护神。另外，徽商的神灵信仰还具有行业特点，例如药商崇奉神农氏、扁鹊、孙思邈等，粮商祭祀仓神，而五猖神则主要是婺源木商的行业神。① 徽商合伙经营之前往往要先祭神，所谓"合伙表心"，是因为他们"一己难以货殖，惟众人庶可经营"，但是合伙经营又恐人心之不一，于是立下誓言，神前宣读，"伏望神司，明彰昭报"。② 再次，徽州下层民众则敬奉土地神以及与佛道教有关的信仰，尤其妇女信奉佛教者甚多，如同治《祁门县志》引《康熙县志》曰：妇女"近乃信鬼巫事斋戒"，③ 歙县亦如此，"谈佛法者惟妇女居多"。④ 除了土地神之外，农民还信仰井神、碓神、仓神、猪栏土地诸神，其他不同职业者，如差役、医家、酒家等均有自己所信奉之众神。⑤ 可见，明清以来，徽州的民间信仰在各个阶层中相当普遍。

民间信仰的特征主要表现在多样性、多功利性、多神秘性等方面。⑥ 徽州民间信仰自然亦具有这些共同的特征，但是同时它亦有其独特之特色：其一，宗族化特色，徽州宗族在历史上根深蒂固，各宗族对始迁祖和始祖极为信仰与崇拜，而宗族的外神信仰虽然有一定的限制但是仍然普遍盛行，反映了徽州民间信仰的宗族化特征；其二，徽州本土特征，汪华、程灵洗等徽州地方神的信仰在徽州各地非常普遍，得到了徽州不同宗族、不同阶层人士的共同崇奉；其三，儒神化特色，徽州重儒兴教，素有"东南邹鲁"之誉，在其民间信仰中亦深深打上了富有人文特质的儒神特色，朱熹的神化、其他有功于民之士人的神化、邪恶之神的正义转化，以及儒家忠孝观念之人物成神的标准，塑造了遍布于整个徽州的儒神形象。

（二）徽州佛教风俗考

"篝火村村七佛柱，龛灯岁岁九莲山；愿分无尽光明烛，照彻灵台方寸

---

① 张崇旺：《谈谈徽州商人的宗教信仰》，《安徽史学》1992年第3期，第7—10页。

② ［明］程敏政：《祈神奏格》抄本，《合伙表心》。

③ 同治《祁门县志》卷5《舆地志·风俗》，中国地方志集成，安徽府县志辑第55册，第59页。

④ ［清］刘汝骥：《陶甓公牍》卷12《法制科·歙县风俗之习惯·宗教》，《官箴书集成》第十册，第583页。

⑤ 王振忠：《徽州社会文化史探微——新发现的16—20世纪民间档案文书研究》，第168页。

⑥ 乌丙安：《中国民间信仰》，中国文化史丛书，上海人民出版社1996年版，第4—14页。

间。"这是清代吴县人施源所编《黟山竹枝词》里的几句话，主要描述包括黟县在内的徽州地区佛教流行、香火旺盛之况。然而，明清时期徽州是否"尚佛"还存有一定的争议，这里以地方志、族谱、文集和文书为主要资料对此及相关问题进行必要的考述。

1. 地方志对徽州佛教习俗的记载

明清时期的徽州包括一府六县（歙、黟、休宁、祁门、婺源、绩溪），这里曾孕育出举世瞩目的徽州文化，作为文献之邦的徽州，地方志是其文化的重要组成部分，涵盖了徽州府县乃至村镇的方志是研究包括宗教风俗在内的徽州文化的重要资料。

有学者根据《歙风俗礼教考》的"徽俗不尚佛、老之教"所载，认为徽州宗教信仰受到极大限制，唯有理学处于独尊的地位。徽州地方志对于佛教风俗亦有不少记载，康熙《徽州府志》曰："歙休丧祭遵文公仪礼，不用释氏（今凡谈禅说法者至徽全不足重轻），然祭奠颇侈，设层台祖道饰以文绣，富者欲过，贫者欲及，一祭费中家之产。"① 嘉庆《黟县志》有关于黟县风俗的记载："今丧祭或亦参用文公家礼，能不信浮屠之法。"② 同治《祁门县志》则言："丧祭遵文公家礼，浮屠间用之"，"祁地风俗淳朴，颇不竞尚浮屠，然寺观之可纪者亦不乏焉"。③ 乾隆《绩溪县志》所载也相似，认为"近士大夫家丧祭遵文公家礼，不用浮屠"。④

从上述徽州府县志对佛教等宗教风俗的记载，我们可以看出，其中有不用浮屠和"间用浮屠"两种说法。其实，徽州虽为礼仪之邦，但是僧道并未禁绝，尤其是族众的宗教信仰更是难以禁止。这不仅表现在徽州丧祭之例，用文公家礼外，还"浮屠间用之"，而且体现在大量寺庙的修建和民众对于信仰活动的积极参与等方面。

2. 徽州寺庙数量众多，且保持增长态势

明代对于佛教的管理政策影响徽州地区寺庙的数量。明初洪武十五年

---

① 康熙《徽州府志》卷2《风俗》，第444—445页。
② 嘉庆《黟县志》卷3《地理·风俗》，第59页。
③ 同治《祁门县志》卷10《舆地志·寺观》，第89页。
④ 乾隆《绩溪县志》卷1《风俗》，中国方志丛书，华中地方第723号，第81页。

（1382 年），制定了详细的僧官制度，即，在京置僧录司，以掌天下僧众；在外府州县设僧纲等司，分掌其事。明太祖采取儒释道三教并用的利用政策，同时予以必要的限制，实行度牒制度之外，洪武二十四年（1391 年）下归并之令，徽州寺观数量亦相应地大为减少。

明朝中期开始，佛教兴盛，寺庙层出，徽州寺庙遍及府县、村落以及名山大川。明代弘治《徽州府志》所载寺观数量为：歙县 69 座，休宁县 70 座，婺源县 46 座，祁门县 48 座，黟县 14 座，绩溪县 22 座。较之同时期的道观数量（歙县 12 座，休宁县 6 座，婺源县 16 座，祁门县 7 座，黟县 6 座，绩溪县 4 座）明显多出不少。不仅如此，徽州寺庙在明清时期得到不断修葺和新建，而且其数量在清代还有大幅增加。因而，康熙《休宁县志》才会有"天下寺观之设，今日不可谓非盛矣"的感叹。

到了清朝道光年间，寺庙数量较之明代弘治年间的增长超过 60%，据清代道光《徽州府志》所载，其时寺庙数量为：歙县 115 座，休宁县 89 座，婺源县 107 座，祁门县 44 座，黟县 21 座，绩溪县 63 座。可见，此时寺庙数量有了大幅度增加，甚至晚清之际，寺庙数量仍然有增无减，如歙县有寺庙达到 240 座，婺源则有 305 座。

徽州寺庙兴盛的大环境在于明清时期政府采取了比较宽松的宗教政策，而民众对佛教普遍的信仰则是寺庙兴建与佛教发展的主要推动力。徽州宗族对于寺观的创建投入很大的热情，如婺源双杉王氏宗族就曾对于祠院寺庙反复修缮。再如，婺源严田李氏，始迁祖创立九观十三寺，世承香火，奉祀不懈，"凡远近寺观以灵名者，皆我李氏之世业也"，虽然"嗣后世远湮沦，存毁不一"，但是至嘉靖年间尚存者，"若近而本里之重兴寺、灵河寺，十七都之洞灵观，远而若大田之灵山寺、乐平杭桥之灵应观"。[①]

3. 徽州宗族的祠庙一体化

徽州寺庙的增加，与宗族的支持有很大关系，他们不仅对寺庙修建投入了极大的热情，给予财力支持，而且还广泛参与佛教信仰活动。

---

① 《星源严田李氏家谱》卷之首《记》，《李氏寺观记》，上海图书馆谱牒中心藏，第 26 页。

最能体现徽州宗族的建庙热情，同时也是徽州佛教的最大特点，是祠庙一体化。在徽州，宗族的祠堂与寺庙一体化非常普遍。这种格局之中，一般以祠堂为主，其他寺观为辅，寺庙多位于祠堂之后或两侧。婺源《双杉王氏宗谱》载有《祠院寺庙总图序》，祠之西为万寿宫即古智林禅院，正宫为大雄宝殿，东偏为痘神庙，另有法司坛、关帝宫、万佛楼、五显宫庙、十帅庙、灵应胡王庙等，祠院四处毗连，共占地 13 亩之多。寺院乃唐朝时王氏宗族所建，后代屡有修缮，仅明代就有三次兴修：成化年间，因乱被毁而重修；万历三十七年（1609 年），祠院朽坏不全，族众与僧慧沂等劝募族中贤能而又乐善好施之人，得以修葺一新，并完成大悲阁；天启二年（1622 年），佛殿遭遇火灾，"本族各捐助，造墙装佛完工"。迨至清朝，屡遭兵变，又多损坏，族众与寺僧净彰，募造大雄宝殿三门、关帝殿大悲阁，比之前更加庄严，这些修建都是靠族人捐助得以完成。宗族的寺院在后世得以屡修而不废，反映了宗族后裔对于祖先留下来的寺观所持"尊敬之心可谓克备"。①

另外，徽州祠庙的一体化不仅表现在祖先之庙，常供有神佛（徽州宗族的族庙、家庙供奉的神祇包括佛教诸神在内，十分繁多），而且还表现在佛寺庙宇中大多同时供奉着祖先。徽州民间，在佛寺殿堂一侧，每每供奉宗族祖先的牌位，所在寺观之僧道，则按时予以祭奠。如，祁西上箬王氏在清初重建田尾山孝思庵，"佛堂高数仞，广三间三廊……中殿佛像与我寒谷公神主，朝夕供奉香灯，左右厢房其僧室也"。②

本来祠堂只是宗族祭祀、聚会和进行各类重大活动的场所，但是它却与佛教等宗教建筑、宗教活动联系在一起，反映了徽州宗族的重大活动离不开佛教的事实。

4. 徽州民众日常生活中的佛教信仰活动

徽州宗族的祭祀等重大活动和民众的日常生活无不渗透佛教活动和相关信仰习俗。他们不仅积极参与寺庙的开光等活动，而且还延请僧众进行宗族的祈福等法事活动。

---

① 婺源《双杉王氏宗谱》，上海图书馆谱牒中心藏。
② 《祁门上箬王氏家谱》卷6，上海图书馆谱牒中心藏。

首先，徽州宗族在祠庙的祭祖、祈福等活动，延请僧道做法事排场等。有一份《祁门僧道祈福诞生疏文》，反映了这一法事活动的详细情况，祈福、主坛法事、安龙奠宅、诵经解厄、赈济大孤等为此次做法的主要内容。僧人的法事与祭祖、消灾、祈福联系在一起，成为迎神接祖、祈福平安的一种仪式。①另外，在清代婺源县浙源乡孝悌里凰腾村的文书抄本《应酬便览》里，有许多"赈孤"疏文，在歙南甚至由此成立施孤会，其序曰：

> 昔闻孔伋云鬼神之德，天地之功，造化之迹，二气良能，鬼者阴之灵，神者阳之灵，是一气言，至而伸为神，反而归为鬼，其实一物，视弗见、听弗闻，是故四穷等类，以及三十六行，或者绝支无续，因此弟子虔诚，邀集邻居亲友聚成一会，出售洋若干，逐年赊放生息，约定每年小阳之月望夜，预备香花灯烛斋戒施食，以祭先孤，引度已毕，仍存素酌，会友分散。日后银钱酹醴，进者有，退者无，照例不灭，始恒不一，永年不二，神人两全，岂不美哉。②

从中可见，赈孤既为佛教法事，亦是与灾害（干旱和虫灾等）、疾疫等密切相关的，且与演戏酬神活动相联系的"祈福逐疫"仪式。

其次，宗族积极参与寺庙的开光活动，并组织游神、迎神等活动。徽州抄本《清代光绪二十一年徽州寺庙支用开销出账》体现了民众积极参与开光、游神等活动的过程：光绪二十一年（1895年）五月开光，六月初四退神，七月十四日点光。在活动过程中，人们不仅参与开光活动，而且还为寺庙购置物件与日常生活用品，购买工料与维修门亭等。③ 可见，徽州的佛教信仰活动已经融入民众的日常生活之中。绩溪《仁里程敬堂世守谱》之《祠规》，其"八蜡祭"条曰："吾郡邑多迎神赛会，有司屡知禁之不得。盖土俗民情喜逞，终岁无一游，豫事则气塞，或宜以此礼导之，令届期各聚里民张鼓乐索祭，祭毕散

---

① 《祁门僧道祈福诞生疏文》，中国社会科学院历史所藏。
② 《简要抵式》第一册《论杂式》之《施孤会序》，王振忠：《徽州村落文书资料类编》，未刊，第14页。
③ 《清代光绪二十一年徽州寺庙支用开销出账》，中国社会科学院历史所藏。

饮食，同里者轮主之，则一有所禁一有所开化，俗归礼只在一转移间耳。"①
葛韵清校订本《新旧碎锦杂录》中有许多诗歌楹联反应歙县迎神演戏盛况乃至
相互竞争，如诗句"向来四甲共主坛，开光演戏要名班。前次三朝期已惧，再
看今岁荣林官"。"合村菩萨戊开光，恰遇今年要装銮。一甲鸣锣邀议事，总总
无人作主张。""向来开光戏要佳，一心想做庆升班。前次已经务了事，今庚一
定还要他。""守翁吹荐长春班，戏价比他巧十番。那怕比他戏还好，有人决定
不要他。"如楹联"神坐桥端三源共涉，戏临河畔两甲同赓（神台用）""五
福遥临四甲咸歌乐利，诸神近接一方共沐恩光（猖台用）"。上述所引诗句可
以称为竹枝词，徽州竹枝词也有不少是反应迎神赛会盛况的，《安徽竹枝词》
收录了《新安竹枝词》两种、《黟山竹枝词》两种、《歙县纪俗诗》等，摘录
相关诗句如下：

三竿红日尚高眠，疾病多凭作卦疰；赛会保安甘破费，花筒纸爆不论钱。
梅城五日出神船，十二船神相比肩；小拍齐歌罗喷曲，大家结得喜欢缘。
轩皇山上学长生，丹灶烟消仙已成；尽日土人频陟巘，为携锄锸掘黄精。
手引长旗大道过，喧喧金鼓往来多；秋风白岳朝金阙，齐唱元天上帝歌。
二月二日天气新，城中祈福竞祈神；侬家不在城中住，怪底城中人亦贫。
枌榆社后见朱舒，菩萨慈悲便咒猪；斛打春正馒首大，一村父老拜三姑。
广安兰若北城隅，佛诞斋筵妇女趋；罩耞蟛筐排满路，分明农具绘幽图。
篝火村村七佛柱，龛灯岁岁九莲山；愿分无尽光明烛，照彻灵台方寸间。
峰到博山群削青，桥从五柳社前横；生来家住近闽府，可识闽真人姓名。
水月庵中来许愿，东云岩上去求签；背人偷得筵前箸，要卜佳儿快快添。
礼佛先持数日斋，不将心事诉同侪；蒸香悄向莲台上，借得观音一只鞋。
如愿全须佛力凭，珈瑜会恰衍三乘；送来阿树尖头果，摘得莲花座上灯。②

上述诗句的最后三首属于《歙县纪俗诗》，其中有原按曰："歙人性善機

① 《仁里程敬堂世守谱》卷之二《祠规》，上海图书馆藏，第487页。
② 《安徽竹枝词》，黄山书社1993年版，第50—84页。

祥，每事必征于神鬼，曰发兆，而求嗣者尤切，兹录其乡村纪俗诗，以见风俗之一斑。"

再次，徽州普遍存在的会社也从一个侧面反映了徽州佛教信仰的盛况。在徽州，有一类会社直接与佛教相关，如佛会、香会等。清朝雍正初年祁门所立佛会，其目的就是拜佛求福：

　　……五月初一日福会，以彩楮制元帅像，异游四隅，船会扮十二神诵唝啰曲以驱疫。端午日悬蒲艾饷角黍饮菖蒲酒，龙舟竞渡，是日福会船会迎神，船袭画似鳅（以十二人为神），载而游诸市，钲鼓导引（自宋大观迄今七百余年，举其事者致斋虔祷于双忠庙，所部署上下户率不改其旧。道光二年民人陈君盛输田租三十余亩入船福二会，立案勒石碑树双忠庙内）。乡间有以木制神船彩画装金肩异游村落驱疫（相传亦以驱蝗，祁门赵司训克勤神船行序云：神船，古乡傩之遗也，岁举以逐疫焉）。①

大约于清代嘉庆年间成立的歙县许村的香会，其规模相当庞大，一村举办，数村参与，有进香、拜神、做道场、搭台演戏、放焰口等活动。

5. 徽州宗族对族人出家的不同规定

徽州宗族往往反对族人出家为僧为道，许多族谱的族规都有类似的规定。《祁西金溪金氏统宗谱》载有《家训十条》，其中有"冠婚丧祭称家有无，遵行文公家礼，毋得袭用僧道，有违祖训，慨自教化不明，理沦义晦，世俗之见，惟以持斋奉佛施道布僧为善，妄希非常之福利"。②《休宁范氏族谱》，更是在《统宗祠规》提出"邪巫当禁"，对族中出家为僧道者，要求"勿令至门"，可谓严苛异常：

　　禁止师巫邪术，律有明条，盖鬼道盛人道衰，理之一定者。故

---

① 同治《祁门县志》卷5《舆地志》之"风俗"，中国地方志集成，安徽府县志辑55，第60页。

② 《祁西金溪金氏统宗谱》，上海图书馆藏。

曰：国将兴，听于人；将亡，听于神。况百姓之家乎？今后族中凡遇僧道诸辈，勿令至门。凡超荐诵经拜比斗批剃等俗，并皆禁绝。违者祠中行罚。惟禳火祈年一件关系大众，姑狗人情行之。①

但是，徽州还存在着截然不同的风俗。明代，在歙县东峰，"凡生产男二，必以一男出齐民俗，入释羽流"。② 这既反映了"十里不同俗"的实际情况，又说明了徽州宗族对僧众的认可，同时这种做法也使得寺庙僧众的来源得到了保障。

另外，徽州祁门郑氏宗族在其族谱《锦营郑氏宗谱》中专门列有"仙释"卷，为其祖郑真人郑福全、能胜禅师郑尹钦、郑道暹等作传，将他们视作"有祈必应"的神灵。甚至能胜禅师郑尹钦之母汪氏，少年守节，从子事佛于庵，人称妙喜菩萨，亦为时人所称颂。③

在理学盛行的徽州出现鼓励出家的风俗，体现了徽州宗族对佛教的认可与宽容态度，这在一定程度上又促进了佛教的发展与流行。

此外，徽州文人的佛教信仰大为盛行，这主要反映在大量的徽人文集之中，这些文人以及他们的诗文又深刻影响了徽州民众这一信仰群体。已见第四章相关论述。

总之，明清时期，徽州地区佛教盛行，这不仅因为徽州宗族对寺庙的修建投入极大热情，宗族的重大活动离不开僧众，而且因为徽州民众积极参与寺庙的各种佛事活动。徽州宗族的支持、文人的引领、普通民众的广泛参与，使得徽州的佛教信仰远远超过"间用浮屠"之说而普遍流行起来。

三、徐氏家变与江南地区奴变风潮

徐霞客先生逝世后的第五年，清顺治二年乙酉（1645 年），江阴徐氏遭罹空前的劫难。在这场劫难中，徐霞客长子徐屺、侄子徐亮工等徐氏一门 20 多

---

① 《休宁范氏族谱》，上海图书馆藏，第 478 页。
② ［明］方承训：《复初集》卷 31。
③ 《锦营郑氏宗谱》，上海图书馆谱牒中心藏。

人被杀，徐家宅园被毁。对于徐屺、徐亮工等的死因，徐学研究的奠基者丁文江先生认为，徐氏参加江阴抗清斗争，城破后被清兵屠杀："先生（指徐霞客）之长子屺卒于顺治二年七月十五日，盖江阴被屠之日。先生兄子亮工，以进士官吴堡令，致仕家居。同守县城，城破，阖门五口殉难，从祀忠义祠。李兆洛为之作传，疑屺与之同死。"① 丁先生徐氏"抗清殉难"之说，在徐学领域里长期以来没有异议，即使是对《年谱》进行详细考订的方豪、王成祖二位先生也没有在此问题上进行仔细考察。王成祖先生说："清兵南下，徐氏家乡江阴惨道屠城之劫，（徐霞客）长子屺罹难。"② 20 世纪 80 年代末，吕锡生、周宁霞二位徐学专家对丁先生的观点提出了质疑，认为徐屺等是"为盗所杀"，③ 或"被奴佃焚劫"而死。④ 作者认为丁先生之说是错误的，吕、周二先生的观点是值得重视的。徐屺、徐亮工等卒于家变——佃农奴仆暴动（奴变），徐氏家变是徐氏家族走向破落的关键，这在明清之交江南大族由盛到衰的变化中具有典型性。我们有必要对此问题进行深入的研究和探讨。

（一）徐霞客后人"抗清殉难"的结论不能成立

关于这个问题，我们从以下三个方面来说明。

第一，关于徐亮工"同守县城，城破……殉难"。笔者认为徐亮工、徐屺并没有死在江阴城，而是死在家里，徐亮工等不可能参加江阴抗清斗争，不是死于抗清后的江阴屠城。

最先整理《徐霞客游记》的徐霞客好友，其时在徐家坐馆的季会明谈及《游记》原稿本被毁和其中《滇游日记一》缺失时说："乙酉七月，余宗人季扬之避难于舅氏徐虞卿（徐亮工字虞饮或虞卿）处，顾余于馆，见《霞客游记》携《滇游》一册去。不两日，虞卿为盗所杀，火其庐，记付祖龙。"⑤ 这里季会明说得很清楚：《滇游一》因被季扬之拿去而散失；而《游记》原稿是

---

① 丁文江：《徐霞客年谱》，褚绍唐、吴应寿整理：《徐霞客游记》附录。

② 王成祖：《徐霞客游记丁编本读后感》，丁文江编：《徐霞客游记》附录，商务印书馆 1986 年影印。

③ 吕锡生：《徐霞客家传》，注释［10］，第 143 页。

④ 周宁霞：《李介立和〈徐霞客游记〉》，《纪念徐霞客论文集》，广西人民出版社 1987 年版。

⑤ 《徐霞客游记》，第 679 页。

乙酉年七月在徐亮工被杀时焚毁的；徐亮工是在家"为盗所杀"，不是被清兵所杀。《梧塍徐氏宗谱》（以下简称《宗谱》）说：徐亮工家"因国变，一门五人同日遇家难"，徐亮工等所遇者为"家难"，这也就从侧面说明徐亮工等并非死于抗清事。徐亮工七月在家，是否参加当地的抗清斗争不得而知，但绝对不可能参加江阴守城斗争。原因有二：一是七月的江阴城已被清兵重重包围，城内外的交道断绝，外人无法入城，城里的人也无法出城，亮工等当然不可能入城抗清。二是有关江阴抗清的资料，都没有徐亮工等参加抗清的记载。如徐亮工参加抗清，以其崇祯庚辰（1640 年）的进士和陕西吴堡县令的身份，地位比领导江阴抗清的阎应元、陈明遇二典史要高得多，应该有所反映，不会被遗漏的。所以，丁先生所谓徐亮工"抗清殉难"之说是很难讲得通的。

第二，关于江阴屠城之日期。

丁先生将徐屺、徐亮工的卒日——顺治乙酉七月十五日这天说成是"江阴屠城之日"，也是错误的。

据韩菼《江阴守城记》、许重熙《江阴城守后记》、沈涛《江上遗闻》等记江阴抗清的著作，七月十五日并非江阴屠城日。江阴抗清斗争，始于乙酉年闰六月初一，直到八月二十一日城陷失败，前后共 81 天。其中以闰六月二十一为界，前是江阴城外围抗清时期，后是激烈的守城时期。乙酉七月的确是江阴守城最艰苦的日子，清兵一方面加紧劝降，另一方面又从外地调来兵力，但十五日并非江阴被屠日。江阴被屠，是在八月二十一日江阴城被攻陷以后开始的，前后共三天。清军攻陷江阴后宣布要将"满城杀尽，然后封刀"，[1] "清兵屠城三日，晨出杀人，暮则归营"，[2] 不论抗清将士，也不论男女老少，最后江阴被屠杀及在抗清守城而亡的共达 15 万，整个江阴城仅存 53 人。[3]

由此可见，丁先生将"七月十五日"这个徐屺、徐亮工卒日，与江阴激烈的抗清斗争相联系，且说成是"江阴屠城之日"，进而推断徐亮工等卒于抗清斗争，这是不切实际的。

---

① ［清］邵廷采：《东南纪事》，《江阴守城记》（下），中国历史研究资料丛书，上海书店 1982 年印行，第 78 页。

② ［清］计六奇：《明季南略》卷 4，《江阴续记》，中华书局 1984 年版，第 249 页。

③ ［清］邵廷采：《东南纪事》，《江阴守城记》（下），第 78 页。

第三，关于丁先生谓徐亮工"抗清殉难"的史料来源。

丁先生谓徐亮工等"抗清殉难"，其史料来源是李兆洛的《徐亮工传》，而李兆洛的传文本身却是不可靠的。

李兆洛（1769—1841 年），江苏阳湖（今常州武进）人，他是嘉道年间著名的学者，主修过《江阴县志》《风台县志》等名方志，有《养一斋诗文集》。李兆洛为徐亮工作传是在道光年间主讲江阴暨阳书院和修《江阴县志》时，此传不见收录其文集，但被辑入《徐氏宗谱》，传文名为《忠义亮工公传》，仅200 多字，涉及徐亮工生卒、行谊履历，对其卒事说："顺治乙酉没于江邑守城之难"，且谓：道光乙酉（1825 年），江苏巡抚陶澍等"请旌江邑死事诸人，纶音褒美。以公崇祀忠义祠"。① 由此可知，丁先生之徐氏"抗清殉难"实从李兆洛之说，而李兆洛之说所凭依的乃是在其作传前，徐亮工入江阴忠义祠附祀。那么徐亮工入祀江阴忠义祠，就一定是"抗清殉难"的"忠义"吗？徐亮工是如何得以入祀的呢？这便是问题的关键所在了。

光绪《江阴县志》对附祀忠义祠之事给我们留下了记载。原来，在江阴抗清的三位主要领导人典史阎应元、陈明遇和训导冯厚敦以及江阴 15 万绅民在抗清斗争中遇难。清朝乾隆四十一年（1776 年）分别给阎、陈、冯三人以忠烈、烈愍、节愍的谥号，褒他们为"忠义"人物；在江阴城东栖霞庵址建了"忠义祠"，时人称"三公祠"，让江阴人岁岁奉祀。② 同时抗清名士戚勋、许用、黄毓祺等 8 人入祠祀。以后便有更多的人附祀于忠义祠：道光七年（1825年）在抗清斗争的 180 周年之际便有 213 人入祠附祀，徐亮工和季会明即名列其中；道光十七年（1835 年）又增 97 人附祀，徐亮工三子徐汝义、汝为、汝明也名列其中。这样忠义祠除"三公"外，共有 318 人附祀。这些附祀者，有的确实参加或领导江阴抗清斗争，且在《明史》及地方志、其他私人笔记野史有事迹记载，如戚勋、许用等人；有的则没有参加抗清斗争，如季会明。上文已提到，当江阴抗清时，他还在徐家坐馆和整理《游记》，怎么会死在江阴抗清中呢？徐亮工及其三子也是如此。

---

① ［清］李兆洛：《忠义亮工公传》，《徐霞客家传》，第 142 页。
② ［清］卢思诚等修、季念贻等纂：光绪《江阴县志》卷 16《人物·忠义》，第 466 页。

不是死于抗清事，而得以附祀"忠义祀"，问题主要出在大规模附祀忠义祀，是在抗清斗争后的 180 年后朝廷追认的。其入祀，原为地方大臣陶澍等"允民之请""上其事于朝"而做成的。入祀的条件，开头要严格一些，后来只要"散见家乘，经后嗣举报"申请便可以了。① 建江阴忠义祠及附祀之事，对朝廷和地方官员说来，为的是笼络士绅和百姓，消除满汉畛域，以示皇恩浩大和满汉合一；而对得入祀绅民的后代说来，也算祖上荣耀光彩之事。徐亮工及三子得以附祀忠义祠，便是后代举报申请的结果。

由此，入祀忠义祠并不一定全是抗清殉难者；李兆洛据徐亮工等人祠附祀便说徐亮工为死于抗清斗争的"忠义"是错误的，因此据此而来的丁先生之说，便是以讹传讹了。

（二）徐霞客后人遭受奴变打击是很沉重的

关于徐氏的奴变，计六奇在《明季南略》中有一段较韩翰更详细的记载："当攻城急时，乡民为奴仆者勾结数百千人，问本主索文书，稍迟则杀之，焚其室庐。凡祝塘、琉瑭、阳祁等处莫不皆然，人人危以惧。阳祁徐亮工，崇祯庚辰进士，被仆杀死，妻与三子诸生俱遇害，独季子汝聪遁免。未几事平，为主者亦多擒仆甘心也……"② 计六奇这段文字是当地人记当时事，故计六奇的记载是可靠的，计六奇的记载没有将反抗主人的奴仆称为"逆奴""叛奴"，而称为"乡民为奴仆者"，其态度也是较客观的；因徐亮工的身份和地位，计六奇便以徐氏奴变作为江阴奴变的典型例子。计六奇所言徐亮工"被仆杀死"，这便说明季会明所言徐亮工"为盗所杀"之"盗"，实指奴仆；徐亮工和"妻与三子诸生俱遇害，独季子汝聪遁免"，这与《宗谱》称"因国变一门五口遇家难"的记载吻合。查《宗谱》徐亮工共有四子二女。其妻苏氏，与长子汝翼、次子汝为、三子汝明同时死难；时二女已嫁，得免于难，四子汝聪（字在音）逃脱，后来与堂兄徐升一道，经过十年周旋，杀了奴变的奴仆，最后还中了康熙时的举人。③ 由此可知，徐亮工等确实死于奴变，其与三子入祀忠义祠

---

① ［清］朱方增：《三公相附祝殉义绅民记》，光绪《江阴县志》卷7《秩祀·祠》，第218—219页。

② ［清］计六奇：《明季南略》卷4，《江阴续记》，第250页。

③ 《世系表》，《梧塍徐氏宗谱》卷3。

却不能说成是"抗清殉难"。

徐氏奴变不仅发生于徐亮工家,徐亮工兄徐亮采(县庠士)家也同时发生。据康熙时江阴薛云蒸为徐亮采次子徐升(字君铨,号豫止,庠士)撰写的传文:"鼎革之秋,甲申告变,奴佃夜半围基焚劫,先生所寝处与母隔,惊梦跃起,奔其母,母恋橐中装,不遽去。先生叩头哀请,强曳置背上,突焰而出,骨肉之陷于烬者十六人矣,非诚孝所感,曷克致此。斯时回顾居宇无片瓦只椽,不得已甯徙江城,独奉母华孺人以居,语堂弟在音曰:不共之仇不复,非夫也;乃翁以名进士起家,而不能奋志以堕厥声,非子也。挟舆控冤当道,羁迟十载,始得尽碟群凶。"① 徐升自述则说:"迨及甲申,适逢国变,悔叠乘家,俗鹗构祸,倾巢破卵,一旬数词,县府道院衙门竟遍,嫡叔释服赴选南畿,诳语飞闻,钦案雉罹。乙酉端午,清兵南临,江邑抗顺,城乡起兵。中元夜半,奴佃造乱围基,惨杀焚劫殆尽,十六骨肉灰烬。季弟名堲,亦与其难,慈母护之,炸伤两指,有男痘伤随火而殇。片瓦不存,赤身不得命,流离颠沛,实难言尽。俞兄简弟三处分飞,我同寡母城乡甯徙,赁屋而居一间而已。控冤江庭,惟偕在音奔驰十载,擒获群凶,分别碟斩……"② 上述两段记载徐升家变事的时间,一为甲申年(1644年),一为乙酉年(1645年)中元(七月十五日)。我们显然以后者为可靠,原因是后者是当事人徐升的自述,而前者是徐升死30年后据徐升自述作的,薛云蒸将徐升家奴变的时间弄错了。有学者大概因为没有看到徐升的自述,也没有看到计六奇《明季南略》等记载,仅据薛云蒸的传文,也错误地将徐升家奴变说成是甲申年。③

徐霞客的长子徐屺(字子依、县庠士)同样也遭奴变打击,徐屺也被奴仆杀死。缪诜在给徐屺长子徐建极(号范中,县庠士)作的传中提到此事:"先生(指徐露客)殁未几,丁鼎革变,子依遭罹闵凶。余祖姑茕然抚两藐孤,为未亡人,门衰祚冷,零丁孤苦,抑且外讧内忧,伺而交攻,有不忍言者。然公稍长,虽颠沛之余,而意激昂,不自沮废。即发愤复仇,斩诸逆奴首,遂率其

① [清] 薛云蒸:《庠士君铨公传》,《梧塍徐氏宗谱》卷55。
② [清] 徐升:《君铨公豫止自述》,《梧塍徐氏宗谱》卷58。
③ 周宁霞:《李介立和〈徐霞客游记〉》,《纪念徐霞客论文集》。

弟刻苦力学不休。"① 上述所言徐屺所遭"闵凶"与亮工所遭"家难"的性质一样；徐屺既为奴仆杀死，两个儿子建极和建枢尚幼，由遗媳缪氏培养成长，徐建极兄弟最后发愤复仇，斩了众逆奴。此传作者缪诜，康熙四十五年（1706年）进士，是缪昌期的四世孙。缪昌期与徐霞客为挚友，缪徐两家几代联姻。缪昌期孙女嫁徐霞客长子徐屺，徐屺之孙徐曾起又娶缪诜之姐，故缪诜知徐氏"始末事特详近"。② 故徐屺在奴变中被杀无疑。徐霞客次子徐岘，生卒失考，疑也在奴变中被杀。

（三）徐氏家变是由众多因素促成的

作为江南奴变风潮的一幕，造成徐氏家变的原因是多方面的。

首先，从时代背景来看，明末清初，特别是明清鼎革之际，江南地区的封建地主，豪绅之家，不断发生家内奴仆、佃户反抗主人要求获得人身解放的声势浩大暴动，这在历史上被称为"奴变"或"奴变事件"。

1644 年川沙乔氏世仆顾六领导了奴变斗争，"（顾）六一呼百应，统领千人"，"不论乡村城市，士夫富室，凡有家人立刻要还文契"，"稍有避而不还契者，千人围拥，烧杀立尽"；③ 在嘉定华氏领导了奴变，"华氏家奴……合他姓奴客，同时起缚其主杖之，踞坐索身契所致数万人"；④ 在太仓，则有"乌龙会"的奴仆组织奴仆们"一呼千应，各至主门，立逼身契，主人捧纸以待。稍后时，即举火焚屋，间有缚主人者"；⑤ 公元 1644 年和 1645 年间，在常、镇、宁一带则有发起于金坛、溧阳的奴仆"削鼻班"组织领导的"缚故主、肱其囊箧、索身契"的斗争。⑥

常州府属江阴县的富家大族在抗清斗争期间也发生了奴变事件。江阴"兵敌既久，政令不能出城，远乡叛奴，乘衅索券，焚杀主者，络绎而起，烟光烽

---

① ［清］缪诜：《廪彦范中公传》，《徐霞客家传》，第 188 页。

② ［清］缪诜：《廪彦范中公传》，《徐霞客家传》，第 190 页。

③ ［清］姚廷遴：《历年记》，转引谢国桢《明末清初的学风》，人民出版社 1982 年版，第 257 页。

④ ［清］于埔：《金沙细唾》，《清史资料》第二辑，中华书局 1981 年版，第 159 页。

⑤ ［明］佚名：《研堂见闻杂录》，《烈皇小识》，中国历史研究资料丛书，上海书店 1982 年印行，第 274 页。

⑥ ［清］周延英：《獭江纪事本末》，《清史资料》第一辑，中华书局 1981 年版，第 145 页。

火，相杂蔽天，大家救死不暇"。① 江阴奴变与邻县奴变发生的主要地区不同，江阴奴变在"远乡"发生，县城则没有发生。世居江阴南乡的徐氏奴变便在这时暴发。所以，促成江阴奴变和徐氏奴变的原因之一，便是江南的奴变大风潮。

其次，江阴抗清斗争是促成江阴徐氏奴变的另一因素。江阴奴变和徐氏奴变都发生在抗清斗争激烈之时，当时地方政权已垮台、县城被清兵围困，社会极为混乱，"兵乱既久，政令不能出城"，远乡奴仆才得以"乘衅"进行"索券"讨还卖身契的斗争；且当时由于激烈的抗清斗争，地主、缙绅的注意力都集中于此，并没料到其家奴会突然发难，所以当奴变"络绎而起"，士夫大家便"救死不暇"。

再次，徐氏奴变也与徐氏大族势力的衰落相关联。农民起义及明政府被推翻，徐亮工的县令做不成了，他便南下到南京；在南京弘光朝，又受打击，被迫家居。此时徐家诉讼不停，正值"外讧、内忧，伺而交攻"② "俗鹗构祸，倾巢破卵，（徐氏）一旬数讼县府道院"之际，③ 徐氏遭打击，奴仆便趁机而起。与上述有关，在今日江阴徐霞客的故乡马镇一带，民间尚有"火烧三阳歧"的传说。徐氏与薛氏为仇，诉讼多次不决，薛氏便煽动徐氏家奴放火烧了徐氏住宅。

当然，徐氏奴变与江南其他奴变一样，最根本的是阶级压迫和剥削的必然结果。破产的自耕农、手工业者一旦为奴，便丧失人身自由，为卖身契束缚；且世代为奴，永远不能摆脱被奴役的地位；"男子入富为奴，即立身契，终身不敢雁行立，有呼之，不敢失分寸，而子孙累世不能脱籍"。④ 他们受尽了主人的人身摧残和折磨，"江南惨檄之主，或有苛使盲驱……奴多腹无坎食，膝无完裙，臂背无完肌肤"。⑤ 主与奴之间的矛盾十分尖锐，昔日忍气吞声的奴仆，一有时机，便对主人实行激烈的阶级报复，发泄其数世冤气，名为"报

---

①　[清] 邵廷采：《东南纪事》，《江阴守城记》（上），第 56 页。

②　[清] 薛云蒸：《庠士君栓公传》，《梧塍徐氏宗谱》卷 55。

③　[清] 徐升：《君拴公豫止自述》，《梧塍徐氏宗谱》卷 58。

④　[明] 佚名：《研堂见闻杂录》，《烈皇小识》，第 274 页。

⑤　[明] 张明弼：《茧芝全集》卷 4《记》之《削鼻班记》，沈乃文：《明别集丛刊》第五辑，第 42 册，黄山书社 2016 年版，第 87 页。

冤"。① 明清政权的变更，奴仆们也想乘机一变，他们普遍感到，"以鼎革故，奴例何得如初？"② "国步既改，诸勋戚与国同体者咸已休废，若我辈奴籍不脱，奴将与天地同休乎？"③ 正因如此，奴变频频发生于明清之交。

综上所述，我们将徐氏奴变做一简单总结：徐氏奴变发生的时间是顺治二年乙酉（1645 年）七月十五日；徐氏奴变是明末清初整个江南地区奴变斗争大风潮中的一幕，也是在徐氏遭受打击、"内忧外讧"的背景下突发的；徐氏奴变斗争与其他奴变一样，为的是解除封建人身依附关系，消除不合理的主奴关系；徐氏奴变斗争的手段采取了激烈的暴力斗争，徐氏奴变最终失败，十年以后参加奴变的诸奴仆被碟斩；徐氏奴变所及，徐霞客兄弟三人中，徐霞客及其兄徐宏祚二人后代遭受劫难，徐霞客之弟徐宏褆，大概是庶出，产业不如二兄，后代也不如二兄后代有功名、析居在外等，因而未遭奴变之难；徐氏奴变沉重打击了江阴徐氏，徐氏一门 20 多人在奴变中被杀，其住宅在奴变中化为焦土。江阴徐氏这个明代曾"大厦千间，金珠委地"④ "膏腴连延，货泉流溢"⑤，拥有十万多亩土地、年收入超过十万两⑥的、"赀甲江南"⑦ 的名门大族和"清江文献巨室"⑧，在奴变中遭到致命打击。以奴变为转折点，江阴徐氏大大衰落，徐氏此时"田庐不及中人之产"。⑨ 在清初又连遭江南科场案、江南奏销案的牵连打击，江阴徐氏彻底破落，仅有的一些田产也变卖殆尽，徐氏由地主逐渐沦为自耕农。⑩

徐氏奴变，是江阴徐氏大族破落的一大关键因素。研究明清之际的徐氏奴

---

① ［清］于墉：《金沙细唾》，《清史资料》（一），第 162 页。
② ［明］佚名：《研堂见闻杂录》，《烈皇小识》，第 274 页。
③ ［明］张明弼：《茧芝全集》卷 4《记》之《削鼻班记》，沈乃文：《明别集丛刊》第五辑，第 42 册，第 88 页。
④ 《春元西坞公传》，《梧塍徐氏宗谱》卷 53。
⑤ ［明］文壁：《赟感集序》，《徐霞客家传》，第 72 页。
⑥ 据《微君心远公传》和《扬氏夫人手书分拨》（《徐霞客家传》第 21—22 页、74—80 页）等资料推算。
⑦ ［明］倪岳：《赠徐君尚贤荣荐序》，《徐霞客家传》，第 60 页。
⑧ ［明］叶茂才：《渐庵徐公墓志铭》，《徐霞客家传》，第 127 页。
⑨ ［清］徐升：《君拴公豫止自述》，《梧塍徐氏宗谱》卷 58。
⑩ ［清］缪诜：《廪彦范中公传》，《徐霞客家传》，第 190 页。

变，可以澄清徐学领域长期流行的丁文江先生的徐氏"抗清殉难"说；同时徐氏奴变，给我们考察明末江南奴变及江南缙绅地主的衰落过程提供了一个典型的例子。

附　录

一、明代宗教政策大事记[①]

时间		事件
洪武元年（1368）	正月	立善世院、玄教院管理释、道教
	八月	以张正常为真人，革天师号
洪武四年（1371）	十二月	革僧道善世、玄教二院
洪武五年（1372）	正月	太祖召集广荐法会，命点校藏经
	十二月	给僧道度牒，罢免丁钱
洪武六年（1373）	十二月	并僧道寺观，禁女子为尼
洪武七年（1374）		诏授乌斯藏僧为灌顶国师，先后受封者60人
洪武十四年（1381）	十一月	核天下废寺田入官
洪武十五年（1382）	三月	令僧道田土不得买卖
	四月	建僧（道）官制度，置僧（道）录司等

---

① 依据《国榷》《明实录》等史籍整理而成。

续表

时间		事件
	十二月	定僧道服色
洪武十七年（1384）		定三年发度牒一次、并考试的僧道制度
洪武二十年（1387）	八月	民年 20 以上不许为僧；20 以下在京试事三年，无过始度
洪武二十四年（1391）	六月	清理释道二教
	七月	僧道庵观非旧额者，悉毁
洪武二十五年（1392）	闰十二月	造知周册
洪武二十七年（1394）	正月	归并僧道寺观，设砧基 1 人，以主差税
建文三年（1401）	七月	诏限僧道田人 5 亩，余赋于民
建文四年（1402）	十月	明成祖以僧道衍为僧录左善世，后为太子少师
	十一月	清理释道二教
永乐元年（1403）	正月	许僧道三年给牒
永乐五年（1407）	三月	封尚师哈立嘛为大宝法王，领释教
永乐七年（1409）	六月	禁军民子弟仆奴冒为僧
永乐八年（1410）	十一月	张宇清袭正一嗣教真人
永乐十三年（1415）		封尚师释迦也失为大国师
永乐十五年（1417）	闰五月	禁僧尼私建庵院
永乐十六年（1418）	十月	定僧道府 40 人，州 30 人，县 20 人
宣德元年（1426）	六月	张宇清进封大真人，掌道教

续表

时间		事件
宣德四年（1429）	三月	申明女妇出家之禁
宣德七年（1432）	三月	申洪武中僧人化缘之禁
宣德八年（1433）	正月	禁内使为僧
	三月	清僧道寄庄田，开籍供徭赋
宣德九年（1434）		封释迦也失为大慈法王
宣德十年（1435）	八月	限寺僧
	十月	禁僧道私度
正统元年（1436）	五月	减京寺番僧
正统六年（1441）	四月	禁僧道私创寺观
正统十年（1445）		《正统道藏》告成
正统十一年（1446）	二月	度僧道如永乐制
正统十三年（1448）	四月	禁募僧载像鸣铙击鼓
正统十四年（1449）	四月	试僧道后给牒
景泰三年（1452）	七月	禁僧道外游
景泰五年（1454）	四月	命僧道请牒，于通州运米 20 石输万全等卫
	八月	张元吉进封大真人，掌天下道教
天顺二年（1458）	十月	禁番僧贡回贩茶
天顺八年（1464）	十二月	升左正一孙道玉为真人，道士封赏自此始

续表

时间		事件
成化二年（1466）	三月	许度僧牒赈饥
成化三年（1467）	十二月	禁京城内外增修寺观
成化四年（1468）	四月	加番王封号，不可胜计
成化六年（1470）	四月	定乌思藏赞善、阐教、阐化、辅教四王，三年一贡，各不过150人
成化十五年（1479）	十月	禁约游僧
成化十八年（1482）	二月	定乌思藏番王三年一贡，僧不过150人
	四月	禁番僧妄请秩诰
	十二月	定僧道犯公罪不还俗之令
成化二十一年（1485）	正月	革国师继晓为民
	八月	定度京省僧道之额，僧不过5万，道2万人
成化二十二年（1486）	十一月	命僧道官仍考试入选
弘治七年（1494）	六月	限度僧道
弘治九年（1496）	六月	限度僧道，京师8000人，南京5000人
正德元年（1506）	四月	禁天下僧道潜住京师
正德三年（1508）	四月	开僧道度牒纳银事例
正德五年（1510）	十月	给番僧度牒3万，汉僧道士各5000
正德八年（1513）	十月	敕葬大慈恩寺灌顶国师也舍窝

续表

时间		事件
正德十四年（1519）		武宗御制一绝，推崇伊斯兰教；禁民间畜猪及买卖
嘉靖五年（1526）	五月	严禁西山戒坛及天宁寺受戒僧人
嘉靖六年（1527）	十二月	禁尼姑；变卖庵寺
嘉靖十五年（1536）	五月	毁禁中佛像等
嘉靖十九年（1540）	十一月	秉一真人陶仲文进少保、礼部尚书，后封赏不绝
嘉靖二十二年（1543）	七月	禁尼僧
嘉靖四十五年（1566）	九月	禁戒坛僧尼说法
隆庆二年（1568）		夺正一真人印号
万历五年（1677）	三月	复张国祥真人印号
万历七年（1679）	五月	酌停僧道纳银并私度私庵之禁
万历十年（1582）	三月	禁游食僧道
万历十五年（1587）	正月	禁左道祆教
万历十九年（1591）	闰三月	令逐游僧
万历二十九年（1601）	二月	利玛窦至京，受到礼遇
万历四十四年（1616）	十二月	南京教案。诏令押外国传教士于广州，待遣回国
万历四十五年（1617）		南京天主教堂被毁，此后，教案不断，非教风潮遍布各地

续表

时间	事件
崇祯二年（1629）	徐光启起用中外教士推算历法，使教士声望大为提高
崇祯四年（1631）	汤若望进入宫中，先后付洗太监 54 人
崇祯八年（1635）	宫中妃嫔始有奉天主教者
崇祯十六年（1643）　　　十月	加正一大真人张应京太子少保

二、徐霞客纪念活动与徐学研究纪年①

1640 年（崇祯十三年）

六月，徐霞客因双足俱废，不能再游，丽江土知府木增派人用笋舆经 150 多天送抵黄冈，霞客亲戚黄冈知县侯鼎铉用船将其送归江阴故乡。

此年冬，霞客派长子徐屺去探视狱中执友黄周道，并请连襟吴国华作《徐霞客圹志铭》。

1641 年（崇祯十四年）

正月二十七日，徐霞客逝世，宜兴曹骏甫往吊，借游记抄录，逾一年而还，为曹骏甫抄本，后不存。霞客好友钱谦益作《徐霞客传》，钱希望徐仲昭和毛晋共同努力将倾注霞客毕生精力的《徐霞客游记》付梓。钱称《游记》是"千古奇书"，"此世间真文字、大文字、奇文字，不当令泯灭不传"。

好友陈函辉，据徐仲昭所著"霞客行状"，撰《徐霞客墓志铭》。称霞客之奇，"千古游人，从此当以霞客重"，并表示"有仲昭为较订"，他日大家负起出版《游记》之责。

宜兴诸生曹骏甫（字学游）心慕霞客，往吊，借《游记》抄录，逾一年

---

① 本篇参考以下论文或书籍：邬秋龙：《徐学大事记（1641—1992）》，《无锡教育学院学报》1993 年第 3 期；朱惠荣：《徐学研究的现状和特点》，《河池师专学报》社会科学版 2002 年第 3 期；吕锡生主编：《徐霞客研究古今集成》，中国书籍出版社 2004 年版。另外，浙江、大理、江阴等徐霞客研究会等提供了相关研究资讯，特致谢忱！

还，是为曹骏甫抄本。

霞客亲戚好友无锡人王永吉（字曼修，号忠劬，进士），最先整理《游记》，对《游记》一一进行手校，略为叙次。可惜因欲赴福州任知府，怕不能全力整理《游记》，有负霞客，便将游记稿本让霞客长子取回。此后《游记》便由季梦良完成整理抄录成册。

1642 年（崇祯十五年）

十二月，季会明完成最早的抄本（共五册，包括浙游至粤西游部分），季氏写有序文，并加列提纲，后经家人传抄复本，为季本二，今存北京图书馆，初抄本后不存。

1645 年（顺治二年）

清兵入江阴，季会明族人季扬之避难于舅氏徐虞卿（徐霞客兄子亮工，字虞卿）处，见《徐霞客游记》，便携《滇游》一册去。后二日，七月中元日，徐家奴变，虞卿为盗所杀，火其庐，游记被毁，原稿后经抢救，此集又失而复得，但《滇游》一册，终遭缺失。

1663 年（康熙二年）

山左木斋刘公（刘果）督学江南，从钱谦益《初学集》中读到《徐霞客传》，知霞客有游记存世，便向其家人索游记之书。徐霞客长孙徐建极即据命抄游记《黔游》及《滇游》部分以献。后山左刘公以丁忧返归，游记辗转入刘翰怡之手，后为邓之诚收藏，此即徐建极抄本。

1666 年（康熙五年）

宜兴人史夏隆（字趾祥，原名荟，进士）访曹骏甫后人，得曹骏甫抄本四册，"草涂芜冗，殊难为观，须经抄订，方可成书"，即录其四之一。

1684 年（康熙二十三年）

史夏隆整理之游记经友人协助重抄，成史夏隆本，并写序文。趁儿辈赴试澄江（江阴）访霞客后人李寄，将游记手稿（即史夏隆抄本）转给李寄，李寄遂据此参照季梦良抄本及霞客原本互校，并补入《游太华山记》《游颜洞记》《盘江考》等篇，成李寄编定本，为此后各本之祖，今不存。

1703 年（康熙四十二年）

江阴人奚又溥，据李寄本及其他抄本重抄成奚又溥本，首载《徐霞客传》

及奚序，黔滇游记并有提纲，后附《鸡山志目》《纪略》《名刹碑记》《丽江纪略》《法王缘起》《游颜洞记》《游太华山记》《盘江考》及《随笔二则》等。大约在此前后，吴江人、大学者潘耒读《徐霞客游记》后，对照自己过去所游，"逊谢不如"，作《徐霞客游记序》，赞霞客"以性灵游，以躯命游。亘古以来，一人而已"。

1709 年（康熙四十八年）

杨名时据外舅刘南开先生所藏游记，抄成杨名时第一次抄本，并写有序文。

1710 年（康熙四十九年）

二月，杨名时复得友人所藏游记抄本，得知去年所抄游记系出于宜兴史氏，"字多伪误，其删减易置处，多与实景不符，文意不协"，遂重抄游记为杨名时第二次抄本。其后族弟杨名宁又精抄游记为杨名宁本，今藏华东师范大学图书馆。

1776 年（乾隆四十一年）

徐霞客族孙徐镇（1741—1820 年，一名元铖，字芸阁，一字筠谷，号孩浦）据陈、杨二抄本并参考其他各抄本重新整理校核，将游记正式刊印，分十册。首载徐镇序文，后附《附录》及《诸本异同考略》，于乾隆四十一年（1776 年）刊印，为乾隆刊本，其时距霞客去世已 135 年。另有说"徐镇于乾隆四十五年（1780 年）开始整理《游记》，于四十六年（1781 年）刊刻出版"。

徐镇老师卢文弨得其刻本，作《书〈徐霞客游记〉后》，对徐镇刻本批评，认为徐镇"合诸本相雠校，洵善矣，而绣梓尚未尽工致也"。一是刻工不精致，一是把以前诸本作为提纲的总叙和霞客一些诗文删去不刻，所以认为"杨氏所贻之抄本为善本"。

1782 年（乾隆四十七年）

《四库全书》编成，其中有两江总督所采进的《徐霞客游记》，共 12 卷，系据杨名时所抄的乙丑本。其称霞客及《游记》评价颇高："宏祖耽奇嗜僻，刻意远游。既锐于搜寻，尤工于摹写；游记之夥，遂莫过于斯编。""此书于山川脉络，剖析详明，尤为有资考证；是亦山经之别乘，舆记之外篇矣。存兹一体，于地理之学未尝无补也。"

1808 年（嘉庆十三年）

江阴杨舍人叶廷甲（1754—1832 年，字保堂，号梅江，别号云樵，藏书出版家）在嘉庆十一年春得徐镇乾隆版本，认为"霞客此书，固千古不易之书"，读了它可知"四海九州之大"，"后可以出而履天下之任"。叶以杨本陈体静对徐刻本进行校核，"其文之不同者以万计，业字之舛误者以千计"，"其文不同而义可通者仍其旧，其字之舛误而文义不可通者"改之。首载叶序。又增辑霞客诗文为《补编》，"庶几霞客之精神面目，更可传播于宇内"。故全书目录虽同乾隆刻本，但比乾隆刻本内容更全，文句更顺。叶本刊印之后，光绪年间有瘦影山房本、集成图书公司本。

赵翼为叶廷甲刻《游记》，题五言古诗相赠。

1924 年

沈松泉（1904—1990 年，原名沈涛，祖籍苏州吴县，生于上海，作家，编辑）校点《徐霞客游记》，分四册，由上海群众图书公司出版。此书对叶本进行标点，沈有序，认为"霞客高尚的人格，卓远的见识，披险履危的精神，简洁的记事，都足以称前无古人，后无来者"，又有梁启超以潘耒《徐霞客游记》序代自己序，梁认为《游记》是"三百年学术界一部奇书"，《游记》的价值，潘序"最能发挥，非他序所及也"。另又收入曹聚仁《〈徐霞客游记〉著者考证》。

1928 年

丁文江（1887—1936 年，字在君，江苏泰兴人，地理学家，中国近代地质事业的奠基者）编《徐霞客游记》，上海商务印书馆出版，1986 年再版。丁文江据叶廷甲本刊印本，用 16 开大字刊印，由商务印书馆出饭，全书一册，按乾隆本及叶廷甲本的十卷各分上下，改成二十卷。首卷刊潘次耕序、丁序。丁序称，霞客生于顾炎武、王夫之、黄宗羲之前，他们"开有清代朴学之门"，则徐霞客"其为朴学之真祖欤！"丁先生首编《徐霞客先生年谱》；又有外编，收入大量光绪《梧塍徐氏宗谱》内的诗文、题赠、书牍、传志、家祠丛刊等资料；又创编徐霞客旅游路线图集，共 36 幅，另成一册，作为附图。由于丁先生得胡适、梁启超等多人之力，故丁编本是 20 世纪 80 年代以前最好的版本。

为徐学研究奠定了基础。

厘里樵子标点本《徐霞客游记》，由上海大中书局出版。以后又多次出版。

1929 年

《徐霞客游记》，王云五"万有文库"本，由上海商务印书馆出版。

前群众图书公司的沈松泉标点本（1924）及扫叶山房的石印本（1929），均据叶本编排，1929 年的万有文库本及 1933 年的国学基本丛书本均据丁文江本编排。1968 年台湾商务印书馆再版。

1930 年

刘虎如注《徐霞客游记》，上海商务印书馆出版。1968 年台湾商务印书馆再版。

1931 年

《徐霞客游记》，名著选读本，上海新文化书社出版。

1933 年

《徐霞客游记》，国学基本丛书本，上海商务印书馆出版，1936 年、1938 年再版。

1935 年

《徐霞客游记》，游记丛书本，大连图书供应社出版。

1941 年

12 月 20 日，抗战时期浙江大学史地系在贵州遵义举行徐霞客逝世 300 周年纪念会，出席者 80 余人，由浙江大学校长竺可桢及史地系主任张其昀主持。这是第一次徐霞客纪念和学术讨论会。

1942 年

张其昀、竺可桢等《徐霞客逝世 300 周年纪念刊》，由浙江大学文科研究所印，这是第一个徐霞客研究文集。后收入《民国丛书》第一辑，上海书店 1989 年出版。

1946 年

方豪注《徐霞客游记选诠》，中国文化服务社出版。

1948 年

商务印书馆将浙江大学举行的徐霞客逝世 300 周年纪念会上的发言，刊印成《地理学家徐霞客》文集，由商务印书馆出版。内有序文及论文共 12 篇，其中有竺可桢的《徐霞客之时代》、任美锷的《读徐霞客逝世忆浙东山水》、谭其骧的《论丁文江所谓徐霞客地理学上之重要贡献》等重要论文。

1956 年

1 月 28 日，毛泽东同志在最高国务会议上提出考察黄河源头的设想，并指出"明朝时那个江苏人写《徐霞客游记》，找出金沙江是长江的发源"。

《徐霞客游记》，杨家骆编"世界书库"本。

张效乾编《徐霞客纪念论集》，台北中华文化出版事业委员会出版。

1957 年

商务印书馆出版《中国古代地理名著选读》一书，内有任美锷注释的徐霞客《游黄山日记》，并附有对游记的评价及黄山地貌剖面插图。

1958 年

4 月 5 日，毛泽东同志在上海召开的中共八届七中全会上提出"我很想学徐霞客"，亲自踏勘黄河源头。

1959 年

任美锷《徐霞客游记选释》，中国古代地理名著选读，科学出版社出版。

英国李约瑟在《中国科学技术史》中较为详尽地评价徐霞客："他的游记读来并不像是 17 世纪学者写的，更像一位 20 世纪野外勘测家写的考察记录。"

1962 年

侯仁之著《徐霞客》，中华书局出版，1979 年再版。

1964 年

台湾世界书局再版杨家骆主编《中国学术名著》第一辑中含《徐霞客游记》上下册，据叶廷甲本点校而成。

1965 年

王云五主编《万有文库荟要》，收入《徐霞客游记》，据叶本点校，添入丁文江著《徐霞客年谱》。

1968 年

王云五主编《国学基本丛书四百种》，收入《徐霞客游记》有平装 2 册本与精装 1 册本，台湾商务印书馆出版。1972 年，杨家骆主编《国学名著珍本汇刊》将《徐霞客游记》上下册收入，采用丁编本，台北鼎文书局出版。

1974 年

李祁《徐霞客游记日记》，英译本，香港中文大学出版。

1978 年

刘虎如《徐霞客游记选注》1 册，台湾商务印书馆出版。

1980 年

上海古籍出版社出版《徐霞客游记》褚绍唐、吴应寿整理本。本书名山游记部分以乾隆本为底本，再参照其他各刊本予以校正。浙游及粤西游部分以季会明本为底本，再参照各刊本及抄本予以核正。黔游及滇游部分则以徐建极本为底本，再对照乾隆本及其他刊本予以核正。此本经重新整理之后，字数比旧刊本多出 14 万字以上，为目前游记版本中最为完善之本。本书共分上下两册，另《附图》一册，主要依据丁文江所编附图并予以修正，共有附图 39 幅，由褚绍唐、刘思源编绘。1982 年出版第 2 版，1987 年第 3 版（修订版），1991 年第 4 版，1995 年第 5 版。

《徐霞客游记》，台北世界书局出版。

1981 年

5 月，王兆彤著《徐霞客和他的游记》，江苏人民出版社出版。

1982 年

2 月 17 日，于光远、潘琪邀集有关专家及领导在北京召开座谈会，提出加强徐霞客及其游记研究。这次座谈会的发言及夏衍同志的信在《新观察》1982 年第 3 期发表。

8 月，王兆彤著《徐霞客的故事》，山东人民出版社出版。

8 月，许凌云、张家璠注《徐霞客桂林山水游记》，广西人民出版社出版。

1983 年

4 月 19—20 日，由中国地理学会、中国国土经济学会等单位主持，在无锡举行徐霞客诞辰 400 周年筹备委员会，出席各方代表 50 余人。会上成立筹备委员会，由 33 人组成，陆定一任主任，夏衍、于光远、汪海粟任副主任，侯仁之、任美锷、谭其骧、吴传钧、陈桥驿、褚绍唐、瞿宁淑、夏秀英等任委员。

4月，陈桥驿教授首次提出"徐学"，从此徐霞客及其《游记》的研究逐渐成为一门专门的学问。

褚绍唐、吴应寿整理《徐霞客游记》，上海古籍出版社授权台北维明书局出版。

1984年

10月，金涛著《探险者的足迹——大地理学家徐霞客》，上海人民出版社出版。

《徐霞客游记》，台北鼎文书局出版。

1985年

6月，云南人民出版社出版了朱惠荣校注的《徐霞客游记》，分上下两册，内附旅游简图多幅。本书主要据上海古籍出版社的《游记》整理本摘要进行注释。1994年重印，1999年出版增订本。

7月，臧维熙《徐霞客游记选注》，江苏古籍出版社出版。

10月，江苏省无锡教育学院徐霞客研究室成立，吕锡生为主任，蒋明宏、邬秋龙等为主要成员。

12月5—9日，广西文联在广西桂林举行徐霞客考察广西350周年纪念会，会后出版《纪念徐霞客论文集》，收有论文20篇。会后在潘琪等努力下，开始研讨徐霞客对全国各地的考察路线踏勘及有关问题。

陈茂材注《徐霞客游记选注》，上海教育出版社出版。

徐建春《奇人、奇书、徐学》刊登于《研究生》1985年第1期，这是公开刊物第一次提出"徐学"。

1986年

7月，杨文衡、杨世铎著《徐霞客》，中国青年出版社出版。

7月，刘国城著《徐霞客评传》，东北林业大学出版社出版。

9月，王兆彤注《徐霞客游记选注》，山东教育出版社出版。

11月，王天石著《徐霞客在贵州》，贵州人民出版社出版。

江苏省江阴举行徐霞客诞辰400周年纪念会及徐霞客塑像揭幕式。出席会议代表百余人，会议由江阴县县长、中国地理学会秘书长瞿宁淑及江苏省社联主席汪海粟等主持。后编印《纪念徐霞客诞辰400周年文集》。

江苏教育出版社出版《徐霞客纪念文集》，由南京师范大学地理系鞠继武主持编辑，收入论文 25 篇。

1987 年

2 月，朱荣等编《纪念徐霞客论文集》，广西人民出版社出版。

5 月 29 日，江阴县（市）徐霞客研究会正式成立。这是中国第一个徐学研究组织，会议通过了《江阴县（市）徐霞客研究会章程》，选举产生了研究会理事，并举行了第一届理事会，潘琪、汪海粟、瞿宁淑、周宁霞任顾问，王伟成任会长，蒋锡源、田柳、李宝根任副会长，陆云湘任秘书长、徐华根任副秘书长。

5 月，田尚、冯佐哲著《地理学家和旅行家徐霞客》，北京旅游出版社出版。

8 月，江阴徐霞客研究会编辑第一期学术刊物《徐霞客专辑》出刊。与《江风》编辑部联合编印，由陈复观、周良国、徐华根担任责任编辑。刊登了李先念、陆定一、朱穆之、沈鹏等国家领导人和社会著名人士题词。

8 月，吕锡生主编、蒋明宏协编《徐霞客家传》，吉林文史出版社出版。中央文献出版社 2005 年 5 月再版。

8 月，唐锡仁、杨文衡著《徐霞客及其游记研究》，中国社会科学出版社出版。

9 月，南京大学出版社出版了《徐霞客研究》（论文集），载有论文 16 篇，附录有《徐霞客研究六十年论著索引》，本书由无锡教育学院徐霞客研究室姚载熙、吕锡生等编辑。

10 月，于希贤著《明代地理学家徐霞客》，科学普及出版社出版。

11 月 16—19 日，中国科学院、中国地理学会等四单位发起，在无锡运河饭店举行徐霞客诞辰 400 周年纪念会，参加者有各地代表百余人，国外人士有美籍华人谢觉民及徐美玲。会议由中国地理学会秘书长瞿宁淑主持，于希贤等9 人做报告，会上宣读国家主席李先念对徐霞客"热爱祖国，献身科学，尊重实践"的题词。大会还刊印了《纪念徐霞客诞辰 400 周年文集》，刊载论文共23 篇。

12 月 13 日，《人民日报》记者发表《徐学与徐迷》，再次正式、公开提出

"徐学"这一名词。

中国邮政发行纪念"明代地理学家、旅行家徐霞客诞生四百周年（1587—1987）邮票"一套，有 8 分、20 分、40 分三枚。

1988 年

11 月 22 日，无锡市徐霞客研究会成立，由吕锡生、施光华、姚载熙、李宝根等发起，会员有徐兴华、蒋明宏、邬秋龙等。刊印《徐霞客和他的故乡》。

11 月，吴应寿著《徐霞客游记导读》，巴蜀书社出版。

11 月，卢永康著《徐霞客在云南》，云南人民出版社出版。

1990 年

洪建新注、褚绍唐校《徐霞客游记选译》，河南教育出版社出版。

周晓薇注《徐霞客游记选释》，巴蜀书社出版。

1991 年

2 月，褚绍唐主编《徐霞客旅行路线考察图集》，中国地图出版社出版，共有附图 44 幅，另附图 25 幅，彩照 4 幅。

4 月，江阴徐霞客研究会编印学术论文集《徐霞客研究文选》。由田柳任主编，江桂苞、徐华根、蔡伯仁、黄宝珉、陆云湘为编委，特请著名书法家沈鹏先生题签，作为对徐霞客逝世 350 周年追思与纪念。

4 月，在广西桂林举行徐霞客逝世 350 周年纪念会，出席者百余人，由伍修权主持会议。会后出版论文集《千古奇人徐霞客》，由科学出版社出版，收入论文 47 篇，后附《徐霞客及游记研究文献目录》。

江阴徐霞客研究会编印《徐霞客研究文选》。

1992 年

《徐霞客游记》，中州古籍出版社出版，据 1933 年商务本影印，1997 年再版。

1993 年

6 月，冯菊年、萧琪编《徐霞客游记人名地名索引》，上海古籍出版社出版。

7 月 10—12 日，中国徐霞客研究会在北京民族文化宫举行成立大会，赴会全国各地代表 200 多人，会议通过研究会章程，选举顾问、名誉理事、理事及学术委员会委员。第一届会长为朱训，执行会长江牧岳，秘书长黄实，学术委员会主任侯仁之。同时，《中国徐霞客研究会会刊》创刊。

12月，朱惠荣校注、刘春明补注《徐霞客腾越游记》，云南大学出版社出版。

牟复礼、崔瑞德主编的《剑桥中国明代史》评价徐霞客的地理学贡献，认为游记是作者根据自己的体验对山川风物做了详细的历史与地理的描述，其中有许多新的地理发现，是以作者的实地考察为基础的重要的地理学著作。

1994 年

5月，郑祖安、蒋明宏主编《徐霞客与山水文化》，上海文化出版社出版。

10月，卢水康、祈若渝校注《徐霞客诗校注》，云南人民出版社出版。

11月15—18日，云南昆明举行94中国云南徐霞客旅游文化活动暨学术讨论会，参加学术会议代表140人，提交论文80余篇。会后出版了《94中国云南徐霞客学术讨论会文集》，收入论文38篇，由云南人民出版社1995年出版。

11月17日，云南省徐霞客研究会成立，名誉会长普朝柱、梁金泉，会长朱惠荣。

贵州盘县特区徐霞客研究会成立，名誉会长潘大成，会长朱流清，副会长朱世杰、董均茶、罗勤业，秘书长宋文英。

云南昆明西山高峣小学更名徐霞客小学，这是第一个以徐霞客命名的小学。

卢水康、祈若渝校注《徐霞客游记校注》，云南人民出版社出版。

贵州盘县徐霞客研究会《徐学研究》创刊。

1995 年

4月，张超《徐霞客》，四川少儿出版社出版。

5月19—20日，浙江省在杭州举行浙江省徐霞客研究会成立大会暨首届学术讨论会，参加会议的代表有百余人。会议推选名誉会长为王家扬、崔健，会长为汤文权，执行会长为吴尧民。

8月，唐云校注《徐霞客游记》上下册，成都出版社出版。

10月7—12日，江苏省江阴举行95中国江阴徐霞客文化旅游节学术讨论会暨江阴学术活动基地揭牌典礼。宣布成立中国徐霞客研究会江阴学术活动基地。从 1995 年江阴主办首次全国学术研讨会开始，江阴市徐霞客研究会主动参与，承办了 13 届学术研讨会，为拓展徐学研究、发掘徐学人才、丰富徐学文献、汇聚徐学力量发挥了重要作用。

10 月，冯岁平编著的《〈徐霞客游记〉通论》一书，全书 30 余万字，由西北大学出版社出版。

12 月，薛仲良编著《徐霞客家集》，新华出版社出版。

12 月，在施光华、肖国衡、刘立荣支持下，由薛仲良、吕锡生策划的《晴山堂法帖》，由上海古籍出版社出版。

谭霞客《徐霞客游记》，法文选辑本，法国 GALLIMARD 出版社出版。

1996 年

5 月 17—21 日，96 浙江雁荡山徐霞客旅游文化活动暨学术交流会在温州雁荡山举行，来自国内外专家与各界人士 100 多人参加会议，收到论文近 30 篇。会议期间，在雁荡山灵岩景区举行了徐霞客雕塑石像揭幕仪式。

7 月，方员校点《徐霞客游记》，海天出版社出版。

10 月 12 日，福建举行了武夷山徐霞客文化旅游节，中国徐霞客研究会在福建武夷山举行徐霞客文化旅游活动并进行学术交流，会议共收到论文 30 篇。

11 月 6 日，江苏省徐霞客研究会暨首届学术讨论会在南京师范大学举行成立大会，出席代表 60 余人。会议选出的名誉会长为张永康，执行会长为戴家余，副会长为王臻中、贾怀仁、吴肇鸿、陈捷元，秘书长为朱钧侃，副秘书长为吕锡生、唐汉章，学术委员会顾问为任美锷。

12 月，马力主编《千古奇人徐霞客的故事》，云南教育出版社出版。

《徐霞客游记》，团结出版社出版。

王平荣编著《徐霞客》，北京科技出版社出版。

杜云萍导演《徐霞客传奇》（电影）由珠江电影制片厂制作并公映。徐霞客形象第一次见诸银幕。

1997 年

5 月，江苏省隆重纪念徐霞客诞生 410 周年。

6 月 26—28 日，浙江省 97 金华—兰溪徐霞客旅游文化研讨会在金华市召开，会议收到论文 20 余篇。

6月，中国徐霞客研究会和江阴市人民政府编辑的《徐霞客研究》第1辑，先是由学苑出版社，后由地质出版社、中国大地出版社出版的正式刊物，编务工作由中国徐霞客研究会负责，江阴市徐霞客研究会派出精干力量参与了编辑工作。主编为黄实，副主编为林国志、汤家原、田柳、唐汉章，此刊每年出版1—2辑，至2021年底已出至第41辑，为中国徐霞客研究会的代表性学术刊物。

6月，《徐霞客游记》，《四库全书精品文存》卷26，团结出版社出版。

6月，《徐霞客游记》，海天出版社出版。

7月10日，中国徐霞客研究会在北京政协礼堂举行徐霞客诞辰410周年纪念大会。出席人员有名誉会长程思远、彭冲、黄华、朱训、谢筱迺、侯仁之、执行会长江牧岳及各界人士共700余人。有《纪念徐霞客410周年诞辰文集》印行。

9月，江阴徐霞客研究会编《徐霞客研究文集》，江苏古籍出版社出版。

10月8—9日，由江阴市人民政府和中国徐霞客研究会共同举办徐霞客诞生410周年系列纪念活动在江阴隆重举行。8日上午，第二届中国徐霞客国际学术研讨会在东亚大酒店举行。研讨会以"徐霞客游记的文学价值"为主题。9日又在徐霞客故里晴山堂举行《晴山堂石刻》专题研讨。

10月9日，江苏江阴徐霞客实验小学成立。

10月，卢永康、禹志云校注《徐霞客散文校注》，云南人民出版社出版。

朱惠荣等译注《徐霞客游记全译》，贵州人民出版社出版。

1998年

3月，据《书刊报》载，《徐霞客游记》被列为最能代表中国文化的二十部著作之一。

5月18—21日，浙江省台州市举行98台州天台山徐霞客旅游文化研讨会，会议收到交流论文近30篇。

8月，江苏省江阴马镇中学更名为徐霞客中学。

9月，在贵州盘县特区举行了徐霞客旅游文化活动暨学术研讨会，有《中国贵州盘县特区徐霞客讨论会论文集》印行。

11月，石在、徐建春、陈良富主编《徐霞客在浙江》（论文集），由浙江教育出版社出版。

1999 年

3 月，浙江省宁海县委、县政府提出了做大"《徐霞客游记》开篇地品牌"的构想，得到浙江省徐霞客研究会名誉会长王家扬、会长汤文权等领导重视和支持。

4 月，夫巴著《千古奇人生命的最后旅程——徐霞客与丽江》，云南民族出版社出版。

5 月，吕锡生主编《徐霞客与江苏》，中华书局出版。

10 月 28—30 日，浙江省衢州—江山徐霞客旅游文化研讨会举行。会议由浙江省徐霞客研究会、衢州市旅游局和江山市人民政府联合主办，会议收到交流论文 30 余篇。

11 月，朱钧侃、倪绍祥主编《徐学概论——徐霞客及其〈游记〉研究》，江苏教育出版社出版。

2000 年

5 月，北京召开了"弘扬徐霞客精神，关怀青少年健康成长"研讨会。

5 月，《徐霞客游记》，京华出版社出版。

6 月 8—9 日，由浙江省徐霞客研究会和宁海县人民政府共同主办，宁波市旅游局、宁海县旅游局承办的 2000 年《徐霞客游记》开篇地考察暨宁海旅游文化研讨会在宁海县举行，有各界人士 80 余人参加了会议。

6 月，云南保山师专举办徐霞客与保山学术研讨会。

8 月 4—7 日，江苏省国土厅、江苏省徐霞客研究合、江阴市人民政府联合举办"徐霞客及其《游记》"国际学术研讨会在南京和江阴举行，出席会议的国内外人士有 80 余人，包括美、英、韩等多位外国学者。会议收到论文 46 篇。

9 月 30 日，在江阴旅美华侨程毓斌等努力下，美国旧金山成立徐霞客研究会，会议通过会章，由仲钟武担任会长。这是中国境外成立的第一个徐霞客研究会。

11 月 6 日，浙江宁海徐霞客旅游俱乐部发出了《宁海徐霞客旅游俱乐部宣言》，在全国最早提出将《徐霞客游记》开篇日（5·19）设为"中国旅游日"

的倡议。

徐霞客被列为北京中华世纪坛 40 名人铜像之一。

2001 年

1 月，盒子猫编绘《跟着徐霞客游中国》系列：异域探秘、彩云云南、山川风物、江南风景 4 册，北京出版社出版。

1 月，刘兴诗《少年读徐霞客游记》，青岛出版社出版。

5 月 19 日，宁海县旅游局举办的《徐霞客游记》开篇纪念暨"中国旅游日"倡议活动仪式，向全国公开倡议将"5·19"设为"中国旅游日"。

5 月 30 日，江阴马镇落成并开放徐霞客游记碑廊"仰圣园"，共有 135 块碑刻，132 个条目，由总序、游记、附录及后记四部分组成。由著名书法家沈鹏等，以小楷、行、隶、草、篆等书体书写，由苏州巧匠精镌刻碑的匾额、楹联，其中有周而复、冯其庸等名家的题字。

6 月 25 日，徐霞客故居及晴山堂石刻被国务院公布为全国重点文物保护单位。

8 月，浙江省徐霞客研究会常务副会长石在和中国徐霞客研究会常务理事曾俊伟，发表了《读徐霞客遐想及择定"中国旅游日"问题》文章，从学术上论证《徐霞客游记》开篇日（5·19）定为"中国旅游日"的科学性、合理性、可行性。

9 月 17—20 日，中国徐霞客研究会在北京举行徐霞客逝世 360 周年纪念会，出席的各地代表有 200 多人。出版《纪念徐霞客逝世 360 周年纪念文集》，内有论文 68 篇。

9 月，中国徐霞客研究会经组织上调整，改属中国地质学会，名为中国地质学会徐霞客研究会。

10 月 17—19 日，2001 舟山徐霞客旅游文化研讨会暨浙江省徐霞客研究会第二届会员代表大会在舟山市举行。来自浙江省和北京、上海、江苏、福建、贵州以及台湾等地区的徐学专家 70 余人参加了会议。

汪居廉《徐霞客游记的写作艺术》，伦敦卡佐恩出版社出版。

2002 年

1 月，段江丽《奇人奇书徐霞客》，由云南人民出版社出版。

3—4 月，中国古籍大观丛书，采用朱惠荣《徐霞客游记全译》四册，贵州人民出版社版，繁体竖排，分为十册出版。

4 月，上海华东师大古籍研究所黄珅《新译〈徐霞客游记〉》，台湾三民书局出版。全书 250 万字，由语译、注释、评析三部分组成，分上、中、下三册，这是继云南大学朱惠荣教授 1997 年翻译出版《徐霞客游记全译》后的第二个全译本。

10 月 25—27 日，徐霞客与水乡文化暨嘉兴旅游文化研讨会在嘉兴宾馆举行。会议由浙江省徐霞客研究会与嘉兴市旅游局、嘉兴市文化体育局联合举办。

10 月，陈良富主编《徐霞客在浙江·续集》，中国大地出版社出版。

11 月，浙江省徐霞客研究会和嘉兴市旅游局、文化体育局联合举办 2002 年浙江嘉兴徐霞客旅游文化研讨会，会议主题为"徐霞客与水乡文化"。

2003 年

1 月，朱惠荣《徐霞客与〈徐霞客游记〉》，中华书局出版。

3 月，中华传统文化经典文库《徐霞客游记》，陕西旅游出版社出版。

4 月 12—15 日，宾川县人民政府、云南大学、民革云南省委、云南省历史学会，在宾川举办徐霞客与鸡足山旅游文化研讨会，编印了《云南鸡足山文化与旅游研讨会文集》，来自全国各地学者 70 多人参加会议，收到论文 48 篇。

8 月，禾乃《徐霞客游记》，上海社会科学院出版。

10 月 15—17 日，2003 年江阴徐霞客文化旅游节学术研讨会和对外经贸洽谈会在马镇徐霞客故里举行。来自全国各地徐学专家、学者和江阴徐学爱好者 200 多人参加。中国徐霞客研究会会长张宏仁、名誉会长江牧岳、副会长杨文衡、中科院院士吴传钧及美国（旧金山）徐霞客研究会会长程毓斌等出席。徐学研讨会收到论文 40 多篇。

11 月 19—21 日，徐霞客与越文化暨中国绍兴旅游文化研讨会在绍兴饭店举行。它由中国徐霞客研究会、浙江徐霞客研究会、绍兴市旅游局共同举办。中国徐霞客研究会会长张宏仁、浙江徐霞客研究会名誉会长王家扬、顾问陈桥驿和吴尧民，绍兴市委副书记市长王永昌出席会议。浙江、北京、云南、江苏、上海、福建、贵州，还有美国及港台地区的徐学专家 90 余人参加。会议提交论文 48 篇。

12 月，黄珅《徐霞客游记》选评，上海古籍出版。

2004 年

3 月，吕锡生主编，李宝根、徐兴华副主编《徐霞客研究古今集成》，中国书籍出版社出版。这是我国第一部徐学研究大型工具书。

5 月，徐达会著《徐霞客与台州》，大众文艺出版社出版。

8 月，周宁霞著《徐霞客论稿》，上海古籍出版社出版。

9 月，徐和明编《王祥之隶书徐霞客诗》，贵州人民出版社出版。

9 月，汤文权主编《徐霞客在浙江·续二》，中国大地出版社出版。

10 月 21—23 日，徐霞客与吴越文化暨湖州旅游文化研讨会，在湖州举行。各誉会长王家扬，顾问陈法文、厉德兴、吴尧民、陈桥驿和湖州市领导出席。中国徐霞客研究会林国志以及江苏、上海、北京、贵州等国内外学者计 70 余人参加会议。收到交流论文 30 篇。

10 月 26—28 日，徐霞客与丽江学术研讨会，在丽江木府举行。研讨会由丽江市委、市政府主办，丽江古城区委、区政府和中国徐霞客研究会承办。徐霞客研究会会长张宏仁、副会长云南徐霞客研究会会长朱惠荣、副会长姚秉忠、副会长北大教授于希贤、丽江古城博物院院长、丽江徐霞客研究会会长黄乃镇等出席。来自北京、江苏、浙江、上海、湖北、江西、广西、云南、香港、台湾等地区和美国的徐学专家学者 80 余人莅会。会议收到 70 多篇论文。

10 月，薛仲良编《联咏徐霞客》，中国文联出版社出版。

张晋光《徐霞客在生态环境领域的成就考论》，华东师范大学出版社出版。

2005 年

5 月，慕湖山人编著《徐霞客在宁海》，杭州出版社出版。

6 月，田柳《走近徐霞客》，贵州人民出版社出版。

7 月，赵定龙《徐霞客腾越之旅》，中国文联出版社出版。

8 月 6 日，由中山大学编制的江阴《徐霞客旅游区总体规划》获得通过。

9 月 22—25 日，浙江徐霞客研究会和丽水市政府共同主办的徐霞客与丽水旅游文化研讨会，在丽水市召开。出席会议的有浙江、北京、云南、江苏、福建、贵州等地徐学专家学者及香港、台湾地区和日本、美国等各界人士共 70

多人参加，浙江徐霞客研究会名誉会长王家扬和中国徐霞客研究会会长张宏仁到会。会议收到交流论文 40 余篇。

9 月 25 日，江阴《中华游圣》试刊出版。

2006 年

1 月，史念林等注《徐霞客游记》，华夏出版社出版。

3 月 17 日—5 月 18 日，浙江宁海县举行第四届中国（宁海）徐霞客开游节。在开游节中举办首届中国十大当代徐霞客评选活动，颁奖典礼由央视白岩松、董倩主持。

5 月 19—20 日，江苏省南通市，举行首届中国旅游文学暨徐霞客旅游文学奖颁奖仪式。全国人大常委会副委员长顾秀莲等出席。

5 月 19 日—9 月 26 日，由国家旅游局和江苏省人民政府举办，江苏省旅游局和无锡市人民政府承办的中国徐霞客国际旅游节，在无锡体育中心开幕。出席开幕式的有世界旅游组织、联合国环保署、亚太旅游联合会等，代表来自英、美、法、日、韩等及港澳台等 15 个国家和地区的嘉宾和来自 21 个省区市的领导、徐学研究专家学者 5000 多人参加开幕式。

5 月 20 日—6 月 10 日，在徐霞客国际旅游节中，举行"壮我中华，重走霞客路"活动，由无锡旅游局、广电局、华东旅游报社和无锡徐霞客研究会等单位人员组成，22 日行 7 千多公里，途经浙、闽、粤、赣、皖五省近 20 个城市。

5 月，吕锡生、薛仲良策划《晴山堂法帖》，中央文献出版社出版。

6 月 19 日，旅游节开幕式前在无锡太湖饭店举行了中国徐霞客论坛，70 多位学者专家相关人士参加。

8 月，朱钧侃、潘凤英、顾永芝等著《徐霞客评传》，由南京大学出版社出版。本书是"中国思想家评传丛书"之一，35 万多字。

10 月，汤文权主编《徐霞客在浙江·续三》，由中国大地出版社出版。

11 月 9 日，浙江省徐霞客研究会和宁波市人民政府在宁波召开了浙江省徐霞客研究会第三届会员代表大会暨徐霞客与宁波旅游文化研讨会。出席会议的各地代表有 90 余人，提交论文 48 篇。

江阴徐霞客研究会出版会刊《徐学研究》创办，2006 年至 2008 年为不定期刊，2009 年开始为季刊，每年出版四期。

2007 年

3 月 8 日，江阴市徐霞客研究会与徐霞客镇共同主办江阴市纪念徐霞客诞生 420 周年、逝世 366 周年朝圣公祭典礼。300 多人参加，唐仲贤主持，陈楠主祭。这一公祭活动从此每年举行，并不断扩充内容，扩大影响力。

4 月 21 日下午，由新加坡韩林书会主办、德林中学校友会与随笔南洋网协办的世界读书日专题文化讲座——"徐霞客：中华史上'游圣'生平事迹与现代人文精神"，在新加坡标准生产力与创新局政府大楼礼堂举行。中国徐霞客研究会的郑俊伟、艾若、石在等分别做专题报告。推动了海外继美国旧金山徐学会以后又一个徐学会即新加坡徐霞客研究会的建立。

4 月 23 日，来自无锡、南京、徐州、宁波、绍兴、台州、鹰潭、昆明、桂林等近 30 个城市的旅游业界代表汇聚江阴徐霞客镇，一致同意并组建了"中国旅游霞客联盟"，发表了宣言。

4 月 29 日，无锡徐霞客铜像（吴为三教授设计）在徐霞客始游太湖的鼋头渚景区落成，中国徐霞客研究会会长张宏仁出席并讲话。

5 月 19 日，浙江宁海举行第五届中国（宁海）开游节，并举办徐霞客论坛。

7 月，烟照、方岩、闫若冰校点《徐霞客游记》上下册，齐鲁书社出版。

8 月 17 日，江阴市徐霞客研究会成立徐霞客品牌推广委员会，由江苏雪豹日化公司总经理童渝担任主任。

8 月 27 日，国务院总理温家宝提前致徐霞客诞辰 420 年纪念大会贺信。

9 月 22 日，江阴市徐霞客研究会成立旅游文化研究委员会，由友好旅行社总经理高亚珍担任主任。两个下属学会的成立，提升了徐霞客研究会服务社会的功能。

9 月 26 日，江阴"徐霞客大道"建成通车，徐霞客旅游博览园建成开园。

9 月，仝俊、黄亮校注《徐霞客游记》（一册）由重庆出版社出版。

9 月，吕锡生、曹松茂、曹松盛著《徐霞客》（电视连续剧文学剧本），作家出版社出版。

9 月，宋树人注《徐霞客游记》（一册），崇文书局出版。

9月，童渝、徐和明主编《游圣徐霞客》大型连环画，由贵州人民出版社出版。有64开分装14本；有32开精装上下册本。

10月24日，《徐霞客研究》编辑部在北京万寿宾馆召开"作者、读者、编者"座谈会，来自江苏、浙江、云南等省徐学会和江阴、台州、宁海、盘州等地徐学会及北京的徐学专家学者40多人参加。

10月24—26日，浙江省徐霞客研究会和杭州市人民政府联合召开徐霞客与杭州旅游资源保护开发研讨会，来自美国、新加坡以及全国各地学者90余人参加会议，会议收到交流论文53篇。

10月，刘湘和注释译评《徐霞客诗译赏》，由中国文史出版社出版。

11月26—28日，中国徐霞客研究会与江阴市委市政府联合在北京主办的纪念徐霞客诞辰420周年暨国际学术研讨会举行。纪念大会在全国政协礼堂举行。徐霞客研究会会长张宏仁主持。全国人大常委会副委员长蒋正华、全国政协副主席张怀西、国土资源部部长徐绍史等领导，及中国科技协会、中国旅游协会、中国地质协会有关领导，来自徐霞客故乡代表，中国徐霞客研究会及来自美国、英国、加拿大、新加坡与我国港澳台地区的徐学学者专家，共300余人出席大会。

11月27日，徐霞客研究会张宏仁会长等主持参加中华世纪坛徐霞客铜像（张大生教授雕塑）落成揭幕典礼。徐霞客是中华世纪坛40位中国历史文化名人之一。11月27日下午到28日，以"徐霞客与中华文化"为主题的学术研讨会在北京万寿宾馆举行。共收到55篇论文。

12月28—29日，江苏省徐霞客研究会在南京举行纪念徐霞客诞辰420周年学术研讨会，出席会议的有来自全国各地专家学者100多人，会议编辑出版了《江苏省纪念徐霞客诞辰420周年大会暨学术研讨会论文集》，共收入论文30篇。

张秉中《华夏览胜：重走霞客路，再续霞客情》，由中国大地出版社出版。

2008 年

1月5日，云南省徐霞客研究会和昆明市文化局联合举办的纪念徐霞客诞辰420周年暨考察昆明370周年座谈会在昆明市徐霞客纪念馆隆重举行，有近百位专家学者参加座谈会。

1月，朱复融《徐霞客游记译注》，广州出版社出版。

3月8日，江阴市徐霞客研究会晴山堂碑刻艺术研究委员会在霞客故里仰圣园宣告成立，中共江阴市委宣传部部长、中国徐霞客研究会副会长和江阴市徐霞客研究会会长陈捷元共同为晴山堂碑刻艺术研究委员会揭牌，晴山堂艺术研究委员会由江阴市书画院院长夏国贤担任主任。

6月26日，浙江省台州市徐霞客研究会成立大会暨首届学术研讨会在椒江召开。出席大会的有浙江省政协原主席、中国徐霞客研究会顾问、浙江省徐霞客研究会名誉会长王家扬，台州市领导张鸿铭、洪显周、徐仁镯、张正煜等。

8月，马龙《徐霞客传奇》历史小说，作家出版社出版。

9月28日，台湾徐霞客研究会成立。会议通过了组织章程，选举了理事、监事。理事有陈应琮、刘克铭、程南洲、曾鸿阳、陶翼煌等，监事有陶宗翰、吕凯、梅景琳。陈应琮当选为会长。

9月，朱惠荣《徐霞客游记全译》修订本（四册），贵州人民出版社出版。

10月，王松林等主编《徐霞客在浙江·续四》，中国大地出版社出版。

10月，浦巍《中华游圣徐霞客》，凤凰出版社出版。

11月5—7日，由浙江省徐霞客研究会与衢州市人民政府共同主办，衢州市农办、市国土资源局等单位承办的徐霞客与衢州乡村旅游研讨会在衢州举行，来自国内外各界人士70余人出席会议，提交论文52篇。

2009 年

1月，吕锡生点校《徐霞客游记》上下册，广陵书社出版。

2月12日，在国家旅游局与浙江省政府签署的《建立局省紧密合作机制备忘录》中，明确支持浙江省将《徐霞客游记》开篇日（5·19）确定为"中国旅游日"。

3月29日，中国徐霞客旅游日纪念活动于江阴徐霞客故居隆重举行。中国徐霞客研究会会长张宏仁、副会长姚秉中、秘书长曲兴元，国土资源局执法监察局局长、中国徐霞客研究会副会长李建勤，国家旅游局政策法规司副司长周久财，徐霞客游历过省市旅游局代表，中央电视台、新华社、人民日报社等媒体记者及当地群众千余人参加开幕仪式。纪念活动包括：3·29天下游中国徐霞客旅游日纪念活动、大型电视专题纪录片《徐霞客》开机仪式、海峡两岸纪念徐霞客朝圣公祭典礼、徐霞客镇生态休闲旅游开游节等四项内容。

3月29日，江阴徐霞客研究会与台湾徐霞客研究会共同策划和主办海峡两岸纪念徐霞客朝圣公祭典礼，在徐霞客故居仰圣园徐霞客塑像前举行，200多人参加。这是海峡两岸徐学同仁首次共同公祭"游圣"徐霞客。中国徐霞客研究会会长张宏仁，江阴市委常委、宣传部部长徐冬青分别致辞，台湾徐霞客研究会执行会长陶冀煌宣读祭文。

3月，吕锡生《千古奇人徐霞客》，地质出版社出版。

5月29日，由江阴市徐霞客研究会承办，江阴市举行了纪念毛泽东"我很想学徐霞客"讲话50周年座谈会。

9月16日，中国徐霞客研究会与江苏省江阴市人民政府，在北京共同举办了纪念毛泽东主席"我很想学徐霞客"讲话50周年座谈会，来自全国各地专家学者30余人参加了座谈会。

9月，朱惠荣《徐霞客游记》，中华经典文库，中华书局出版。

9月，吴然主编《大旅行家徐霞客》，吉林文史出版社出版。

10月20—21日，由中国徐霞客研究会、中共江阴市委江阴市人民政府联合举办2009中国江阴徐霞客国际学术研讨会，在江阴市召开。来自美国、新加坡、香港地区、台湾地区及全国各地学者100余人参加了研讨会。研讨会以"徐霞客与生态文明建设"为主题。

11月9日，徐霞客故里农业生态旅游区建设规划研讨会，在江苏省江阴市举行。

12月3日，国务院发布《关于加快发展旅游业的意见》（国发〔2009〕41号），决定要设立"中国旅游日"。

2010年

1月，刘瑞升《木府血脉》，科学普及出版社出版。

1月，卢长怀和贾秀海著《英译徐霞客游记》，汉英对照本，由上海外语教育出版社出版。

2月，肖卫琴著长篇小说《中国游圣徐霞客》，由哈尔滨出版社出版。

4月4日，由徐霞客研究会、江阴市人民政府、中央电视台科教节目中心和中国社会科学院联合制作，高跃总导的大型电视科教纪录片《徐霞客》（历经一年多、共分九集），在江阴举行审片活动。6月4日，该片在北京举行首映式。中宣部、国土资源部、国家广电总局、中央电视台及徐学研究专家和数十家新闻媒体记者出席并观看。

8月，吕锡生主编《徐霞客与无锡》，广陵书社出版。

9月，汤家厚《让世界更多地了解徐霞客》一书，由北京科地亚盟图书设计有限公司出版。

10月，蔡伯仁《徐霞客》，作家出版社出版。

11月1—3日，浙江省旅游局、杭州市人民政府、浙江省徐霞客研究会在杭州举行"弘扬徐霞客精神、提升旅游文化品位"学术研讨会，来自全国各地徐学专家学者、全省各地旅游局代表、新加坡等地朋友，计140余人，收到交流论文60余篇。

2011 年

1月，无锡徐霞客研究会主办《徐霞客与当代旅游》创刊。

1月，《新国学三十讲》由凤凰出版社出版，将徐学列入其中。

2月，无锡文库第4辑收入《徐霞客游记》，凤凰出版社出版。

3月29日，2011中国江阴徐霞客学术研讨会举行，有来自中国大陆及港台地区和德国、意大利的专家学者100余人参加。中国徐霞客研究会会长张宏仁及有关领导出席并讲话，研讨会共收到论文90余篇。

3月30日，国务院常务会议通过决议，自2011年起，每年5月19日为"中国旅游日"。这是依据《徐霞客游记》开卷第一篇《游天台山日记》的首游日，即1613年5月19日。

5月19日，在"中国旅游日"启动仪式上，由宁海、天台和无锡三地民间人士联合成立的徐霞客旅游俱乐部联合体，发起《徐霞客古道申遗倡议书》，呼吁"徐霞客游线"申报世界文化遗产。

5月，陈建军《徐霞客在广西》，广西科学技术出版社出版。

8月，由中国散文学会、中国徐霞客研究会、中国旅游报社和江阴市人民政府主办的"中国徐霞客游记文学奖"正式设立。该项大奖每二年评选一届，颁奖地永久落户在江阴。

9月，谭民政著《与徐霞客同行》，漓江出版社出版。

11月，《徐霞客游记》（七册）韩译本出版，译者金垠希（韩国全南大学教授）、李珠鲁（韩国全北大学教授），这是世界上第一部《徐霞客游记》外文全译本。

11月，承欣茂《徐霞客游记的开始和结尾》，世界图书出版广东有限公司出版。

12月，刘瑞升《徐霞客丁文江研究文稿》，地质出版社出版。

12月，段诚忠《徐霞客游大理》，云南民族出版社出版。

江阴市徐霞客研究会建立中国徐霞客网，网站开设霞客新闻、霞客故里、徐学组织、徐学研究、霞映天下、329天下游等10多个栏目。

2012年

3月30日，浙江省宁海县徐霞客研究会成立。中宣部《党建杂志》总编、中国徐霞客研究会副会长刘汉俊、徐霞客中国研究会副会长姚秉忠、浙江省国土资源厅原厅长、浙江省徐霞客研究会会长王松林，及江苏、云南等各地徐霞客研究会代表、徐霞客研究学者专家参加大会。县人大常委会主任戴霖军、副县长尤永成出席会议，县政协副主席、县风景旅游管理局局长王鸿飞主持会议。大会推选王鸿飞为会长，并聘任戴霖军为名誉会长。

5月17—19日，由中国徐霞客研究会、浙江省旅游局、宁波市人民政府共同举办中国旅游日论坛，并开展了徐霞客游线联合申报世界性文化遗产预备会议、徐霞客古道文化探秘开机仪式、徐霞客游线文化推广方案发布仪式等活动。

5月19日，江阴市徐霞客研究会与中国徐霞客研究会共同主办的首届海峡两岸徐霞客文化交流会在江阴职业技术学院举行，台湾徐霞客研究会专门组织了20多名师生参加交流活动。至今已经先后举办了五届交流会，江阴职业技术学院，也因此由中国徐霞客研究会授予全国高校首家"徐霞客进高校教学研究基地"称号。

5月，中国徐霞客文献中心在江阴成立，为服务社会，为有志于研究徐霞客的专家、学者，提供了可供研究的文献资料，也为广大读者打开了一扇了解徐霞客、了解江阴的窗口。

5月，林涵（韩玲）《徐霞客》，辽海出版社出版。

6月，张佐编著《徐霞客在云南》，经典云南丛书，云南教育出版社出版第1版。2018年5月出版第2版。

7月，范敏《漫画徐霞客滇游记》，云南美术出版社出版。

8月15日，中国徐霞客研究会与江阴徐霞客研究会在北京联合举办徐学研究如何为推动社会主义文化大发展大繁荣服务研讨会。来自北京、云南、江苏、湖北、山西、上海、浙江等地50余人参会。

9月26—28日，浙江省徐霞客研究会和舟山市人民政府在舟山市共同举办"弘扬徐霞客精神、提升舟山海洋旅游文化品位"学术研讨会。北京、上海、浙江、江苏、贵州等地70多位专家学者参加会议。

10月，王松林《徐霞客在浙江·续五》，经济管理出版社出版。

12月，张永康、朱钧侃、杨达源主编《徐学发展史》，中国地质大学出版社。

2013 年

1月，吴伟山《徐霞客在上林》，广西科学技术出版社出版。

3月，张秉中、徐和明编著《旷世游圣徐霞客》，文汇出版社。

4月，《国学七十讲》列为《部级领导干部历史文化讲座目录》。徐学列入其中。

5月19—20日，中国徐霞客研究会和江阴市政府共同举办的第十届中国江阴徐霞客国际学术研讨会在江阴长江饭店举行。来自全国10余省及江阴的徐学专家学者50余人参会，收到论文95篇。

5月，王文成、李安民等主编《云南徐学研究文集》，云南人民出版社出版。

12月，昆明政协文史委员会编《徐霞客与昆明》，云南美术出版社出版。

《徐霞客游记》被联合国教科文组织选入"世界名著中国卷"。

丽江徐霞客研究会编《徐霞客与丽江》出版，到2022年初共出五期。

2014 年

2月，朱汝略编著《王太初游草 徐霞客诗钞》，团结出版社出版。

4月，应可军《徐霞客古道历代景观诗文选》，宁波出版社出版。

5月17日，江阴市徐霞客研究会和台湾徐霞客研究会在江阴职业技术学院举办第二届海峡两岸徐霞客文化交流会。

5月19日，第九届中国徐霞客国际旅游节暨江阴市第三届导游大赛在江阴市华西村举行。

5月，朱惠荣著《徐霞客与〈徐霞客游记〉》，云南大学出版社出版。

6月，吴胜明《品读〈徐霞客游记〉》，中国建筑工业出版社出版。

7月，吕锡生主编、蔡崇武副主编《徐霞客游记白话选读》，广陵书社出版。

8月，朱惠荣《徐霞客在云南》，生活·读书·新知三联书店出版。

10月，马核《奇旅：徐霞客在湖南》，湖南人民出版社出版。

11月6日，弘扬徐霞客精神，促进美丽浙江建设兼徐霞客台州山海旅游文化学术研讨会在浙江省台州市三门县召开。本次研讨会是由浙江省徐霞客研究会主办，三门县委、县政府、台州市国土资源局和三门县国土资源局协办。来自浙江、江苏、云南、贵州等地的徐学研究专家学者共70多人参会，会议共收到学术论文40余篇。

2015 年

2月，《徐霞客游记》全四册，线装书局出版。

3月，由全国政协委员王东林起草的名为《关于系统保护徐霞客科考线路文化遗存，开展申报世界线性文化遗产研究工作的建议》的提案，得到了来自十多个界别46位委员的关注和响应。这份由多位委员联名提出的提案呼吁国家相关部委尽快开展徐霞客科考线路文化遗存的系统调查和保护，并将这条线路纳入申报世界线性文化遗产规划，启动基础性调查、研究工作。

5月18日，徐霞客旅游遗产保护与利用研讨会在浙江省宁海县举行，会议总结徐霞客游线标志地寻找与认证工作的阶段性成果，进一步推动徐霞客游线文化遗存的梳理、保护与徐霞客精神的弘扬，同时探讨游线申报世界线性文化遗产的可行性与路径，实现节点城市进一步的大联合。

5月19日，第十一届中国江阴徐霞客国际学术研讨会在江阴举行。来自全国（包括港台）的徐学专家学者140余人参加，研讨会以温家宝题词"踏遍青山上下求索"为主题，会议收到论文80余篇。期间还举办了海峡两岸纪念徐霞客公祭典礼及文化交流座谈会、木徐友谊厅揭幕等活动。

5月19日，江阴市徐霞客书画院成立，由周湘云担任院长。

5月，朱惠荣、李兴和主编《徐霞客游记全注全译》，中华书局出版。

9月，杨靖、李昆仑编《徐霞客游记》（一册），敦煌文艺出版社出版。

9月，丽江古城树立徐霞客与木增"情谊"雕像。

10月1日，江阴市徐霞客艺术研究院在徐力美术馆宣告成立，由江阴籍画家徐力担任院长。

10月18日，木徐二公铜像在霞客故里仰圣园落成，木氏三十四世、木增第十六代嫡长木光，徐霞客第十世孙徐振庆，一起见证了这一跨越时空的生死友谊将千古流芳。而在一个月前，同样的一尊铜像在古城丽江木府门前落成。

10月，江阴市徐霞客研究会在全市征集《徐霞客之歌》歌词，得到了广泛响应，从征集的近百件作品中评选出4首优秀作品，徐霞客研究会邀请4位知名作曲家分别谱曲，交文化馆专业人员组织人员排练。

2016 年

1月，马连湘、杨玉玲等著《徐霞客游记词汇研究》，人民日报出版社出版。

2月，焦金鹏主编《国学经典诵读丛书》之《徐霞客游记》，二十一世纪出版社出版。

5月18日，纪念徐霞客首登黄山400周年座谈会在黄山风景区举行，来自中国徐霞客研究会、江苏省江阴徐霞客研究会等各地专家学者们，围绕徐霞客两游黄山的历史、文学和地学意义，徐霞客对当代旅游业及黄山旅游的影响，徐霞客与黄山史料考等主题进行交流。

5月18日，江阴市徐霞客研究会和台湾徐霞客研究会在江阴职业技术学院举办第四届海峡两岸徐霞客文化交流会。

5月19日，海峡两岸纪念徐霞客朝圣公祭典礼在江阴市徐霞客故居仰圣园举行。

5月19日，徐霞客出游始发处"0"公里碑揭幕典礼在徐霞客博览园举行。江阴市园林旅游局局长顾金辉主持典礼，江阴市副市长唐仲贤宣布典礼开始，中国徐霞客研究会会长王宝才宣读碑文。

5月，江阴市徐霞客研究会成立江阴市徐霞客旅游研究院、徐霞客旅行俱乐部。周仁忠为江阴市徐霞客旅游研究院院长，周启国为徐霞客旅行俱乐部主任。

5月，董仁威编《徐霞客游记解读》，清华大学出版社出版。

6月，饶宗颐编《徐霞客游记》，中信出版社出版。

7月，腾冲市文学艺术界联合会编《徐霞客与腾冲系列》，收有刘正龙等著《山水的诱惑》《极地胜游——重访徐霞客腾冲之旅》《徐霞客腾冲游记注疏》等，云南民族出版社出版。

8月，蔡晓峰注《徐霞客游记》，中国工人出版社出版。

9月，朱惠荣今译，李伟荣、卢长胜、贾秀梅英译，《徐霞客游记》英汉对照，湖南人民出版社出版。

10月，杨敬敬《徐霞客游记全鉴》，中国纺织出版社出版。

10—12月，中国徐霞客研究会联合江阴市政府先后与云南、浙江徐学会合作举办"霞印天下"徐霞客主题书画展。

11月11日，浙江省徐霞客研究会在江山市举办了徐霞客游线开发与利用学术研讨会，由浙江省徐霞客研究会主办，江山市人民政府和衢州市国土资源局协办。会议提交了10余篇论文。

12月12日，浙江省金华山徐霞客研究会成立大会暨第一次成员大会召开。参与本次会议的领导及嘉宾有浙江省徐霞客研究会会长、浙江省国土资源厅副厅长张国斌，金华市林一心、许章才、蒋金红等领导，以及100多位金华山徐霞客研究会成员。会议通过《金华山徐霞客研究会章程》《金华山徐霞客研究会财务管理办法》，并选举出了第一届理事会，理事会会长，以及常务副会长、副会长、秘书长等，首届会长刘艳平。

12月，福建厦门资深徐学研究学者陈镜清先生在整理地方文献时，发现徐霞客与友人的唱和诗《过霞城访绍和张先生归途赋谢三首》，这样徐霞客留世诗作由已知的38首增加到41首。

在江阴市徐霞客研究会的协调下，梧塍徐氏宗亲又在江阴溯江纪源广场树立了徐霞客的铜像，同年11月8日，同一尊铜像树立在丽江长江第一湾。

2017年

1月，章培恒主编、周晓薇注《徐霞客游记》，凤凰出版社出版。

1月，李晨森主编《徐霞客游记》，中华传世经典国学，黑龙江美术出版社出版。

2月，任小玫《独鹤与飞：徐霞客记游研究探颐》，地质出版社出版。

2月，谭民政《陪徐霞客游湖南》，湖南文艺出版社出版。

3月8日，浙江徐霞客文化研究会霞客小镇建设研讨会在浙江天台县泳溪乡召开，各参加成员共同讨论泳溪乡霞客小镇建设思路及设想。

4月23日，值逢"中华游圣"徐霞客诞辰420周年、出游400周年之际，徐霞客黄金旅游带节点上的240个城市在徐霞客故里无锡江阴正式启动"中国旅游霞客联盟"，并发出建设中国旅游新品牌宣言。

4月，刘瑞升《徐霞客游记书影》，上海远东出版社出版。

5月18日，无锡市对台交流基地在徐霞客故居仰圣园正式挂牌。

5月19日，云南十余家著名A级景区代表齐聚昆明宜良，参加"中华游圣"探秘之旅暨徐霞客旅游联盟成立研讨会。

5月19日，首届中国徐霞客地学诗歌散文奖颁奖晚会在天台举行。浙江省徐霞客研究会名誉会长陈法文、中国徐霞客研究会会长王宝才，浙江省徐霞客研究会会长张国斌以及台州市、天台县有关领导参加，获奖作者共50余人。

5月19日，全国政协委员、民进中央委员、杭州市政协副主席赵光育，代表王东林、徐向东、吴鸿、吴海燕等5位全国政协委员，宣读了《让〈游天台山日记〉进中学语文课本的倡议书》。

5月，中国徐霞客研究会副秘书长顾晓华主编的《高山景行霞客路——徐霞客游线图文集》出版。

5月，江阴市徐霞客研究会承办了第十二届徐霞客国际学术研讨会，主办了首届徐霞客茶路论坛，承办了溯江纪源铜像的落成典礼，为开幕式撰写并发表了《江阴宣言》，这是在全国纪念性活动中首次发表宣言。

6月22日，徐霞客游历上林380周年暨徐霞客出游里程碑立碑纪念仪式在广西壮族自治区上林霞客桃源景区举行。中国徐霞客研究会副会长李志坚等参加并讲话，上林县县长蓝宗耿致辞。上林县三里镇中心学校挂牌徐霞客小学。

6月，江阴史志办、江阴市政协学习文史委员会、江阴市徐霞客研究会共同编辑，陈捷元主编的《徐霞客研究文集——纪念徐霞客诞生430周年暨江阴市徐霞客研究会成立30周年》，古吴轩出版社出版。

6月，黄珅编著《徐霞客游记选评》，上海古籍出版社出版。

7月，范其民译注《徐霞客游记》，北京联合出版社出版。

8月，湖南临武县举行纪念徐霞客游历临武暨考察石门洞380周年活动。

9月，"霞印天下"徐霞客主题书画展在广西柳州市展览。

10月11日，浙江工商大学徐霞客研究会正式成立。这是浙江省大学校园诞生的第一个研究徐霞客文化、传承徐霞客精神的学生社团。

10月，中华国学经典丛书，龚勋译《徐霞客游记》，开明出版社出版。

11月7—9日，云南省丽江市委市政府发起，由北京、丽江、江阴徐霞客研究会举办丽江市纪念徐霞客诞辰430周年系列活动，中国徐霞客研究会王宝才、李志坚、林建、王雪静、谭笑等前往参加。丽江市玉龙县石鼓镇长江第一湾徐霞客"溯江纪源"铜像落成。丽江徐学会副会长夫巴个人筹建的丽江首个徐霞客纪念馆在古城区开南街道落成开馆。丽江古城区漾西完小挂牌"徐霞客小学"并落成"徐母教子"雕像。木徐友谊厅在丽江博物院（木府）举办落成仪式。举办徐霞客与丽江学术座谈会及《木增传》首发式。

2018年

1月，赵伯陶选注《徐霞客游记》二册，中州古籍出版社出版。

4月24日，2018年度浙江省徐霞客研究会会长会议在雁荡山召开。浙江省国土资源厅副厅长、浙江省徐霞客研究会会长张国斌向雁荡山管委会授牌并表示热烈祝贺。浙江省雁荡山徐霞客研究会正式成立。

4月，青葫芦编著《徐霞客游记》，四川美术出版社出版。

4月，人民政协报社在北京举办了"读《徐霞客游记》，促中小学生研学旅行暨《游天台山日记》进教材研讨会"研讨沙龙活动。

5月6—9日，中国徐霞客研究会成员包括刘瑞升、曹立波、林建、任小玫、木仕华、王雪静、谭笑、唐汉章等专家组赴广西上林县，就上林徐霞客出游里程碑进行考察论证，并举行了第二届徐霞客茶路论坛。

5月10日，广西壮族自治区徐霞客文化研讨会在广西上林县召开，相关专家受邀参会，就"霞客游线一号碑"立碑、《霞客地理·广西上林篇》出版、如何更好服务旅游扶贫等事宜进行了探讨。

5月18日，由江阴市徐霞客研究会、台湾徐霞客研究会、江阴职业技术学院共同主办海峡两岸徐霞客文化交流会，在江阴职业技术学院举行。

5月19日，海峡两岸纪念徐霞客公祭典礼在鲥鱼港公园举行。

6月1日，浙江省新昌县举行徐霞客研究会会员大会暨成立大会。浙江省国土厅副厅长、浙江省徐霞客研究会会长张国斌，副县长方维炯出席会议。会议选举产生了理事会成员和会长、副会长、秘书长等。

6月22日，在广西壮族自治区南宁市上林县隆重举行江阴—上林"徐霞客出游里程碑"落成典礼，并在三里镇小学举行"上林县徐霞客小学"命名揭牌仪式。

7月，陈庆江《壮游云南：徐霞客》，云南人民出版社出版。

9月，由浙江大学出版社与意大利 Cafoscarina 出版社合作的《徐霞客游记》意大利文版正式出版。此次意大利文版《徐霞客游记》由意大利著名汉学家卡萨齐教授主持翻译，系首次翻译成意大利文，填补了《徐霞客游记》对外译介语种的一个空白。

10月，任国瑞、谢武经著《湖南的明代与当代——徐霞客〈楚游日记〉考察记》，方志出版社出版。

12月8—9日，大理州政协举行纪念徐霞客壮游大理380周年活动，发行了《大理州政协纪念徐霞客壮游大理380周年研讨会文稿集》和《大理徐霞客未了之兴》散文集。

12月，晋宁政协编《徐霞客在晋宁专辑》，云南美术出版社出版。

宾川县与云南睿馨文化传播有限公司合作，共同拍摄了一部以徐霞客与静闻和尚结伴朝觐鸡足山的感人故事为题材的微电影《朝山朝山》。

2019 年

1月，丽江重修邱塘关，门前徐霞塑像"转折"落成。丽江古城木府旁丽江徐霞客纪念馆建成开馆。

2月，于双远《图文新解徐霞客游记》，江苏凤凰科技出版社出版。

3月4日，浙江省徐霞客研究会2019年会长会议在金华隆重召开，浙江省自然资源厅副厅长、浙江省徐霞客研究会会长张国斌参与会议并实地视察了金华山。浙江省徐霞客研究会副会长杨树锋、陈茜，秘书长金勇，金华山、台州市、宁海县、新昌县、天台山以及浙江工商大学、浙江旅游职业学院徐霞客研究会会长、秘书长参加会议。衢州市、江山市徐霞客研究会筹建组负责人应邀列席会议。

5月18日，当代徐霞客俱乐部启动仪式在浙江宁海举行。这是由历届"中国当代徐霞客"荣誉称号获得者发起成立的全国性非营利性组织。

5月18日，"徐霞客文化进高校联盟"成立大会在江阴市政府会议中心举行。

5月18—19日，第十三届江阴徐霞客国际学术研讨会举行，来自海内外150多名专家学者参加会议。在开幕式上，中国徐霞客研究会宣布同意成立"徐霞客文化进高校联盟"的批复，任命董泽民同志为联盟主任。

5月19日，纪念李寄诞生400周年暨铜像安座典礼在由里山山居庵遗址隆重举行。

5月，江阴徐霞客研究会、台湾徐霞客研究会、江阴职业技术学院共同举办海峡两岸徐霞客文化交流会，在江阴职业技术学院举行。

8月，刘虎如选注《徐霞客游记》（中华入门读本），人民文学出版社出版。

9月4—7日，中国徐霞客研究会成员包括刘瑞升、曹立波、任小玫、林建、唐汉章等专家组赴云南临沧市云县，在云县政协主席钟汝菊、云县徐霞客研究会会长张小宇等陪同下，就树立"徐霞客出游里程碑"实施考察。其间，举行了云县徐霞客小学揭牌仪式和"重走霞客路：徐霞客游云州380周年纪念活动"启动仪式。

9月，由江阴市徐霞客研究会和江阴市徐霞客故居文保所共同主编的《晴山胜水》出版。该书由文保所主任马莉主编，徐霞客研究会副会长兼秘书长唐汉章任执行主编。

10月18日，浙江省徐霞客研究会浙江大学徐霞客研究分会成立。浙江省自然资源厅副厅长、省徐霞客研究会会长张国斌，浙江大学党委副书记叶民，中国科学院院士杨树锋，浙江省徐霞客研究会副会长徐建春，台州市徐霞客研究会会长王俊友、省徐霞客研究会秘书长张小宇、副秘书长祝建国，浙江省第一地质大队地下水研究院院长章晓东，浙江大学师生代表等近60人参加会议。

10月，吴胜明《徐霞客在江西》，地质出版社出版。

黄乃镇著《木府通论》五卷,由云南大学出版社出版。

11月,李公注释的《霞客大理游记注释》,由云南民族出版社出版。

12月29日,人文纪录片《徐霞客与丽江》(四集,每集15分钟)在"CCTV发现之旅"频道《人文华夏》栏目中播出。

2020年

1月15日,云南省丽江市古城徐霞客纪念馆隆重开馆,市委书记崔茂虎参加开馆仪式并致辞。丽江徐霞客研究会主办徐霞客文化研讨会同时在丽江古城举行。

2月,刘如虎注、王美英校订《徐霞客游记》,中国文史出版社出版。

3月9日,国内首个"徐霞客茶文化馆"在云南省临沧市挂牌。该馆由临沧太华茶叶精心打造。

5月19日,海峡两岸纪念徐霞客公祭典礼在徐霞客故居仰圣园举行。

5月19日,中央民族大学"徐霞客研学基地"揭牌仪式以云会议的方式在两地三端举行,两地即中央民族大学和江苏省江阴市,三端为文学院会议室、江阴徐霞客故居和云端会议室。中央民族大学党委常委、副校长石亚洲,江阴市文化广电新闻出版旅游局局长周晓虹,中国徐霞客研究会副秘书长、中国地质出版社编辑室主任林建,江阴市人大原副主任、江阴徐霞客研究会执行会长陈捷元,江阴市政协原副主席、江阴徐霞客研究会顾问陈楠,江阴市徐霞客研究会副会长、中国徐霞客研究会副秘书长唐汉章,中国徐霞客研究会副秘书长、霞客智库CEO金啸峰,台湾徐霞客研究会副会长蒋维泰,台湾徐霞客研究会副秘书长彭仲根,《徐霞客研究》责任编辑、中国人民大学文学院博士谭笑等嘉宾出席揭牌仪式。

7月,汪家芳画《徐霞客游记》,上海书画出版社出版。

9月17日,浙江省桐庐县举行徐霞客研究会会员大会暨成立大会。桐庐县规划资源局党委书记、局长濮樟平主持会议,省自然资源厅一级巡视员、省徐霞客研究会会长张国斌,副县长丁干出席大会。会议审议通过了研究会章程,选举产生了理事会成员。

9月29日,云南临沧市云县"徐霞客出游里程碑"落成揭幕。

9月,刘兴诗著、刘瑶绘《少年读徐霞客游记》,青岛出版社出版。

11 月 17 日，江南大学徐霞客研究中心成立并举行授牌仪式。吕锡生、徐兴华等为学术顾问，汪春劼为主任，邬秋龙负责常务。中心研究人员有陶明选、胡付照、曹炳汝、蒋明宏等。它由无锡市徐霞客研究会和江南大学江南文化研究院联合成立。此前吕锡生、徐兴华代表无锡徐学会与江南大学江南文化研究院长刘焕明、王建华签订联合筹建江南大学徐学中心协议。此后江南大学社科处和江南文化研究院举行江南大学各中心发展论坛，朱庆葆书记参加，邬秋龙在论坛上做有关徐学发展及中心发展计划报告。

11 月 28 日，2020 徐霞客文化旅游发展大会暨金华山高峰论坛在金华山开幕。本次大会由中国徐霞客研究会指导，金华市人民政府、浙江省徐霞客研究会联合主办。来自各地的徐学专家学者、地方官员和旅游业内人士共 200 多人参加会议。其间还举行了"徐霞客出游里程碑"暨徐霞客塑像落成典礼，罗店镇鹿田村作为全国第一个徐霞客旅游文化特色村启动仪式，罗店镇中心小学授予徐霞客小学称号仪式等。

11 月，中国地质学会徐霞客研究分会、政协江苏省江阴市委员会、江阴市徐霞客研究会共同编辑，徐冬青主编的《徐霞客之路研究文选》，由中国大地出版社出版。

12 月 2 日，云南省大理州徐霞客研究会成立，会议审议通过了研究会章程，选举产生首届理事会成员，并选举产生了会长、副会长、秘书长和副秘书长。研究会有会员 59 名，选举产生理事会理事 23 名，杨庆春为大理州徐霞客研究会会长。

12 月 29 日，浙江省兰溪市徐霞客研究会成立大会暨第一届会员大会召开。省自然资源厅一级巡视员、省徐霞客研究会会长张国斌为兰溪市徐霞客研究会授牌。兰溪市领导陈峰齐、翁柯卫、朱恒德、俞兰、陈兴兵参加会议，大会选举产生兰溪市徐霞客研究会第一届理事会，朱恒德当选为会长。

《游天台山日记》，被编入教育部普通高中教科书必修《语文读本》。该篇也被浙江教育厅编入《高中语文读本》（必修）。

2021 年

1 月，禹南主编《徐霞客游记》，中国学生经典古文阅读，天地出版社。

3 月 8 日，江阴市徐霞客研究会、徐霞客镇人民政府及社会各界人士代表，在徐霞客墓前，举行纪念徐霞客逝世 380 周年祭祠活动，共同缅怀徐霞客。

3月18日，浙江省江山市徐霞客研究会成立大会暨第一届会员大会召开。中国徐霞客研究会会长王宝才，浙江省徐霞客研究会会长、省自然资源厅一级巡视员张国斌等参加。

3月，夫巴《雪山记忆：徐霞客与丽江一百题解》，由大地出版社出版。

5月17日，"徐学·红学"交流座谈会在徐霞客故居木徐友谊厅召开。

5月19日，徐霞客随草苑兰花研究基地开园仪式暨徐霞客精神与兰花品质研讨会在徐霞客故里隆重举行。开园仪式上，副主席张晓东，执行会长陈捷元、汪晏等为"徐霞客随草苑兰花基地"揭牌。

5月19日，江苏省江阴市举行霞客湾科学城规划建设启动暨首批重点重大项目集中签约仪式。无锡市委书记黄钦出席仪式并宣布霞客湾科学城规划建设全面启动。这是第一个以"霞客"命名的科学城。

5月19日，第三届中国徐霞客诗歌散文奖在浙江天台县颁奖，经专家评审，评出诗歌奖、散文奖各 30 篇（首）。同时，召开了中国徐霞客文化名家论坛。

7月，浙江省宁海县徐霞客研究会会员赵邦振的《徐霞客诗歌赏析》，中国大地出版社出版。

9月5日，《典籍里的中国》第 8 期《徐霞客游记》，在 CCTV1 首播。

10月29日，由中国徐霞客研究会、江阴市人民政府共同主办，江阴徐霞客研究会承办的第十四届中国江阴徐霞客国际学术研讨会在霞客故里隆重召开。其间，除学术论文交流和参观徐霞客故居外，还举行兴国塔园"静闻堂"落成典礼暨静闻法师安座仪式、徐霞客食材开发研究院的挂牌仪式。

10月，朱钧侃《徐霞客》江苏文库研究篇，江苏人民出版社出版。

11月21日，江南大学马克思主义学院思政"徐霞客精神与爱国主义"主题综合实践，全校各学院近 120 名学生在邬秋龙、陶明选的带队下，赴江阴徐霞客故居参观，并在徐霞客中学举行学术报告会。吕锡生、唐汉章、徐兴华和周忠良等先后做报告。

2022 年

1月6日，钱秀珍"跟着霞客游大理"研学游线路参与对台青少年研学旅行优秀案例汇编。

1月28日，在云南省鸡足山静闻墓地，鸡足山静闻法师铜像落成，中国地质学会徐霞客研究分会副会长刘瑞升与鸡足山管理局局长杨云峰、鸡足山旅投公司总经理赵胜波为铜像揭幕。

2月22日，383年后的正月二十五，云南省宾川县组织开展"重走霞客路·灵山万里行"活动，按照《徐霞客游记》记叙的行走路线和时间节点，全程徒步，历时4天从鸡足山到达丽江。

3月14日，"徐霞客驻足掷笔处"纪念铜像举行揭幕仪式。人民教育出版社黄强社长、梁衡先生、宿志鹏所长，云南省宾川县县委、县政府主要领导和相关部门负责人，中国徐霞客研究会副会长刘瑞升先生，大理州徐霞客研究会会长杨庆春参加了揭幕仪式。

4月10日，云南省洱源县茈碧湖霞客书院成立暨徐霞客雕像落成。

5月19日，由云南省大理州文化和旅游局、大理市文化和旅游局指导，大理旅游集团主办，大理州旅游行业协会、大理州徐霞客研究会协办的徐霞客出游里程碑暨研学游基地落成仪式在崇圣寺三塔文化旅游区举行，这是全国第一个徐霞客研学游基地。

5月19日，云南省洱源县成立徐霞客研究会。

5月20日，云南省大理市第六幼儿园"徐霞客研学游基地"揭牌。幼儿园不仅有徐霞客游大理壁画，还开设徐霞客游大理课程。同日，大理元阳书院"徐霞客研学游基地"揭牌。

5月23日，云南省宾川县智德书院"徐霞客研学游基地"揭牌。

5月，"徐霞客杉"简介碑在云南省鸡足山落成，它与"徐霞客驻足掷笔处"纪念铜像一起，成为鸡足山体现和承载徐霞客文化的重要标志。